中国民办高等教育发展研究报告

主　编◎金秋萍　徐绪卿
副主编◎宋　斌　阙明坤

中国社会科学出版社

图书在版编目(CIP)数据

中国民办高等教育发展研究报告 / 金秋萍，徐绪卿主编 . —北京：中国社会科学出版社，2019.12
ISBN 978-7-5203-5875-0

Ⅰ.①中… Ⅱ.①金…②徐… Ⅲ.①民办高校—研究报告—中国 Ⅳ.①G648.7

中国版本图书馆CIP数据核字（2019）第287990号

出 版 人	赵剑英
责任编辑	任　明
责任校对	赵雪姣
责任印制	郝美娜

出　　版	中国社会科学出版社
社　　址	北京鼓楼西大街甲158号
邮　　编	100720
网　　址	http://www.csspw.cn
发 行 部	010-84083685
门 市 部	010-84029450
经　　销	新华书店及其他书店
印刷装订	北京君升印刷有限公司
版　　次	2019年12月第1版
印　　次	2019年12月第1次印刷
开　　本	710×1000　1/16
印　　张	19.5
插　　页	2
字　　数	327千字
定　　价	110.00元

凡购买中国社会科学出版社图书，如有质量问题请与本社营销中心联系调换
电话：010-84083683
版权所有　侵权必究

序

牢记使命，坚定前行

一

改革开放40年来，随着经济社会的快速发展以及民办高等教育政策的不断完善，人民群众对多样化教育需求日益增加，社会力量兴办高等教育的热情日益高涨，民办高等教育从无到有、从小到大，不仅在数量上达到了相当的规模，办学质量也逐步得到了社会的认同，形成了不同于公办高校的独有的办学特色。截至2019年6月15日，全国普通高等学校共计2688所，民办高等学校756所（其中含独立学院257所），占全普通高等学校总数的28.13%。根据教育部发展规划司官网公布的2018年全国教育事业统计相关资料，2018年民办普通高校普通本专科在校生649.60万人，比上年增长3.36%，占全国比例22.95%，硕士研究生在学1490人。从民办高校的数量和办学规模来看，民办高等学校已从对公办高等教育的"拾遗补缺"发展为中国高等教育的重要组成部分。

民办高校根植地方，办学机制灵活，成为改革的先行军，对突破公办高等教育发展瓶颈及推动高等教育整体改革发展起到了重要作用。更重要的是，民办高校大多定位于培养应用型人才，在应用型人才培养上形成了自己的特色，取得了显著成绩。民办高校的发展扩大了我国高等教育人才培养的总体规模，加快了国家教育现代化和高等教育大众化的进程，为经济建设和社会发展提供了有力的智力支持和人力资源保障。民办高校凭借体制机制的特殊优势，广泛吸纳社会资金投入，在一定程度上形成了对高等教育资源的有益补充，减少了地方政府的教育支出，有效缓解了政府财政办学的压力，破解了我国高等教育事业发展的资金难题。民办高校为我国经济社会发展培养了一大批具有较强实践能力的应用型专门人才，较好地满足了经济社会发展对各类人才的需求，成为推动经济社会发展的重要力量。回顾我国民办高等教育改革开放40年来的发展历程，在国家的重视和支持下，民办高校自强不息，不断探索，为促进国家和经济社会发展以及满足人民群众多样化需求做出了重大贡献。

二

进入中国特色社会主义发展的新阶段，中国民办高等教育的发展环境发生了重大变化，民办高校发展面临新挑战。

一是教育发展方式转变，高等教育规模急剧扩大，即将迈入普及化阶段，高等教育发展方式由外延式发展转向以提高质量、优化结构为核心的内涵式发展，对民办高校发展提出了新的要求。二是经济发展方式转变，增长动力由要素驱动、投资驱动向创新驱动转换；社会职业、人力资源需求变化引发就业市场变化，呼吁高等教育提高培养效果与经济社会发展需求的契合度；高等教育投资体制不断改革，多种渠道筹资成为趋势；学生角色发生变化，由受教育者转向教育消费者；大学生就业形势严峻，迫切要求增强适应能力与竞争能力。三是科学技术迅猛发展，学科发展综合化，探索资源整合，跨学科研究与跨专业/类人才培养成为趋势；信息量飞速增长，知识更新和成果转化周期缩短，终身学习理念深入人心；网络技术、生物技术等一些学科和技术领域孕育重大突破，知识获取渠道和方式发生改变，信息技术与教育教学深度融合，教育观念、教学组织形态、教学管理机制、教学与学习方式发生了重大变化。四是国际化发展大趋势，人力资源跨国流动势头迅猛，留学生数量大幅增加，教师国际流动明显加速；教学资源跨国流动和传播速度加快，教育理念和教育模式在传播中融合。五是新《民办教育促进法》平稳实施，相关政策不断健全，严格规范民办高等教育的发展，完善民办高校管理体制，加强分类指导，开启了民办高等教育非营利性、营利性分类管理的新时代。

随着民办高等教育规模的迅速扩大，民办高校在发展过程中，面临着建设经费短缺、生源数量下降与师资队伍匮乏的严峻挑战。未来中国高等教育进入大变革、大发展的新时代，高等教育普及化要求高等院校提供多元、公平、优质的学习机会，有效满足经济社会发展需求与广大人民群众的选择需求。民办高校作为高等教育的重要组成部分,在建设教育强国进程中将大有作为,应紧紧抓住社会需求、政策支持与经济利好的发展机遇,加快办学思想的转变和内涵建设的步伐,推动民办高等教育进一步发展。

在当前背景下,更加需要加强对我国民办高等教育的研究,为民办高校的发展提供理论指导。为此特组织相关专家学者共同编写本专著。本书包括民办院校党建思政工作研究报告、民办院校人才培养工作研究报告、民办院校专业和学科建设(科研)研究报告、民办院校教师队伍建设研究报告、独立学院发展研究报告、民办高校举办者群体特征研究报告六个报告。结合当前民办教育研究热点,另外编写了民办院校上市状况研究报告与民办教育发展地方新政研究报告,八个研究报告,比较全面地展示了我国民办高等教育发展全貌。

在民办高等教育转型发展的关键时期,我们组织专家撰写出版《中国民办高等教育发展研究报告》,目的在于站在历史和时代的高度,全面梳理民办高等教育发展基本概况,深刻洞察和把握民办高等教育发展的大环境与大趋势,理性思考新的历史条件下民办高等教育改革发展中遇到的一系列重大理论和实践问题,并提出具有很强的思想性、前瞻性、指导性的对策与建议,为我国民办高校的可持续发展提供理论资料与实践思考。

三

改革开放 40 年我国的发展为我国民办高等教育发展奠定了坚实基础,展望未来,民办高等教育发展面临新的机遇和挑战,也肩负了新的历史使命,将呈现新的发展趋势。

内涵式发展已成为提升民办高校办学水平的内生力量,未来将从规模扩张转向以质量提升为核心的内涵式发展,进而提升我国高等教育底部的整体质量。面向未来,民办高校应坚定不移地走应用型人才培养道路,着眼于人的终身教育需求,不断拓宽应用型大学、职业技能型高校建设的渠道,主动对接地方支柱产业与产业集群,不断深化教育教学改革,推动人才培养、科技创新与社会服务聚焦产业发展;与职业教育、终身教育高度融合,创造多样化、高质量的高等教育资源。分类管理制度下民办高等教育的公益属性将更加凸显。随着"放管服"改革的不断深入，民办高校的办学自主权将不断扩大。民办高校要进一步健全法人治理结构，建立完善的现代民办大学制度。应充分运用机制体制优势，发挥其在教育教学中扁平灵活的决策机制、优胜劣汰的用人机制、多劳多得的分配机制与资助管理的责任机制，推动教育改革创新，提高管理经营的效率和效益。

教师是学校最核心、最宝贵的资源，民办高校应坚持人才强校战略与"内培外引"原则，打造高水平"双师双能型"教师队伍。人才培养模式陈旧是制约应用型高等教育发展的重要因素，民办高校应积极行动，推进人才培养模式创新，破除传统思维，重构能力导向的教学体系，大胆探索校企合作育人之路，建立自己的竞争优势，提升学校核心竞争力。国际化和信息化将助推民办高等教育发展方式变革，民办高校要积极开展多层次、宽领域的国际教育交流与合作，不断开拓联合办学、境外办学、协同培养等国际化办学模式，增强对外交流与合作。信息化、"互联网+"、大数据、人工智能的发展改变了解决教育问题的方式，发展方式、学习方式的变化必然会带来教育的变化。民办高校应更加重视信息化工作，加快推进数字化校园、智慧校园建设，构建数字化的教学、科研、管理和生活环境，利用信息化助推传统的教育教学方式与教育服务方式的改革，为学习者提供多样化的高等教育服务。

对于民办高校而言，未来发展之路不会一帆风顺，但我们依然坚信，在政府的大力扶持下、在政策法规的不断完善下、在民办高校自身的不懈努力下，民办高校定能成长为屹立中国乃至世界高等教育之林的参天大树。

《中国民办高等教育发展研究报告》的出版，得益于编者们高深的学术造诣与无私的辛苦付出，顺此感谢浙江树人大学校长徐绪卿、党办主任宋斌和邱昆树博士，感谢无锡太湖学院高教研究所所长阙明坤，感谢苏州大学教育学院教授王一涛，感谢上海建桥学院规划与质量办公室主任陈洁，感谢西安培华学院高教所副所长王帅红副教授。

无锡太湖学院理事长、党委书记　金秋萍

2019 年 8 月 28 日

目　录

第一章　民办院校党建与思政工作研究报告 …………………（1）
　一　改革开放以来民办院校党建与思想政治工作的历史沿革 ……（1）
　　（一）自发开展时期（1978—1998年） ………………………（1）
　　（二）规范开展时期（1999—2015年） ………………………（3）
　　（三）法治化新阶段（2016年至今） …………………………（9）
　二　民办院校党建与思想政治工作的实践成效 …………………（12）
　　（一）党的组织和工作实现全面覆盖 …………………………（12）
　　（二）党组织书记逐步选优配强 ………………………………（16）
　　（三）党组织参与决策和监督机制不断健全 …………………（19）
　　（四）党员发展和教育管理工作持续加强 ……………………（21）
　　（五）思想政治教育和德育工作进一步巩固 …………………（23）
　三　民办院校党建与思想政治工作存在的现实问题 ……………（26）
　　（一）民办院校党建工作存在的突出问题 ……………………（27）
　　（二）民办高校思想政治工作存在的突出问题 ………………（29）
　四　新时代做好民办院校党建与思想政治工作的建议 …………（33）
　　（一）把握新时代民办高校党组织政治核心作用的新要求 …（34）
　　（二）找准新时代民办高校党建与思想政治工作的着力点 …（35）
　　（三）积极探索新时代民办院校党建与思想政治工作
　　　　　的创新机制 …………………………………………………（37）
　　（四）加快实现从思政课程向课程思政的转变 ………………（38）
　　（五）重视分类管理背景下民办院校党组织作用的发挥 ……（39）

第二章　民办高校人才培养研究报告 ……………………………（41）
　一　民办高校人才培养工作现状 …………………………………（41）
　　（一）民办本科院校人才培养现状 ……………………………（42）

（二）民办高职院校人才培养现状 …………………………………（44）
二　民办高校人才培养的创新 ……………………………………………（47）
　　（一）"成果导向"理念渐趋落地 …………………………………（47）
　　（二）产教深度融合培养人才 ………………………………………（49）
　　（三）人才培养定位主动紧贴地方经济社会需求 …………………（51）
　　（四）夯实教学资源倾力打造示范型专业 …………………………（52）
　　（五）创新创业教育助推提高人才培养质量 ………………………（54）
三　民办高校获得最近一届教学成果奖情况 ……………………………（55）
　　（一）民办高校获得国家教学成果奖情况 …………………………（56）
　　（二）民办高校获得省级教学成果奖情况 …………………………（59）
四　民办院校人才培养模式改革典型案例 ………………………………（65）
　　（一）服务地方经济发展人才培养定位更聚焦 ……………………（66）
　　（二）产教融合助推人才培养模式革新 ……………………………（68）
　　（三）优势专业示范应用型人才培养 ………………………………（73）
　　（四）创新创业教育成为人才培养质量提升突破口 ………………（77）

第三章　民办本科高校学科专业研究报告 ………………………………（81）
一　民办院校专业建设 ……………………………………………………（81）
　　（一）民办本科高校专业建设基本情况 ……………………………（81）
　　（二）民办院校专业建设取得的主要成效 …………………………（84）
二　民办本科高校学科建设基本情况 ……………………………………（95）
　　（一）民办院校专业覆盖学科门类现状 ……………………………（96）
　　（二）民办院校重点学科建设取得进展 ……………………………（98）
三　民办院校的科研工作——以科研竞争力评价结果为例 …………（102）
　　（一）民办院校科研竞争力评价指标体系的构建 …………………（103）
　　（二）学科（科研）竞争力评价结果 ………………………………（107）
　　（三）研究发现与基本结论 …………………………………………（109）
四　关于民办高校专业、学科建设及科研工作的对策建议 …………（119）
　　（一）充分认识专业、学科建设及科研的重要意义 ………………（119）
　　（二）集中力量寻求科研突破 ………………………………………（119）
　　（三）加强师资队伍建设 ……………………………………………（120）
　　（四）完善激励机制和管理机制 ……………………………………（121）
　　（五）积极寻求政府支持 ……………………………………………（121）

第四章 民办院校教师队伍建设研究报告 (123)

一 民办院校教师队伍发展概况 (123)
（一）民办院校教师队伍发展整体情况 (123)
（二）民办本科院校教师队伍建设概况 (125)
（三）独立学院教师队伍建设概况 (130)
（四）民办高职院校教师队伍建设概况 (131)

二 民办院校教师队伍建设政策支持 (133)
（一）全国民办院校教师队伍建设政策支持 (133)
（二）部分省市民办院校教师发展相关政策 (136)

三 民办院校教师队伍建设成效及案例 (140)
（一）民办院校教师队伍建设成效 (140)
（二）民办院校教师队伍建设案例 (147)

四 民办院校教师队伍发展存在问题及对策建议 (152)
（一）民办院校教师队伍建设存在的突出问题 (152)
（二）教师队伍建设存在问题的原因 (154)
（三）民办院校教师队伍建设发展的对策建议 (156)

第五章 独立学院发展研究报告 (162)

一 独立学院发展历程及政策演变 (162)
（一）破冰引航：独立学院发轫期（1999—2002年） (162)
（二）彷徨前行：独立学院快速发展期（2003—2007年） (163)
（三）有法可依：独立学院转型发展期（2008—2016年） (165)
（四）迈向规范：独立学院调适与深化期（2017年至今） (168)

二 独立学院应用型人才培养现状 (171)
（一）人才培养定位清晰化地方化 (172)
（二）学科专业建设深入化特色化 (174)
（三）人才培养模式多样化适切化 (177)
（四）课程建设改革常态化成果化 (180)
（五）就业创业发展全程化深入化 (182)

三 独立学院发展中的瓶颈问题 (184)
（一）规范转设的瓶颈 (185)
（二）分类管理的瓶颈 (187)
（三）体制机制的瓶颈 (188)

（四）质量提升的瓶颈 …………………………………………（190）
　四　独立学院改革发展的制度保障 ………………………………（192）
　　（一）建立并完善省级政府统筹协调机制 ……………………（192）
　　（二）完善独立学院领导管理体制 ……………………………（193）
　　（三）健全独立学院办学风险防范机制 ………………………（195）
　　（四）健全独立学院质量保障机制 ……………………………（197）
　　（五）完善独立学院退出机制 …………………………………（198）

第六章　民办高校创办者群体特征研究报告 ………………………（200）
　一　民办高校创办者群体的人口学特征 …………………………（202）
　　（一）创办者的性别特征 ………………………………………（202）
　　（二）创办者的年龄特征 ………………………………………（205）
　二　民办高校创办者的教育背景 …………………………………（206）
　三　民办高校创办者的职业背景 …………………………………（208）
　四　民办高校创办者的政治面貌和政治身份 ……………………（210）
　　（一）创办者的政治面貌 ………………………………………（211）
　　（二）创办者的政治身份 ………………………………………（212）
　五　民办高校创办者的办学动机 …………………………………（217）
　　（一）谋求经济回报 ……………………………………………（218）
　　（二）追求权力与声誉 …………………………………………（223）
　　（三）自我实现和奉献社会 ……………………………………（225）

第七章　民办高校上市问题研究报告 ………………………………（229）
　一　上市与民办高校上市的概念 …………………………………（229）
　二　民办高校上市的现状和特点 …………………………………（234）
　三　民办高校上市的原因和利弊 …………………………………（240）
　　（一）民办高校上市原因分析 …………………………………（240）
　　（二）民办高校上市特点分析 …………………………………（242）
　　（三）民办高校上市的利弊分析 ………………………………（244）
　四　民办高校上市的对策与建议 …………………………………（249）
　　（一）贯彻落实《民办教育促进法》新法，进一步推进
　　　　　分类管理 …………………………………………………（250）
　　（二）完善分类管理法规，破除民办高校公司上市的
　　　　　法律障碍 …………………………………………………（252）

（三）加强过程监管，规范上市民办高校的办学行为 …………（254）
　　（四）坚持办人民满意高等教育的宗旨，努力提升
　　　　　教育质量 ……………………………………………………（255）
　　（五）做好服务，防范民办高校的上市风险 …………………（256）
　　（六）重视中介及行业组织建设，发挥社会多方共同
　　　　　监管功能 ……………………………………………………（257）
第八章　贯彻落实《民办教育促进法》地方新政研究报告 ………（259）
　一　地方新政制定的背景 ………………………………………（259）
　二　地方新政制定的特点 ………………………………………（264）
　　（一）文件层次较高 ……………………………………………（264）
　　（二）出台时间不一 ……………………………………………（264）
　　（三）过渡时间各异 ……………………………………………（265）
　　（四）稳定现存民校 ……………………………………………（265）
　　（五）内容相对全面 ……………………………………………（266）
　三　地方新政的内容分析 ………………………………………（266）
　　（一）民办学校党建工作制度框架得到明确 …………………（268）
　　（二）民办教育扶持举措更加丰富、系统 ……………………（270）
　　（三）现存学校过渡办法初步形成 ……………………………（282）
　　（四）地方民办教育现代治理体系基本构建 …………………（284）
　　（五）扶持学校发展举措开始落实 ……………………………（286）
　四　地方新政的问题挑战 ………………………………………（287）
　　（一）新政文件系统性较差，执行力较弱 ……………………（287）
　　（二）营利性民校转设难，制度待设计 ………………………（289）
　　（三）非营利性民校监管有待明确和加强 ……………………（292）
　五　地方新政的创新建议 ………………………………………（294）
　　（一）认真学习消化吸收《民办教育促进法》新法精神 ……（294）
　　（二）妥善安排存量民办学校过渡转设期各项制度 …………（296）
　　（三）营造营利性民办学校发展的良好环境 …………………（298）
　　（四）完善非营利性民办学校财务监管制度 …………………（299）
　　（五）加快健全民办学校现代治理体系 ………………………（301）
后记 ……………………………………………………………………（302）

第一章

民办院校党建与思政工作研究报告

"东西南北中，党是领导一切的。"党的领导是中国特色社会主义大学的本质特征，学校党的建设是中国特色社会主义教育的本质属性。民办院校与公办院校同样承担着培养社会主义合格建设者和可靠接班人的重任，两者只是经费来源、办学体制、运行机制等方面不同，但在教育方针、办学宗旨、育人目标、办学使命上是相同的。民办院校党建与思想政治工作与整个民办高等教育的发展紧密相连，民办高等教育的发展壮大推动着民办院校党建与思想政治工作的进步，党建与思想政治工作的不断提高，又从政治上、思想上、组织上、制度上为民办院校的发展提供强有力的保证，确保了立德树人根本任务的实现。

一 改革开放以来民办院校党建与思想政治工作的历史沿革

民办院校党的建设是中华人民共和国成立后中国共产党领导下的我国教育事业健康发展中的重大命题，党和政府也高度重视民办院校党的建设。改革开放以来，党和国家颁布了支持和鼓励民办教育发展的一系列政策、文件，推动了新时期我国民办教育的发展，也推动着民办院校党建与思想政治工作由自发走向规范。

（一）自发开展时期（1978—1998年）

1982年12月，第五届全国人大第五次会议通过了《中华人民共和国宪法》，其中第十九条第四款规定"国家鼓励集体经济组织、国家企事业单位和其他社会力量依照法律规定举办各种教育事业"，这一规定给予了民办教育发展的法律地位，为民办教育的举办提供了法律依据。

1985年5月，中共中央颁布了《关于教育体制改革的决定》，决定提出"地方要鼓励和引导国营企业、社会团体和个人办学，并在自愿的基础上，鼓励单位、集体和个人捐资助学"，"鼓励各民主党派、人民团体、社会组织、离退休干部和知识分子、集体经济单位和个人，遵照党和政府的方针政策，采取多种形式和办法，积极自愿地为发展教育贡献力量"。这是党中央第一次提出鼓励"个人办学"这一突破，并明确要求要遵守党和政府的方针政策，这也是第一次在党的文件中把民办教育纳入党的教育方针的覆盖范围。

1987年7月，国家教委印发《关于社会力量办学的若干规定》，明确规定"社会力量办学是我国教育事业的组成部分，是国家办学的补充"，要"坚持四项基本原则，坚持为社会主义物质文明和精神文明服务，遵守政府法令，执行国家有关教育的方针"。这一规定进一步明确了社会力量办学在我国教育体系中的地位，坚持四项基本原则的其中之一就是坚持党的领导。

在这一时期，民办高等教育恢复发展处于起步阶段，大多数社会力量办学也是组织高复班、高等教育自学考试助学等，从国家政策层面上还主要是在鼓励民办教育如何重新成为教育体系的一部分，尚未清楚地涉及民办院校党的建设问题。在这个过程中，由于民办高校中党员师生转接组织关系、开展组织生活以及学校德育和稳定工作的需要，一些民办高校如海淀走读大学、黄河科技大学和浙江树人大学等先行建立了党的组织。到20世纪90年代初，约70%的民办高校结合自身的实际，建立了党组织，在党员管理和学生思想教育方面发挥了积极作用。但由于没有专门的法规进行指导，党组织管理归纳也不明确，再加上党员数量不多，教师队伍不稳定，自有教师少，大多数民办院校只是按照自己的理解来开展相关工作，因而组织架构多种多样、权责任务也模糊不清。这一情况在1993年以后得到一定程度的改变。

1993年8月，国家教委颁布《民办高等学校设置暂行规定》，规定明确"民办高等教育是我国高等教育事业的组成部分"，"应坚持党的基本路线，全面贯彻教育方针"，"学校要建立共产党、共青团和工会组织，以及必要的思想政治工作制度"，这是第一次在有关民办教育的文件中对民办院校党的建设工作提出明确要求，推进了民办院校党组织的建设，许多民办高校根据情况创造性地开展了党建工作。1996年,原国家教委在高等教育学历文凭考试试点工作的文件中,明确了政治理论课为该考试的全国统考课程,并把它作为民办高校开展大学生思想政治教育和德育工作的主渠道、主阵地。

但是遗憾的是,之后出台的法律法规对这一问题并没有明确的规定。如1997年7月,国务院颁布《社会力量办学条例》,这是中华人民共和国成立以来首部民办教育的专门法律,但条例中未涉及社会力量办学中党的建设问题。1998年《中华人民共和国高等教育法》颁布,规定"国家举办的高等学校实行中国共产党高等学校基层委员会领导下的校长负责制。中国共产党高等学校基层委员会按照中国共产党章程和有关规定,统一领导学校工作","社会力量举办的高等学校的内部管理体制按照国家有关社会力量办学的规定确定"。而《社会力量办学条例》并没有提到党建问题,使得社会力量办学过程中党的建设和思想政治工作如何开展的问题没有能从政策法规层面得到规范。而且在这一时期,民办高校初创者主要精力在求生存谋发展,对党组织建设的认识不明、重视不够,党建与思想政治工作在民办高校一定程度上存在"无组织、无阵地"状况。

(二) 规范开展时期(1999—2015年)

始于1998年的高校扩招等为民办教育带来了发展的春天,特别是民办高等教育进入快速发展时期。教育部每年发布的全国教育事业发展统计公报的数据显示,从1999年到2017年底,我国民办高校(含独立学院)的数量从37所增加到747所,增长了20倍;在校生人数从4万增加到

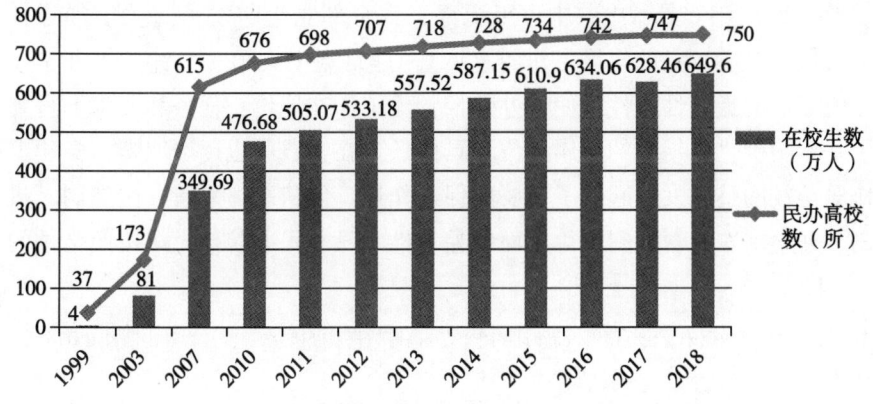

图1-1 1999—2018年民办高校(含独立学院)发展情况

628.46万，增长了157倍，同时，民办高校的办学层次得到提升，2012年全国5所民办高校获批服务国家特殊需求硕士点，2018年吉林华桥外国语学院经国务院学位委员会批准为硕士学位授予单位，经教育部批准更名为吉林外国语大学。

尽管民办高等教育在发展过程中有曲折，但从规模看，民办高等教育的总量实现了数量上的大增长。笔者对教育部发布的全国教育事业统计公报中1999年以来全国民办院校的发展进行相关统计，统计数据可见表1-1。

表1-1　　　　　全国民办教育发展情况一览（1999—2018年）

（在校生数单位：万人）

类别	年份	1999[①]	2003	2007	2010	2011	2012	2013	2014	2015	2016	2017	2018
高校	所	37	173	615	676	698	707	718	728	734	742	747	750
	在校生	4	81	349.69	476.68	505.07	533.18	557.52	587.15	610.9	634.06	628.46	649.6
其他高等教育机构	所		1104	906	836	830	823	802	799	813	813	800	—
	学生		100.40	87.34	92.18	88.14	82.23	87.99	88.30	77.74	75.56	74.47	

说明：（1）以上数据由笔者根据历年国家教育事业发展公报进行整理，其中2010年开始有民办教育专项统计数据；（2）以上数据含独立学院。

这一时期，民办院校党建和思想政治工作得到重视，呈现出良好的发展态势。1999年，中央组织部和教育部党组在调研基础上，就加强民办高校党的建设工作提出了指导性工作意见。[②] 为加强党对社会力量办学的领导，2000年6月，中共中央组织部、教育部党组印发了《关于加强社会力量举办学校党的建设工作的意见》，这是党中央第一个针对民办学校党建工作的指导性文件，使民办院校党建工作在地位、任务和要求上得到了基本明确。党组织的所属地位和具体任务在实践中也逐渐明晰，党建工作对学校的整体发展起到了重要的促进作用。但从总体来看，因体制、机制、办学层次和管理归属等方面的差异性明显，民办院校大多按照文件的

---

① 1999年数据来源于徐绪卿《新时期中国民办高等教育发展研究》，浙江大学出版社2005年版，第17页。

② 靳诺：《重视加强民办高校的党建、思想政治工作和德育工作》，《中国高教研究》2001年第7期。

原则要求，根据自身情况自主自为地开展党建工作。

2002年12月《民办教育促进法》颁布，明确"民办教育事业属于公益性事业，是社会主义教育事业的组成部分"，"致力于培养社会主义建设事业的各类人才"，该法的颁布是我国民办教育进入法治化的重要标志，但该部法律也并未涉及民办院校党的建设问题。2004年2月《民办教育促进法实施条例》颁布，但遗憾的是，作为《民办教育促进法》配套政策的这一实施条例，也并未涉及民办教育中党的建设问题，客观上使得民办教育发展中加强党的领导存在法律依据缺失，党的建设弱化现象在其后的一段时间内在部分学校较为突出。一些民办院校在招生、管理、教学等方面存在不少混乱现象和严重问题，也相继发生因学籍、学历、收费等问题而导致的学生群体性事件。尽管2004年8月，中共中央、国务院颁布了《关于进一步加强和改进思想政治工作的意见》，意见中专门强调"要重视和加强民办高等学校党的建设和大学生思想政治工作"，但由于实践中对民办院校中党组织的地位与作用、职责与权限等问题的认识还不统一，主体责任不明确，工作中有效的办法还不多，民办院校的党建工作水平总体上还不高。

部分民办高校中学生群体性事件的增加，引发主管部门对加强民办高校党建工作的重视。2006年12月国务院办公厅印发了《关于加强民办院校规范管理　引导民办高等教育健康发展的通知》，就依法规范民办院校办学行为和内部管理明确强调"民办院校要建立党团组织，充实包括辅导员、班主任在内的党务干部队伍和思想政治工作队伍"，2006年12月31日，中共中央组织部、教育部党组联合印发了《关于加强民办高校党的建设工作的若干意见》，这是民办高校恢复办学以来第一个专门针对民办高校党建的文件。意见针对民办高校党建工作中存在的亟待解决的问题，对民办高校党组织的设立、隶属关系、作用、自身建设、改进思想政治工作、维护学校安全稳定、切实加强对民办高校党建工作的领导等方面作了全面部署，成为新时期加强和改进民办高校党建工作的重要指导性文件。2007年2月教育部颁布《民办高等学校办学管理若干规定》，规定第九条明确了"民办高校必须根据有关规定，建立健全党团组织。民办高校党组织应当发挥政治核心作用"，对于民办高校党团组织的建立提出了"必须"的要求。

这一时期，也是各省市民办高校党的建设相关制度出台的密集期。根据中共中央组织部、教育部党组联合印发的《关于加强民办高校党的建设工作的若干意见》，部分省市相继出台了加强民办院校党建工作的文件（见表1-2）。至此，我国民办院校党建工作在政策演化上实现了从无到有，从模糊到明确的演进，全国民办院校党组织设立全覆盖、党组织全面担负政治核心作用。党建工作也进入了一个新的历史时期，即由原先的根据相关文件的指导自主自为地开展工作，转变为党和政府的直接推动、直接参与，最显著的特征就是在一些地方人们开始向民办高校选派党组织负责人和督导专员，党建工作的领导体制、制度措施、人员保障、作用发挥等各个环节开始得到全面加强和规范。

表1-2　　全国部分省、直辖市加强民办高校党建文件一览

省市	文件名称	出台年份
北京市	《关于加强北京市民办高等学校党的建设工作的意见》	2008年
	《关于开展向北京民办高等学校委派督导专员兼党建工作联络员工作的意见》	
	《北京市民办高校党建和思想政治教育工作评估指导指标体系》	
天津市	《关于加强民办高校党的建设工作的若干意见》	2006年
	《关于加强天津民办高校和独立学院党的建设工作的实施意见（试行）》	2007年
河北省	《关于加强民办高校党的建设工作的实施意见（试行）》	2007年
	《河北省民办高校党组织负责人（政府督导专员）委派任用工作实施办法》	2007年
辽宁省	《关于加强和改进民办高校党的建设工作的暂行意见》	2003年
	《关于深入贯彻落实中央组织部、教育部党组〈关于加强民办高校党的建设工作的若干意见〉的实施意见》	2007年
	《辽宁省民办高校党组织负责人选派和管理实施意见》	2008年
上海市	《关于加强上海市民办高校党建工作的若干意见》	2003年
	《加强上海市民办高校党的建设工作的若干意见》（暂行）	2007年
江苏省	《关于印发〈江苏省民办高校基层党组织建设工作考核办法〉及其〈基本标准〉的通知》	2012年
	《中共江苏省委组织部 江苏省委教育工委关于进一步加强民办高校党的建设工作的意见》	2012年
	《江苏省民办普通高等学校党组织工作暂行规定》	2013年
湖北省	《关于进一步加强和改进民办高校党建工作的意见（试行）》	2015年
浙江省	《关于加强社会力量举办高校党的建设工作的实施意见》	2004年

续表

省市	文件名称	出台年份
陕西省	《关于加强陕西省民办高校党组织建设的意见》	1999 年
	《关于任命民办高校党组织临时负责人的通知》	1999 年
	《陕西省民办高校党的建设工作基本标准》及评估体系	2001 年
	《关于向民办高校选派党委负责人（委派督导专员）实施办法》	2007 年
	《陕西省委办公厅 陕西省人民政府办公厅关于加强和改进民办高等学校党的建设和规范管理的若干意见》	2008 年
	《陕西省民办高等学校教职工代表大会实施办法》	2011 年
江西省	《江西省民办普通高等学校党委会会议议事规则（试行）》	2011 年
	《江西省民办普通高等学校督导专员工作规程（试行）》	2011 年
山东省	《山东省民办高校督导专员、党建工作联络员选派和管理暂行办法》	2008 年
福建省	《福建省民办高校督导专员委派及管理办法》	2008 年

　　1990 年，中共中央颁发了《关于加强高等学校党的建设的通知》。当年，中央组织部、中央宣传部和国家教委党组联合召开了第一次全国高校党建工作会议。但在前十年中，一直没能见到民办高校的身影。2000 年黄河科技学院和江西蓝天学院出席第九次全国高校党建工作会议，这是会议举办十年来第一次吸纳民办高校的代表参加。2003 年起，西京学院、浙江树人大学、青岛滨海学院、黑龙江东方学院等民办高校先后在全国高校党建工作会议上作了典型发言，到 2014 年为止，共有九所民办高校（含独立学院、中外合作大学）的党组织和上海市民办高校党工委在全国高校党建工作会议上作了交流发言，集中展示了全国民办高校党建与思想政治工作的成就。各民办高校在历届全国高校党建工作会议上做典型发言情况详见表 1-3。

表 1-3　历届全国高校党建工作会议上民办高校做典型发言情况一览

时间	会议	发言单位	发言题目
2003 年 10 月	第十二次	西京学院	夯实民办高校党建工作基础，切实做好发展党员工作
2005 年 12 月	第十四次	浙江树人大学	实施"先锋工程"，探索民办高校党建工作新路子
2006 年 12 月	第十五次	青岛滨海学院	建设平安和谐的民办大学校园
2008 年 12 月	第十七次	黑龙江东方学院	加强党建工作 促进民办高校健康发展

续表

时间	会议	发言单位	发言题目
2010年12月	第十九次	中共上海市民办高校工委	围绕中心抓党建 服务大局促发展
2012年1月	第二十次	北京城市学院	以高质量党建保障民办大学建设
2013年1月	第二十一次	武汉生物工程学院	典型引领 促进学生成长成才
2013年1月	第二十一次	宁波诺丁汉大学	明确定位 创新渠道 探寻接点，开创中外合作高校党建工作新思路
2013年12月	第二十二次	云南工商学院	探索党建新途径 推动学校新发展
2014年12月	第二十三次	郑州科技学院	加强思想引领 强化服务功能 推动民办高校立德树人取得新成效
2019年1月	第二十六次	辽宁财贸学院	办好中国特色社会主义民办大学

同时，部分民办院校积极主动开展思想政治研究工作。2001年中国高教学会高校思想政治教育研究会在河南召开了第一次民办高校思想政治教育工作研讨会，将民办高校思想政治教育工作正式纳入视野。2004年3月，第三届全国民办高校思想政治教育研讨会在京举行。本次研讨会以探讨民办高校学生思想政治工作的特点及民办高校德育面临的新情况、新问题为主要内容。与会代表达成共识，在我国民办高校由单纯依靠政府办学向多种办学模式共同发展的形势下，进一步加强对民办高校大学生的思想政治教育，增强其针对性和有效性应摆在更加重要的日程。各民办高校一定要以扎实有效的工作，开创新时期民办高校思想政治教育工作的新局面。在这次会议上，全国高校思想政治教育研究会拟筹划设立"民办高校德育专题委员会"，以推动和促进民办高校德育工作深入有效地开展。从第四届开始，研讨会更名为民办高校德育论坛，至2015年5月共组织了十一届。论坛情况见表1-4。

表1-4　　　　　　　历届民办高校德育论坛情况一览

时间	会议名称	地点	会议主题
2001年	第一次民办高校思想政治教育工作研讨会	郑州	民办高校思想政治教育
2002年	第二届全国民办高校思想政治教育研讨会	上海	民办高校思想政治教育
2004年	第三届全国民办高校思想政治教育研讨会	北京	探讨民办高校学生思想政治工作的特点及德育面临的新情况新问题；筹划设立"民办高校德育专题委员会"

续表

时间	会议名称	地点	会议主题
2005 年	第四届民办高校德育论坛暨全国高等学校思想政治教育研究会民办高校德育委员会成立会	北京	如何拓宽民办高校学生思想政治教育的有效途径
2006 年	第五届民办高校德育论坛	杭州	以中央 16 号文件精神为指引,推进民办高校的德育研究工作
2007 年	第六届民办高校德育论坛	长春	回顾总结民办高校德育研究的新进展
2008 年	第七届民办高校德育论坛	南昌	就加强大学生的思想政治教育进行了专题研讨
2010 年	第八届全国民办高校思政教育论坛暨党委书记座谈会	北京	研究民办高校党建与思想政治教育,筹建"中国民办教育协会高校党委书记联席协作会"
2011 年	第九届民办高校德育论坛	宜昌	民办高校党的建设科学化与民办教育可持续发展
2014 年	第十届民办高校德育论坛	广州	落实立德树人根本任务,积极培育和践行社会主义核心价值观
2015 年	第十一届民办高校德育论坛	郑州	加强中华优秀文化教育,弘扬社会主义核心价值观

2012 年,在教育部思想政治工作司的指导下,全国民办高校党建研究分会成立。其后,研究会在西安、大连、厦门、北京分别召开了四届"全国民办高校党建工作论坛",成功举办了四届"全国民办高校党的建设与思想政治工作优秀成果评选"活动和三次年度优秀论文评选活动;配合教育部思政司于 2012 年 7 月完成了教育部在上海召开的"全国民办高校党的建设工作座谈会"以及在西安、吉林、杭州三地召开的"民办高校党建工作调研座谈片组会"的组织、联系工作。同时对全国 644 所民办高校开展了党建专题调研,完成了可供主管部门进行决策参考的调研报告;自 2014 年开始,研究会组织实施了 2 期"全国民办高校党建与思想政治工作骨干培训班";编辑出版了《探索与创新——全国民办高校党的建设与思想政治工作优秀成果集》。全国民办高校党建研究分会持续开展的民办高校党的建设理论与实践问题的研究,有力地推动民办高校党建工作科学化水平不断提升,促进了民办高等教育事业持续健康发展。

(三)法治化新阶段(2016 年至今)

党的十八大以来,以习近平同志为核心的党中央站在新的历史方位,提出了全面依法治国等四个全面总布局，民办院校党的建设问题也被纳入了法治化的视野。2016年下半年，以《民办教育促进法》修订案（以下简称"新民促法"）审议通过颁布，标志着我国民办院校党建工作进入法治化新阶段。

一是"新民促法"总则增加了第九条"民办学校中的中国共产党基层组织，按照中国共产党章程的规定开展党的活动，加强党的建设"。仔细研读这一条款，它很明确地规定了民办学校必须设立党的基层组织，而且还强调了民办学校的党组织按照党章规定开展活动。这一明确规定，使得民办院校的党的建设有法可依，有章可循，也使民办院校党建工作站在更高的起点，这为民办院校党组织发挥政治核心作用，为确保民办院校始终坚持社会主义办学方向提供了法理依据。

二是中共中央办公厅印发了《关于加强民办学校党的建设工作的意见（试行）的通知》（中办发〔2016〕78号），这是党中央站在新的历史方位做出的重大决策，也充分反映了新形势下加强民办学校党建工作的重要性和迫切性。比较这一文件与前面所述两个党建工作的专门文件，我们看到：第一，文件发文部门规格提升。以往两个专门文件发文主体是中组部和教育部党组，而这一文件由中共中央办公厅发文，表明民办学校党的建设工作已从部门党的工作上升为中央层面的工作。第二，文件发放范围扩大。以往两个专门文件主要是发往民办学校和教育主管部门，而这一文件直接发到各省、自治区、直辖市党委、中央各部委、国家机关各部委党组（党委），解放军各大单位、中央军委机关各部门党委、各人民团体党委，这表明从实践层面，要求党政军及人民团体中党组织要按照全面从严治党的要求，高度重视做好民办学校党的建设工作，在全党全军全国范围内形成民办学校党的建设的齐抓共管机制。第三，对实践中困扰民办学校党的建设的几个实际问题进行了回应。如：民办院校党组织谁来管——主管部门管理与属地管理相结合，主管部门党组织管理为主；党组织负责人如何产生——民办院校党组织负责人全面选派；党组织管什么——保证政治方向、凝聚师生员工、推动学校发展、引领校园文化、参与人事管理和服务、加强自身建设；党组织如何管——参与决策与保证监督等。这些规定，使得民办院校党的建设职责更明确，着力点更清晰，便于将民办院校党组织按照党章规定开展活动落在实处，成为新时代加强民办院校党的建设重要指南。

三是"新民促法"配套政策。与中办发〔2016〕78号颁布的同一天，国务院印发了《关于鼓励社会力量兴办教育　促进民办教育健康发展的若干意见》（国发〔2016〕81号），文件要求切实加强民办院校党的建设，增强政治意识、大局意识、核心意识、看齐意识。文件还要求各地要把民办院校党组织建设、党对民办院校的领导作为民办院校年度检查的重要内容。在完善学校法人治理结构中，提出了党组织负责人进入董事会、监事会等要求。这些规定对于实现党组织的参与决策权和发挥保证监督作用具有重要意义。2016年12月30日，教育部等五部门颁布了《关于印发〈民办院校分类登记实施细则〉的通知》（教发〔2016〕19号），总则第二条规定"民办学校应当遵守国家法律法规，全面贯彻党的教育方针，坚持党的领导，坚持社会主义办学方向中，坚持公益性导向，坚持立德树人，对受教育者加强社会主义核心价值观教育，培养德、智、体、美等方面全面发展的社会主义建设者和接班人"。这是在实施分类管理背景下，对所有民办院校坚持党的领导，加强党的建设的具体要求。教育部、人力资源社会保障部、国家工商总局出台的《关于印发〈营利性民办院校监督管理实施细则〉的通知》（教发〔2016〕20号）（以下简称"教发〔2016〕20号"）第三条也体现了上述要求，在第十六条中明确"营利性民办学校应当建立董事会、监事（会）、行政机构，同时建立党组织、教职工（代表）大会和工会"。上述密集出台的有关民办学校党建工作文件，也是加强民办院校党建工作的重要依据。2017年2月27日，中共中央、国务院印发了《关于加强和改进新形势下高校思想政治工作的意见》，意见特别强调，要"高度重视民办高校、中外合作办学中党的建设和思想政治工作，探索党组织发挥政治核心作用的有效途径"。

从2016年底开始，"新民促法"的颁布和几个文件密集下发，从法律的高度确立了党的领导的合法地位，弥补了实践层面上民办院校党的建设无法可依的缺陷，为民办院校加强党的建设提供了法律依据，也从操作层面提供了现实参考。

在众多文件的推动下，各地党委和教育主管部门重视民办高校党的建设，将民办高校党建工作摆上重要位置。建立健全民办高校党建工作机构，加强与民办高校党组织的联系和沟通，定期对民办高校党的建设情况进行检查指导，有效推动民办高校党建工作的顺利开展。北京、天津、浙江等地先后出台多个加强民办高校党建工作的文件，对民办高校党组织的建立、职责、工作开展等做了具体规定；上海成立了民办高校党建工作办公室；有的省份列出了民办高校党建工作重点任务清单；一些省份召开民办高校党建工作部署会、推进会和现场会；还有地方开展了民办高校党建工作考核、党组织书记述职、党建"书记项目"等工作；中国民办教育协会组织了多次民办学校党建工作推进会，推动民办院校党建与思想政治工作得到创新开展。

二 民办院校党建与思想政治工作的实践成效

近年来，全国民办院校立足实际，务实创新，党建与思想政治工作取得成效，在立德树人和学校事业发展中发挥着积极作用，这些实践成效主要体现在如下方面。

（一）党的组织和工作实现全面覆盖

1. 民办院校党组织建立健全

随着民办院校的发展，按照国家有关民办高校党的建设工作的要求，党的领导和建设明显加强，并在探索中不断改进，党组织建设不断趋于健全和完善。民办院校党组织关系实行属地管理，一般隶属于省（自治区、直辖市）、市（地、州、盟）党委教育工作部门或教育行政部门党组织。

调研显示：2015年浙江省在13所独立设置的民办院校中，均实现了学校建立与党组织建设同步，全部成立了党委，共设立39个党委（含二级学院党委），57个党总支，344个党支部；党组织关系分属于省教育厅党委和市县党委；在岗教工党员3450名，占全校教职工总数的54.11%；学生党员数3832名，占在校学生数的3.42%。中外合作办学高校也做到了学校党建工作与学校发展同步考虑、同步推进。2所中外合作办学高校设置2个党委，2个党总支，26个党支部；在岗教职工党员233名，占全校教职工总数的23.87%；学生党员515名，占在校学生数的6.95%。宁波诺丁汉大学还针对赴海外学习学生党员多的情况，在英国诺丁汉大学建立海外党小组，实现国内海外标准一致，培养同步。

陕西省民办普通高校均建立了党组织。陕西省现有民办高校30所，其中民办普通高校18所，独立学院12所，在校学生总数27万人。18所民办普通高校党组织关系隶属省委高教工委，党的基层组织 736 个（校级党委 18 个，分党委、党总支 133 个，党支部 585 个），党员 1.8 万名。12 所独立学院党组织关系隶属所申办的公办高校，由举办高校纳入二级院系党组织管理。

截至 2016 年底，河南省 27 所民办普通高校共有基层党组织 754 个，其中党委 27 个，分党委及党总支 127 个，党支部 600 个；在职教工党员 5719 人，占在职教工（21013 人）总数的 27.22%。广西 22 所民办普通高校和独立学院中，有 19 所建立了党委，1 所建立了直属党总支，2 所建立了直属党支部，实现了党组织的全面覆盖。

加强民办院校党建工作的基础是扩大党的组织和工作的覆盖面。一些民办院校从实际出发，灵活设置基层党组织。郑州科技学院采取阶梯式推进办法，坚持"成熟一个、组建一个、巩固一个"，帮助各院系逐步建立党组织。目前，全校共有党员 1600 多名，设置 14 个党总支和 15 个直属党支部，基本做到党组织在学校的全面覆盖。无锡太湖学院全校各班级普遍建立党章学习小组，党建工作延伸到学生社团、学生宿舍、实习基地、网络阵地，确保党建工作全覆盖。南昌理工学院将支部建在公寓，以学院、专业成立党小组，以本楼栋的学生党员、入党积极分子为成员，支部书记由入住学生公寓的辅导员担任，落实了党支部的基本任务，建立健全了工作机制。

吉林省给予民办高校党建经费保障，将全省民办高校基层党组织工作经费纳入省级财政预算，按每校每名党员每年 200 元标准列支。同时，还为基层党组织书记和党务工作者发放工作补贴，分别按每人每月 200 元、100 元标准列支，省委教育工委为每所民办高校专项补贴 5 万元党务干部培训经费，同时为每个党支部划拨 2000 元活动经费。上述举措为民办高校党建和思政工作提供有力支撑，创设了基本的工作条件，推动了民办高校党建工作的有效开展。

2. 基层党支部建设得到加强

党的基层组织是确保党的路线方针政策和决策部署贯彻落实的组织载体。民办高校基层党组织处于教学和学生管理第一线，是党在社会基层组织中的战斗堡垒，是党的全部工作和战斗力的基础，担负直接教育党员、管理党员、监督党员和组织群众、宣传群众、凝聚群众、服务群众的职责。近年来，根据教育部党组织《普通高等学校学生党建工作标准》《关于加强新形势下高校教师党支部建设的意见》等文件精神，民办高校加强了基层党支部建设，以教学、科研、管理等业务工作实体为主设置教师党支部、教职工党支部，以班级、年级为主设置学生党支部。在此基础上，不断探索以实验室、项目组、学生公寓、社团等为依托设置党支部的形式，不断扩大基层党组织覆盖面。

大连东软信息学院制定实施《党支部规范化建设示范点实施方案》，以点带面强化支部规范化建设，实施教师党员"123"工程，每位教师党员联系1个班级、2名积极分子、3名普通学生；实施学生党员"1带2"工程，每名学生党员联系1个班级、1个寝室。上海建桥学院全校共有10个党总支79个党支部，其中学生党支部47个，全校党员917人，其中教职工党员占教职工近半数。浙江越秀外国语学院出台了《基层党建工作绩效考核办法》，细化制定19项具体考核标准，形成完备的"堡垒指数"指标体系，每年"七一"前后发布考核结果。广东白云学院2013年被省委组织部授予全省民办高校唯一的"广东'两新'组织党建工作示范点"，党建工作特色入选第22次全国高校党建工作会议经验汇编。郑州科技学院教务处党支部积极开展党的群众路线、依法治教、"两学一做"实践教育活动等，坚持把党建工作融入教务工作，不断发挥党支部的战斗堡垒作用和共产党员的先锋模范作用，被河南省委高校工委授予"五好基层党组织"，入选首批"全国党建工作样板支部"培育创建单位。无锡太湖学院物联网工程学院5个党支部分别与电子科技第58研究所、无锡市新四军历史研究会以及3个社区（村）等单位基层党组织开展支部共建，通过召开联席支委会、共同开展主题实践活动等，资源共享、优势互补、共创共建。

表1-5　　　江苏省民办本科高校党组织及党员情况一览

学校名称	党总支数	党支部数	党员数		
			教工党员	学生党员	总数
三江学院	23	64	528	486	1014
无锡太湖学院	10	24	278	265	543
南通理工学院	9	28	272	129	401
宿迁学院	11	60	481	425	906

3. 特色品牌创建工作初见成效

开展党建特色品牌创建工作是民办高校党建工作的一个重要抓手，更是提高党建工作质量的显性指标。浙江工业大学之江学院从2013年开始，先后开展"基层党建示范点""党建特色品牌"评选活动，学院党建工作实现了"七个有力"，即教育党员有力、管理党员有力、组织师生有力、监督党员有力、宣传工作有力、凝聚师生有力、服务师生有力。

2018年12月，教育部公布了关于新时代高校党建示范创建和质量创优工作评审的结果，一批民办高校被评为"全国党建工作示范高校""全国党建工作标杆院系""全国党建工作样板支部"培育创建单位。详见表1-6。

表1-6　　民办高校入选全国党建工作示范高校、标杆院系、样板支部培育创建单位一览①

"全国党建工作示范高校"培育创建单位（1）	西安外事学院党委
"全国党建工作标杆院系"培育创建单位（2）	武汉华夏理工学院机电工程学院党委
	北京城市学院信息学部党支部
"全国党建工作样板支部"培育创建单位（21）	浙江树人学院生物与环境工程学院教工第一党支部、辽宁对外经贸学院教务党总支教辅支部、辽宁何氏医学院视觉艺术学部教工党支部、哈尔滨剑桥学院工商管理学院教师党支部、黑龙江工商学院电子信息工程系教工党支部、黑龙江外国语学院英语系教工党支部、天津天狮学院外国语学院与国际交流中心教工第一党支部、浙江越秀外国语学院大学生教官队党支部、安徽信息工程学院计算机与软件工程学院学生党支部、江西工程学院抱石艺术学院直属党支部、南昌工学院经济管理学院委员会学生第一党支部、齐鲁理工学院化学与生物工程学院党支部、郑州工商学院建筑工程学院第四学生党支部、郑州科技学院教务处党支部、武汉学院会计系教师党支部、武昌工学院思政课部直属党支部、广东白云学院外国语学院英语学生党支部、重庆工程学院管理学院学生第一党支部、四川工商学院图书馆党支部、四川文化艺术学院传媒学院教工党支部、西安培华学院医学院教工第一党支部

2019年6月，中国民办教育协会组织开展了党建特色项目征集及评选工作，经评议，在突出项目的主题、特色和质量，强调项目实效性，体现典型性和示范性的原则基础上，评选出70个项目为立项建设项目。其中，民办高校有40个，这也反映出民办院校党建工作在民办学校的整个

---

① 根据教育部网站公布的相关材料整理。

群体中开展得较好。

（二）党组织书记逐步选优配强

党组织书记队伍是抓好民办本科高校党建工作的重中之重，近年来，各地不断加强民办本科高校党组织书记的选拔培养、教育培训和管理监督，努力提高其整体素质和履职能力。

1. 向民办院校选派党组织书记兼督导专员

向民办高校选派党委书记是加强党对民办高校领导的重要举措。民办高校抓住党委书记选派的重要契机，积极探索建立既能体现党委政治核心地位、又能发挥民办高校办学优势的领导管理体制，形成在党的领导下推动学校健康发展的有效机制。

目前全国已有福建、河北、江西、湖北、陕西、上海、辽宁、广东、云南、湖南、宁夏等20多个省（自治区、直辖市）建立了民办学校党组织书记派遣制度，挑选德才兼备、熟悉教育工作的党员干部到民办高校担任党组织负责人，兼任政府派驻学校的督导专员。2007年，陕西省从省属公办高校和教育系统退休的优秀领导干部中，向17所民办高校选派了党委书记。自2015年起，开始在省属高校在职领导干部（一般为副职校领导，离退休尚有5年以上时间）中择优选派民办本科高校委派党委书记（督导专员）。明确被选派到本科高校的党委书记（督导专员）在原单位享受正厅级待遇，到高职院校的党委书记在原单位享受副厅级待遇。不转工资和行政关系，不在任职的民办高校领取薪酬。山东省委组织部、省委高校工委选派省属公办高校党委书记到民办高校任党委书记，曲阜师范大学等省属公办高校的5名原党委书记、副书记分赴青岛工学院等5所民办高校任党委书记。湖南省委组织部、省委教育工委从省卫生和计生委、长沙理工大学选派15名干部到长沙医学院等民办本科高校担任党委书记。2017年，山西省委首次为全省民办高校集中选派了7名党委书记。吉林省于2015年印发了《民办高校党委书记（督导专员）选派管理办法》，并从公办高校选拔18名50岁以下政治坚定、德才兼备、具有党建工作经历经验的正处长级干部到民办高校担任党委书记兼督导专员。部分省市选派党委书记兼督导专员情况见表1-7。

**表1-7　　全国部分省市向民办本科高校选派党委书记
兼任政府督导专员一览**①

省市	选派民办高校党委书记兼任政府督导专员	年份
江西	一次性集中向10所民办院校派遣党组织书记,该项工作已持续三届	2006年
北京	市教育两委向民办高校选派了15名督导专员兼党建工作联络员	2008年
天津	向天津天狮学院等选派天津商业大学原党委书记张志刚同志作为学院党委书记和市政府督导专员	2008年
辽宁	向每所民办高校选派一名党组织负责人兼政府督导专员	2008年
福建	先后选派23名干部到民办高校挂职,做学校的专职党组织负责人	2007年
陕西	委任延安大学等5所公办高校各一位在职领导干部分别到西安培华学院、西安翻译学院、西安欧亚学院等学校担任党委书记	2016年
山东	选派曲阜师范大学等5名省属公办高校的原党委书记、副书记,任齐鲁工学院、青岛工学院等5所民办高校党委书记	2017年
山西	省委组织部协调省直有关部门和部分省管高校从在职正处级以上党员干部中,为全省7所民办高校统一选派了党委书记	2017年
黑龙江	黑龙江向17所民办高校派驻党委书记	2018年
广东	广东省教育厅向首批16名民办高校督导专员颁发了聘书	2011年
吉林	向18所民办院校全面选派党委书记兼督导专员	2015年

2. 选好配强民办院校党支部书记

民办院校基层党支部书记在加强高校党建过程中起着举足轻重的作用,是党建工作得以落实的领头雁和带路人。随着民办院校党的建设工作向基层推进,逐渐开始注重选好配强党支部书记,落实《中共教育部党组关于高校教师党支部书记"双带头人"培育工程的实施意见》(教党〔2018〕26号)和《普通高等学校学生党建工作标准》(教党〔2017〕8号),由政治素质高、党性原则强、热爱党务工作、业务能力过硬、作风正派、具有奉献精神的教学、科研和管理骨干担任教职工党支部书记;学生党支部书记还要求由品学兼优、善于做学生思想政治工作、两年以上党龄的高年级本科生党员或辅导员担任。

目前,湖北省民办本科高校"双带头人"(党建带头、学术带头)担任教师党支部书记比例达90.5%,实现了党建与业务工作的"双融合"。无锡太湖学院深入实施教师党支部书记"双带头人"培育工程,全校10

---

① 根据网络资料整理。

个教师党支部中具有副高或博士学位的书记占90%以上,全校荣获全国、省优秀教育工作者、省青蓝工程者中,共产党员占95%以上。支部书记成为让教师们尊重、羡慕的群体。广东白云学院建立健全教工党支部建设和"双带头人"支部书记培育工作制度,着力把教师党支部书记队伍建设成为新时代学院党建和业务双融合、双促进的中坚骨干力量。

3. 抓好党组织书记培训和考核

随着民办院校党的建设稳步推进,开始重视基层党组织书记培训,这是民办院校基层党组织建设的重要任务,是建设高素质基层党组织带头人队伍的有效途径,对于切实增强基层党组织书记的政治意识和组织观念,提高服务师生能力和履职本领,做好基层各项工作至关重要。

2017年11月,教育部在武汉东湖学院召开全国民办高校党组织书记培训班,百余名民办高校的党委书记参加。北京市、江苏省、湖北省、广东省、陕西省五省市教育工委(高校工委)领导在会上做了典型发言。2018年10月,中国民办教育协会民办学校党建工作委员会在珠海举办全国民办学校党务工作者专题学习班。山东、福建、广东等地纷纷举办民办高校党建工作培训班。陕西省将民办高校党组织负责人和党务干部纳入普通高校党务干部培训体系,定期进行培训。完善省级示范培训、工委定期培训、学校集中培训三级培训体系。一些民办院校逐步重视基层党组织书记培训,如:新乡学院三全学院对各党总支(直属党支部)书记、副书记,基层党支部书记共计90余人进行基层党支部书记专题培训。通过相关培训,民办院校党组织书记整体水平得到提升。

同时,民办院校强化党组织书记考核,落实述职述廉、民主评议、诫勉谈话等制度,这是推动全面从严治党向民办高校延伸的实际举措,也是推动民办高校落实党建工作责任制的一个重要抓手。2015年起,广东省委将民办高校党委书记纳入高校党委书记抓基层党建工作述职评议考核范围,压实党委书记抓基层党建工作的政治责任。广东白云学院、广东培正学院等民办本科高校党委书记向省委教育工委述职。江苏、浙江组织民办高校党组织书记同公办高校一样进行会议述职,接受评议。江苏激发党建工作活力,推动党的建设落地生根,开展党建工作考核,考核结果作为评判民办高校规范办学、评选表彰先进的重要依据,已有多所民办本科高校和独立学院通过了党建工作考核。吉林省出台了《民办高校党委书记(督导专员)考核办法(试行)》,在每年第四季度统一组织民办高校党委书记述职评议考核。实行民办高校党建工作联系点制度，压紧压实主体责任，省委教育工委领导班子成员、相关部（处）负责人分别包保民办高校，定期调查研究、指导督促工作。各地各民办院校将述职评议考核工作下沉到党支部，建立学校党委、院系党委（总支）、党支部三级联动党建述职工作机制，将党建工作主体责任压实到组织终端。2018年，中北大学信息商务学院率先开展党支部书记评议考核工作，全院21个党支部书记向学院党委述职，接受评议。浙江树人学院有67个党支部书记进行了述职评议。

（三）党组织参与决策和监督机制不断健全

我国民办院校法人治理结构既不同于企业的法人治理结构，也不同于公办高校的法人治理结构，实行的是董事会领导下的校长负责制，党委起政治核心、监督保障作用。董事会具有最高决策权，校长受委托作为行政管理者负责管理决策学校事务。这种情况下，如何发挥好党委在学校发展中的政治核心作用，参与学校治理成为民办高校党建工作的重要课题。

1. 党委参与重大决策机制不断健全

党组织参与决策机制是民办院校党组织发挥政治核心作用的重要途径。当前，许多民办院校党组织领导班子成员通过法定程序进入学校决策机构和行政管理机构，学校决策机构和行政管理机构中的党员进入党组织领导班子。一些民办院校逐步建立起党委书记与院长沟通机制、党政领导联席会议机制，学校党委负责人、行政负责人形成工作合力，党组织负责人在学校决策和管理中的作用得到进一步发挥。

民办院校突出"双向进入、交叉任职"，主要有以下形式：一是"书记兼校董"，有的民办院校党委书记按照法定程序成为学校董事会董事，全程参与学校改革发展重大问题的研究决策，切实发挥党委的政治核心作用和监督保障作用。二是"书记兼副校长"，党委书记兼任副校长，直接参加校长办公会议研究决策，直接参与办学活动和内部管理。三是"校长兼副书记"，党员校长兼任学校党委副书记，与党委书记共同承担学校党建工作责任，把党的教育方针政策贯穿到办学治校各方面。四是"副校长兼委员"。大多数民办院校党员副校长兼任学校党委委员，参与学校党委各项工作，有效地把党建工作落实到分管工作领域。

武汉东湖学院实行校领导"三向进入，交叉任职"。董事长是全国优秀共产党员，连续六届全国人大代表。依照法定程序，省委选派的党委书记任副董事长，校长任副董事长、党委副书记，其他党委常委任董事、副校长，建立了党委政治核心、董事会事业决策、校行政依法办学的同心同向同发展的管理体制。三亚学院为使校、院两级党组织充分发挥政治核心作用，使中央与上级党委精神能够及时得到贯彻落实，学校建立、健全两个机制：一是学校的决策机制，形成"党委在议大事中保证社会主义办学方向"、"日常事务校务委员会议决策、行政校长会议运行"、"学术委员会学术研究大事"的校级领导分工合作机制；二是二级学院的党政联席会议制度，校党委明确二级学院党总支（直属党支部）履行党建和思政的主体责任，规定党政联席会议制度为本单位最高议事制度，学院党、政负责人各司其职、分工合作，共同为学院发展负责。校、院两级的这种制度安排，使学校党委的政治核心作用、党总支党支部的战斗堡垒作用有了实质内涵和制度保障。浙江树人学院把加强学校党的建设要求写入学校董事会章程和学校章程，制订了《中共浙江树人学院委员会工作条例》，协同推进学校党政共同负责制，从根本制度上保证了党组织政治核心作用的发挥。

2. 推动民主决策建设和利益协调机制不断建设

学校的发展依赖于全校师生的共同努力。民办高校教师的工资待遇、社会保障、进修培训、聘请辞退等利益问题较多，学生的学籍、学费、生活条件等问题也时有发生。民办院校党组织重视推动重大决策的民主化，主动积极做好举办者、管理者和师生之间的利益协调工作。

北京城市学院明确党委会、校委会、教代会、学术委员会等机构的权责分工范围，规范学校的科学民主决策程序，不断健全和完善内部治理体系。坚持教职工为办学主体的理念，校级行政副职自下而上推选并由教代会决定，学校重要规章制度交由教代会表决通过，教职工无限期聘任合同、住房补贴等重要福利由教代会专项评议审批。校长向教代会述职，学校每年财务状况和招标采购、基建工程等事项也纳入公开范围，每年接受专门审计和社会监督。

许多民办院校党委听取师生呼声，建立了校长信箱、教职工接待日等，畅通诉求表达渠道，为教职工解难题谋利益，协调解决教职工住房、子女上学问题，增加一线人员工资等，让教职工共享发展成果，极大增强了广大教职工的归属感和主人翁意识。

3. 监督机制不断完善

实现办学监督是民办本科高校党组织发挥政治核心作用的重要环节。民办院校党组织发挥监督保障作用，进一步促进学校端正办学指导思想、健全内部管理体制、规范办学行为，引导和监督学校遵守法律法规，督促决策机构和校长依法治教、规范管理，确保民办院校在遵循教育育人规律、依法规范办学行为、认真履行办学责任的前提下，实现又好又快地发展。民办院校党组织需要对学校的决策过程和办学行为进行有效监督，包括学校财务管理、招生收费、组织人事、学生服务和党风廉政，确保学校规范办学，特别是帮助举办者规避办学的资金风险，防止"举办者在举办其他产业中遇到风险、资金链断裂时，因挪用借用资金帮助其陷入困境的其他产业走出危机"① 而影响学校发展的情况。南昌工学院设立了校纪委、专职纪委书记和各二级党组织纪委委员、纪检监察室等，发挥纪检部门监督作用，建立纪委巡查制，对违法违纪事件严厉查处。近两年，校纪委立案查案结案5起，开除教师3名、处分违纪教师3名、诫勉谈话5人。

（四）党员发展和教育管理工作持续加强

1. 党员发展工作规范开展

党员发展工作决定着党的生命力。随着办学不断规范，民办院校更加重视党员发展工作，遵循党员发展方针，按照"早发现、早育苗、早发展"的原则，认真落实入党积极分子的推荐确定和培养教育，发展对象的政治审查与公示，预备党员的接收、教育、考察，建立党员发展的公示制、票决制和责任追究制，坚持和完善发展党员工作的标准和程序，吸收了一批优秀的学生和青年教师加入党组织。郑州科技学院在坚持标准、保证质量的前提下，积极搞好"育苗工程"，将发展党员工作前移，从新生入校开始就对其进行形式多样的党的知识教育，引导他们在政治上追求进步。黄河科技学院每年都有95%以上的入校新生在军训中提交入党申请书，坚持以党校和校卫队为抓手，培养考察入党积极分子。武汉生物工程学院管理学院党总支开展定性定量的培养，开展"一生一档，一阶一册"工作，即所有入党申请人均有专属培养档案，每一个培育阶段均有不同的

---

① 金成、王华：《经济回报、权力获得与自我实现》，《教育发展研究》2016年第21期。

记录手册，使每名学生党员发展的四个环节环环相扣、循序渐进，提高学生党员的培养质量。陕西省严格按照"控制总量、优化结构、提高质量、发挥作用"的总体要求，合理制定民办高校年度党员发展目标，注意把符合条件的民办院校出资人培养入党，把教学科研管理骨干培养入党，把优秀的青年学科带头人培养入党，把品学兼优、综合素质高的学生培养入党。近年来，陕西民办高校每年发展党员8000余名，党员发展质量明显提高。

2. 党的组织生活质量提升

党的组织生活是党的生活的重要内容，民办院校不断严格和规范党的组织生活，有利于加强对党员的教育、管理、监督，促进党员学习，提高党员素质，促使党员更好地发挥先锋模范作用，维护党员队伍纯洁性，保持党的先进性和战斗力。大多数民办院校能够严格坚持"三会一课"、组织生活会、民主评议党员、谈心谈话等制度，保证组织生活正常化。许多民办院校党委以身作则，召开民主生活会，征求党内外群众意见，制定整改措施和时间进度表，分类落实到责任人和责任部门。校党政领导每人参加一个二级学院党组织的民主生活会进行指导，并对整改落实情况进行监督。

浙江树人学院以支部学习日、主题党日、党员政治生日、党员示范日为载体，推动组织生活的规范化。2018年开展1300余次"支部学习日"，为近1900名师生党员过"政治生日"，开展350余次"主题党日"，通过"党员示范日"载体推选先进师生党员近50名，在学校获得的重大科研项目中，党员教师占到85%以上，党员干部累计与学生谈话1.5万余次，联系家长3千余次，开展志愿服务2.8万小时。基层党组织战斗力和党员先锋模范作用得到有效发挥。

山东工程职业技术大学创新"三会一课"活动形式，坚持"主题日"、唱响"生日歌"、走好"长征路"、展示"新风采"，使党员由过去的参加"三会一课"变成参与，由听变成讲，实现了组织生活具体化、精准化。

3. 党员教育管理不断强化

民办院校不断加强党员思想作风建设，实施服务型党组织建设工程、教师党员先锋工程、大学生党员素质工程和教师党支部书记"双带头人"培育工程，使党员的先锋模范作用在学校各项工作中充分彰显。树立党员旗帜，增强党组织凝聚力。武汉东湖学院开展党员先锋岗位评比，连续4年举办"争当追梦先锋，党员岗位建功"竞赛活动，认定122名党员先锋岗位，评选出20名党员先锋岗位标兵，把追梦先锋的旗帜标杆树立起来。中北大学信息商务学院充分发挥党建育人功能，近两年共有20余名应届毕业生参加了西部计划，服务于新疆、陕西岗位，10余名优秀毕业生党员远赴新疆阿克苏地区担任基层公务员。辽宁财贸学院开展了"党员寝室"挂牌活动，对党员寝室的门和所在的床铺进行标示，"学生党员寝室挂牌，亮出学生党员身份"，进一步增强了学生党员的责任感、使命感，提高了党员素质，明确了党员意识，使每一名学生党员在生活中树立良好的榜样，从而真正实现"一名学生党员，一面先锋旗帜"的目标，建立起学生党员和广大同学的联系，形成良好的学习风气和生活氛围。

（五）思想政治教育和德育工作进一步巩固

加强思想政治工作既是民办高校党组织的重要职责，也是民办高校和谐稳定的重要保证。中共中央、国务院《关于加强和改进新形势下高校思想政治工作的意见》特别强调要"高度重视民办高校、中外合作办学中党的建设和思想政治工作"。

1. 中国特色社会主义理论体系进课堂进头脑有效推动

民办院校党委重视加强思想政治工作和德育工作的顶层设计、制度建设及队伍建设等，努力把握意识形态的话语权，守好学校思想文化阵地。无论公办高校还是民办高校，人才培养的政治目标都是一致的，所有的课程、所有的工作都具有育人的职能，学校的思想政治教育工作最终必须落脚到每一个基层的教学组织、每一个具体的工作岗位、每一堂课、每一次活动。把思想价值引领贯穿教育教学全过程和各环节，才能真正实现全程育人、全方位育人的要求，也才能形成教书育人、科研育人、实践育人、管理育人、服务育人、文化育人、组织育人的长效机制。

民办高校不断创新思想政治教育方式，以思政课为主渠道，以马克思主义中国化最新理论成果为重点，融大学精神、核心价值观、中华优秀传统文化教育，形成了大思政、大德育，把理想信念和家国情怀的培养贯穿于育人全过程。黄河科技学院紧紧围绕传承和创新中华优秀传统文化主旋律，以"读书工程"为载体，以《阅读经典》课程建设为手段，以引导学生养成"爱读书、会读书、读好书"良好习惯为目标，不断创新工作思路，持续开展品读经典、礼敬中华优秀传统文化系列活动，取得了良好成效。西安欧亚学院创新思政课教学形式，创建"四位一体"教学模式，使思政课成为学生乐学、爱学和终身受益的课程，受到教育部、陕西省委、高教工委一致好评。河北传媒学院让德育和思想政治教育从单纯的"两课"课堂上走出来，建立起"全员参与、全方位坚守、全过程贯彻、全力整合教育资源、全面实施知行合一考核"的道德教育体系。齐齐哈尔工程学院自 2012 年开始实施思政课"体认式"教学改革，增加了思政课的亲和力，2013 年开课班级人数 1077 人中有 49.86%的学生参与过情景剧表演，与 2012 年相比，学生的抬头率提高到 85%，认同率提高到 90%。湖北成立湖北民办高校思想政治工作委员会，组织督导员每学期 50 余次深入民办高校检查指导思政课，评选推广一批思想政治理论课教学教案、课件。一些民办高校在全国大学生思想政治工作评比中屡获大奖。

2. 思想政治工作队伍建设得到加强

民办高校思想政治工作关系到培养什么人、如何培养人以及为谁培养人的根本问题。把思想政治工作贯穿教育教学全过程，需要从队伍建设入手，打造过硬的思想政治工作队伍。上海建桥学院、南昌工学院、三江学院、福州外语外贸学院、广州商学院等民办本科高校率先成立马克思主义学院，成立联盟，这是民办本科高校坚持马克思主义指导思想和社会主义发展方向的重要举措，有利于推进新时代中国特色社会主义思想进大学生头脑、进课堂、进教材。西京学院建立多元化育人课程师资资源库，其师资包括学校的各级领导及行政人员、专职教师、辅导员、学生骨干、校友、省内外知名专家等，结合课程内容适时将习近平中国特色社会主义思想、社会主义核心价值观融入教育教学内容之中。山东英才学院加大思政课教师培训力度，提高教师的理论素养和业务能力，鼓励教师攻读博士学位，设立用于教师学术交流、考察等的专项经费，鼓励教师外出参加学术会议，出台相应配套制度，完善专任教师的社会实践和科学考察活动。

辅导员是思想政治工作的骨干力量。在民办高校发展早期，辅导员队伍存在诸多问题，譬如，工作任务重、薪酬低、流动性大、留不住人，等等。随着国家对辅导员队伍越来越重视，民办高校开始加强辅导员队伍建设。湖北省民办高校目前有专职辅导员 2010 人，专职心理健康教育教师 188 人，师生总体比例达到规定要求，坚持辅导员住寝室制度，实行"日查勤、夜查寝、常查异"和"周日晚集体点名"制度。大连东软信息学院按1：1000为院系党总支配备专职组织员，按1：200配备专职辅导员75名，同时配备10名舍务辅导员，实施辅导员+班导师制、学生骨干+学生助导制、党政干部联系班级制，形成全员育人合力。

西安培华学院理事会和校党委致力于建设一支政治强、业务精、纪律严、作风正的辅导员队伍，满足大学生成长成才的需要，先后制定了《二级学院学生工作考核评估办法》、《辅导员工作要求及基本工作制度》和《辅导员考核及评优办法》等文件，明确提出辅导员队伍建设的指导思想与工作方针、领导体制与工作机制，辅导员的工作定位与岗位职责、配备与选聘、培养与发展、管理与考核等内容。在辅导员队伍建设的总体规划上更为清晰稳定，措施制度保障到位。鼓励辅导员承担大学生教育管理、大学生安全、心理健康教育课程及就业指导课程。在校报、网站等开设载体多样的交流平台。以辅导员培训为主体，把岗前培训、日常培训和骨干培训有机结合起来，全面提高辅导员队伍的业务素质。鼓励支持辅导员参加高校职业生涯导师、创业咨询师等国家职业资格证书的培训考试，拓宽了辅导员视野，提升了辅导员理论水平和工作能力，积极推进辅导员专业化培养。坚持对辅导员进行岗前培训、专题培训，积极组织推荐辅导员参加校级、省级以及教育部组织的多形式、多渠道的培训活动。建立辅导员考核评价体系，制定辅导员日常管理工作刚性指标。上海市成立上海民办高校辅导员研修基地，设立在上海建桥学院，整合资源，推动辅导员队伍专业化职业化发展。邀请专家和导师给辅导员上课，与辅导员座谈，开展党团与班级建设，心理健康教育，网络思政教育等若干主题培训研讨，成为民办高校辅导员队伍建设的加油站。

3. 师德师风建设进一步推进

师德师风建设是师资队伍建设的关键，民办高校师德师风水平，直接关系到人才培养的质量，按照《新时代高校教师职业行为十项准则》，民办高校更加重视师德师风建设，加强教师理想信念教育，强调教师以德立身、以德立学、以德施教、以德立德。上海建桥学院严把教师入口关和考核关，修订《劳动合同》和年度考核办法，强化师德要求。抓好师德师风教育，组织开展师德师风专题培训，邀请刘宪权等全国教书育人楷模来校讲座，为每位教职工订阅《中国教育报》，及时了解教育新思想新理念。在职称评审中，严格落实师德师风要求。注重树立榜样全员育人。

2019年3位教职工获评雷锋金奖,其中一位保安人员多次舍己救人、捐资助学,事迹感人至深。

4. "三全育人"工作体系逐步形成

民办本科高校将立德树人作为立身之本,构建课程、科研、实践、文化、网络、心理、管理、服务、资助、组织"十大育人"体系,使思想政治工作更好地适应和满足学生成长诉求、社会进步需求、时代发展要求,不断提升人才培养的针对性和实效性,切实肩负起培养德智体美劳全面发展的社会主义建设者和接班人的神圣使命。

西京学院成立以党委副书记、主管学生工作副校长、主管教学副校长及大学生发展与服务中心主任(学工部长)组成的"三全育人"工作领导小组,整合学校师资资源库,建立多元化育人课程师资力量,积极发挥通识教育中心职能作用,搭建了常任导师和专职教师为主进行教育引导,以学工部、教务处、校团委的监管督查,建立以学生综合素质测评、学生工作队伍竞争、管理及后勤人员的德育辅助力量的"三种机制",努力形成学校思想政治工作合力和齐抓共管的组织格局,实现各项工作协同协作、同向同行、互联互通,有效地发挥学生自我管理的作用,突出育人的针对性和实效性。武汉生物工程学院围绕湖北"五个思政",着力推进"十大育人",积极创新思想政治工作理念、体制、路径、机制,切实加强育人队伍、制度、平台、文化和能力等建设,不断促进思想政治工作融入办学治校、教育教学、履职尽责的全过程,全面提升思想政治工作的亲和力、针对性和实效性,取得显著成效,被遴选为教育部第二批"三全育人"综合改革试点高校。浙江树人学院党委履行领导思想政治工作和德育工作的首要政治责任,着力构建设思想政治工作协同机制,实现了思想政治工作的领导机制协同、教育机制协同、服务机制协同和队伍建设机制协同,确保思想政治工作一体部署、一体落实,协同开展。

三 民办院校党建与思想政治工作存在的现实问题

就学校的领导体制来说,民办学校大多实行董事会领导下的校长负责制,党组织的领导核心地位不像传统公办学校那样明确,这是民办学校党建工作的特殊性。由于过去重视程度不够,也有一些技术上的问题,导致出现"党组织覆盖率比较低、隶属关系不顺畅、党组织书记队伍还不强、党员教育管理比较松散、党组织保证监督作用发挥不到位"等现象，一些民办院校党组织在决策与参与决策、监督与被监督、引导与被引导的实践中出现职责不清、权力失衡、运行失范、机制失调等问题，这些都不利于民办院校实现立德树人的办学目标。

（一）民办院校党建工作存在的突出问题

1. 民办院校的党组织"管什么"的问题

这个问题，就是民办学校党组织的职能和权限的问题。2000年中组部和教育部党组联合下发了《关于加强社会力量举办学校党的建设工作意见》（中组发〔2000〕7号），文件首次提出"社会力量举办学校党组织在教职员工和学生中发挥政治核心作用"，回应了上述问题。中办发〔2016〕78号进一步要求：民办学校党组织是党在民办学校中的战斗堡垒，发挥政治核心作用，并提出了六个方面的要求和各类型民办学校不同的工作着力点。

虽然要求十分明确，但在实际的党建工作，党组织究竟通过管什么来体现其政治核心作用还存在认识的不统一和行动上的不落实，党组织履行职责受到各种因素的制约，特别是受举办者个人认识影响的情况较为普遍。有研究者通过对600余所民办高校调研，得出"大多数民办高校党组织的管理范围重点在学校的思想政治领域，引导和监督学校的社会主义办学方向，属于方向管理。未能直接参与学校重大问题的决策，例如人事、财务等方面"[1]的结论，基本反映民办高校党组织管了什么的现状。民办学校党组织的履职上存在缺位或越位，这与党和政府对民办高校党组织的要求还是有差距的。

2. 选派的党组织负责人如何有效开展工作的问题

党组织书记队伍建设是抓好民办高校党建重中之重的工作。关于民办高校党组织负责人的产生，中办发〔2016〕78号文件有新的明确要求，即推行向民办高校选派党组织书记，由归口管理的党组织、教育工作部门或教育行政部门党组织具体负责。

---

[1] 张辉：《我国民办高校党建工作的创新路径与对策研究》，《北京城市学院学报》2016年第1期。

2017年以来，笔者曾赴上海、陕西、山东、河南、广西、广东、内蒙古、宁夏、贵州、重庆、四川、福建等省市区和浙江各地市民办学校党建工作调研。从全国的实践情况看，已有20个省区开展了全面选派或部分选派党委书记兼督导专员的工作。但仍有部分省市尚未实行选派制度。部分民办高校法人治理结构仍不完善，出现了董事长、校长、党委书记三职一身兼的情况，党委书记的职能被弱化；部分民办高校未按组织程序产生罢免党组织负责人，党组织负责人在学校的身份也是聘用，可随时解聘的现象也存在，这些都影响了党组织负责人的正常履职。部分民办高校对上面选派的党委书记有抵触情绪，感觉自己的工作被监督，办学自主权受到冲击，对党委书记的工作被动应付；选派的党委书记兼督导专员对学校工作管多了不行，管少了又失职。存在不愿意管、不想管、不敢管现象。如何使选派的党组织负责人兼政府督导专员可以更好地到位而不越位，用权而不越权，需要有一定的政治智慧和政策环境。

还有的地方党委书记的职务权益和工作条件得不到保障。2015年11月，某新闻媒体以"哈尔滨一高校印章被盗，次日公告校党委书记被免"[①]为题详细报道了某民办高校办学举办权数次转让引发纠纷，上演了有人擅自取走学校财务印章证照后，该校理事会通过决议决定免去该校党委书记职务的闹剧。该案虽是个案，但其中反映出的民办高校党组织负责人的合法权益的保护问题，值得关注。

3. 民办院校党的工作机构"如何设立"的问题

相对于其他的民办教育类型，民办高校师生党建工作的要求高、任务重，民办高校党建工作需要有工作部门去负责和主抓，需要有专门的队伍去做专业的事，这是民办学校党建工作得以顺利开展的基本条件，也是民办高校党建工作的基本保障问题。为此，中办发〔2016〕78号文件要求民办高校"按有关规定健全党务工作部门，明确相应力量从事党的组织、宣传、纪检等方面工作。专职党务工作人员配备，应根据实际需要保持一定数量"。

从上述规定看，这只是一种原则性的要求。在实际工作中，已建立党组织的民办高校会根据学校的工作需要和实际情况设置工作机构和配备人员，"多数党组织设立了办公室、组织部、宣传部等相应的工作机构，配

[①]《哈尔滨一高校印章被盗　次日公告校党委书记被免》，《南方周末》2015年11月19日。

备了专职工作人员,但多数是合署办公,且普遍存在党务工作人员身兼多职的现象"[1],而机构过于精简,人员过于精干,导致了党建工作人手不够,应付了事,或仅把学生党建工作作为重点等。在干部队伍建设上也大多采用"双向进入,交叉兼职"的方式,但在工作中出现突出行政工作而弱化党务工作的倾向。

目前,民办高校党群机构大多采用合署办公或两块牌子一套班子的方式,专职党建与思想政治工作者队伍总体存在数量偏少、年龄偏轻、职称偏低、党务工作能力不足、发展定位不清、上升空间不明等现状。如:某民办高校现有在校生19000名,近千名教职工,学生党员占在校生的3%,每年发展580个;教师党员470余名,占56%;但该校组织部(含统战部)仅2人,人员配备偏少。在个别访谈中问及一位教工党支部书记"两学一做"的"两学"是指什么,回答是"学做人、学做事",另一人回答是上一年就开始了"两学一做"学习教育,时间上也不相符合;在被问及两位基层党支部书记党费多长时间交一次,均回答"半年",而且对自己过去每月交多少,现在每月交多少不能准确回答。从这当中能充分反映民办学校的基层党务工作者本身对党的基础知识就欠缺,依靠他们来开展党建工作,质量堪忧。有些学校的思政工作队伍被工具化,视为维护校园安全稳定的"消防员",基层工作的主要责任是不要出事,确保安全稳定,思想政治教育职能被弱化。

(二)民办高校思想政治工作存在的突出问题

1. 民办高校思想政治工作重要性认识不足

在民办高校要不要加强学生思想政治教育的问题上,民办高校的举办者和领导人是清楚的。但是学校发展初期,发展压力更重,许多民办高校的举办者和管理层更多的是关注学校如何生存和发展,关注如何建校园。民办高校实行董事会领导下的校长负责制,根本区别于公办高校的党委领导下的校长负责制。"所以有人提出'无必要论',认为思想政治教育是公办高校的分内之事,而民办高校无此必要。还有一种'无用论'观点,认为民办高校的学生自己缴费上学,毕业时自谋职业,就业竞争激烈,思

---

[1] 周丹:《民办高校党组织设置与作用发挥的现状及对策研究》,《领导科学论坛》2014年第7期。

想品德课成绩即使好，找工作时也不管用"①。对民办高等教育的地位和政治方位的认识模糊，对民办高校的办学目标和育人目标定位不清，导致思想政治工作被弱化。

随着各级文件的出台及实施，人们在实践中也在逐步深化对民办高校思想政治工作重要性的认识，开展了马克思主义、中国特色社会主义理论、社会主义核心价值观等为内容的思想政治教育活动，思想政治工作也取得了较为明显的成果，一批重质量的高水平民办大学正在兴起。但从总体上看，加强民办高校思想政治工作的自觉性还是不足的，认识上存在差距。有的民办高校"为了自身生存和发展，重视招生、就业、专业教学和校园建设工作，认为这些工作非常重要，而思想政治教育工作是'虚功'"②，从而对学校思想政治工作投入不足；有的民办高校把思想政治工作简单地理解为教学中保证思想政治理论课的教学安排就是落实了育人要求，或者把做好学生安全稳定工作、保证学生不出事就是学生思想政治工作的头等大事；也有的民办高校的管理者和教职工认为思想政治工作就是辅导员和党务工作者的事，与教学、科研、管理、服务部门无关等，工作始终处于被动状态。导致民办高校思想政治工作水平总体不高，思想政治工作的有效性没能充分发挥。

2. 民办高校思想政治工作基础性投入不足

思想政治工作需要从给场地、建队伍、配经费、立制度等基础性工作做起，也是一项投入大、见效慢的工作。民办高校办学中有限的资源往往投向那些见效快的地方。思想政治工作也是一项做人的工作，是在人的脑子里搞建设，是需要人去做的工作，队伍建设尤为重要，成为民办高校思想政治工作的最基础性工作，但是在队伍建设上，无论在数量与质量上都不能适应民办高校发展和学生思想政治工作的需要。尽管全员育人已成为共识，但实践中民办高校的思想政治工作队伍的主体仍是学校的专职党务工作者、共青团干部、辅导员、思想政治理论课老师、班主任等，这是不够的，队伍配备数量不足，质量参差不齐，思想政治理论课水平不高是民办高校的普遍现象。

---

① 刘新玲：《民办高校学生思想政治教育的十年回顾与思考》，《思想教育研究》2005年第9期。

② 洪国志：《十八大以来民办高校思想政治教育工作浅析》，《中小企事业管理与科技》2014年第18期。

辅导员是工作在思想政治工作的第一线，是直接面对学生各种思想状态和心理需要的人。拥有一支专业化、职业化的辅导员队伍是做好思想政治工作的关键。但总体上看，大部分民办高校的党务工作队伍和辅导员队伍（在有的民办高校，这两支队伍是重叠的）是一种哑铃结构，即两头大中间小，聘请的退休人员和近年来入职的大学毕业生占有较大比重，而既具有丰富工作经验又具有旺盛工作精力的中年骨干数量较少。从数量上看，以黑龙江东方学院为例，该校"按照师生比1∶350配备专职辅导员，主要来源是招聘硕士学历的党员毕业生。按照1∶500比例配备助理辅导员，从本科高年级学生党员中择优选配。二者合起来高于教育部规定的1∶200的德育工作师生比要求"①。如果从正向理解，这是民办高校从自身特点，坚持专兼结合、效率优先的一种探索，但实际上也反映出另一种倾向，即"受办学者对思想政治教育的重视程度的影响以及办学成本等多种因素的制约，许多民办高校在办学过程中往往会有自己的人数计算办法和制度要求，掩盖了这支队伍建设过程存在的不足，致使队伍建设成为增强思想政治教育实效性的瓶颈"②。

2008年《中共中央宣传部教育部关于进一步加强高等学校思想政治理论课教师队伍建设的意见》（教社科〔2008〕5号）规定的"各高等学校要根据专任为主、专兼结合的原则，按照学生人数以及实际教学、科研和社会服务的需要，合理核定专任教师编制，配备足够数量和较高质量的思想政治理论课教师。本专科思想政治理论课专任教师要总体上按不低于师生1∶350—400的比例配备"。但现实的情况是"一是专职的党务干部和团干部偏少，许多民办院校的院系党总支，只有一个书记，再无其他工作人员。二是辅导员人数远没有达到教育部规定的1∶200比例，大部分都是一名辅导员带300到400名学生，有的学校甚至达到1∶450；三是思想政治理论课专职教师队伍，也远没有达到教育规定的1∶300标准，有的民办院校甚至根本没有专职思政课教师，其课程均由校外兼职人员完成"③。唐艳梅的调研显示：2013年上海市民办高校有在校生9.04万人，专任思想政治理论

---

① 蔡玉生等：《民办高校一体两翼学生思想政治教育工作队伍建设实践——以黑龙江东方学院为例》，《广西教育学院学报》2014年第2期。

② 李海峰：《民办高校思想政治教育存在的问题及对策探讨》，《理论观察》2011年第2期。

③ 刘国辉：《新形势下民办院校思想政治工作队伍建设的主要瓶颈及其突破》，《湖北函授大学学报》2015年第12期。

课教师 90 人，比例高达 1∶1000①；2016 年底，笔者曾对浙江省民办高校进行了调研，全省民办高校思想政治理论课专职教师与学生比达到规定比例的学校不多，队伍总体比较年轻。近年来浙江省提出了本科高校要建设马克思主义学院的要求，三所民办本科高校均建立了马克思主义学院，但学院建设水平不高。教师的思想政治教育学科建设意识不强，学科建设水平也不高，教师科研能力相对较弱，特别是争取高级别课题的能力不足。以浙江省哲学社会科学规划"高校思想政治工作专项"立项情况看，2016—2018 年共立项 103 项，14 所民办高校占其中 5 项，仅占 4.85%。从教学上看，思想政治理论课教师队伍总体比较年轻，对教材内容的把握，对如何把中国特色社会主义理论体系、党的理论创新最新成果转化为思政课教师的话语体系的能力不足，教学压力大，教学效果不佳，思想政治理论入脑入心要求得不到有效体现。

3. 民办高校思想政治工作系统推进不足

思想政治工作是一项系统性工作。协同育人也是近年来高等教育改革的一大亮点。习近平总书记 2016 年在全国高校思想政治工作会议上的讲话中还特别强调所有课堂都有育人功能，要把做人做事的基本道理、把社会主义核心价值观的要求、把实现民族复兴的理想和责任融入各类课程教学之中，使各类课程与思想政治理论课同向同行，形成协同效应。他还要求要建立部门协作常态机制，形成党委统一领导、各部门各方面齐抓共管的工作格局。

根据笔者在调研中收集到的资料分析，在当前的民办高校中，大多采用直线职能制管理模式，即以直线为基础，在学校领导之下设置相应的职能部门（如教务、科研、学工、人事等部门）从事专业管理，并作为全校该项工作的行政主管，统筹全校，指挥、指导基层教学单位工作。这种行政管理模式的特点是"在一个组织系统内把决策指挥权与咨询执行职能分离，条块分割、各行其职、各负其责"②。这种管理模式下，各部门往往更多地从自身所肩负的职能出发强调自身工作的重要性，而对其他部门的工作缺少了解和沟通，造成协同困难。在职能部门与二级学院之间，

---

① 唐艳梅：《上海民办高校"80 后"思想政治理论课教师思想行为特点的调查与分析》，《思想理论教育》2013 年第 10 期。

② 刘丽梅等：《新建本科院校校内协同育人模式探索》，《教育研究》2017 年第 6 期。

往往职能部门权力大于学院,手握领导权和督导权,存在工作中部门与学院的权力边界不清晰而导致的协同困难。

在民办高校的思想政治工作校内工作系统中,大多采用线的工作方式,即校级层面,一位校领导分管思想政治工作,机关设立学生工作处(或学工部)、团委统筹全校学生工作,院系通过分管书记和辅导员开展工作,思想政治理论课教师负责课堂教学与理论传授,全员育人、环境育人的氛围还不浓厚,动员各方力量,把学生思想政治工作贯穿学校办学的各个环节、各项工作之中的生态环境尚未建成,思想政治理论课教学与日常教育脱节、与专业教育脱节,思想政治工作与学校管理服务脱节、与学校重点工作脱节,党组织领导思想政治工作的核心作用没能发挥。"一些聘用制人员和部分学生对政治不关心,更多关注现实利益和个人发展前景,参与民主管理和监督意识不强,对党组织缺乏向心力"[①],部分民办高校党委没能发挥在思想政治工作中的统领作用,使学校学生思想政治工作只是学生线的工作,形成了思想政治工作的孤岛现象,思想政治工作没有形成校内合力。

我国的民办院校大多定位为教学型大学、培养高级应用型人才,在我国职业教育体系中具有重要地位,也非常重视校外实践基地、校企合作培养人才等工作,但在校外工作系统中特别是校企合作人才培养模式下,高校与企业两个系统的分工与合作机制尚未完全构建,如何协同做好学生思想政治工作既是一个理论研究课题,也是教育实践的一个重要问题。

四 新时代做好民办院校党建与思想政治工作的建议

要做好民办学校党建与思想政治工作,首要的就是要把握好工作所处的历史时代与历史方位。党的十九大提出的中国特色社会主义进入新时代的新论断,是从历史与现实、理论与实践、国际与国外等多纬度思考而得出的新结论。新时代具有新特征,也对新时代民办院校党建工作提出了新要求。

---

① 郑杰、张雁:《民办高校学生思想教育探索》,《浙江树人大学学报》2004 年第 4 期。

（一）把握新时代民办高校党组织政治核心作用的新要求

《民办高等学校办学管理若干规定》（2007 年）指出，民办高校党组织应当发挥政治核心作用，民办高校团组织应当发挥团结教育学生的重要作用。2016 年 12 月 29 日，中共中央办公厅印发了《关于加强民办学校党的建设工作的意见（试行）的通知》（中办发〔2016〕78 号）再次强调民办学校党组织发挥政治核心作用。新时代赋予了民办学校党组织政治核心作用的新内涵，需要我们准确把握。

2016 年中办发〔2016〕78 号文件从整体上对民办学校党组织的政治核心作用的发挥提出了六个方面的内容，见表 1-8。

表 1-8　　　民办学校党组织的政治核心作用的基本要求

总要求	主要内容	具体要求
民办学校党组织是党在民办学校中的战斗堡垒，发挥政治核心作用	保证政治方向	宣传执行党的理论和路线方针政策，执行上级党组织的决议，坚持社会主义办学方向和教育公益性原则，宣传执行党中央、上级党组织和本组织的决议，引导学校全面贯彻党的教育方针，依法办学、规范办学、诚信办学，坚决反对否定和削弱党的领导，反对西方所谓"普世价值"等错误思潮传播，反对各种腐朽价值观念
	凝聚师生员工	把思想政治工作贯穿学校工作各方面，贯穿教育教学全过程，密切联系、热忱服务师生员工，关心和维护他们的正当权益，统一思想、凝聚人心、化解矛盾、增进感情，激发教职工主人翁意识和工作热情
	推动学校发展	支持学校董（理）事会和校长依法依章行使职权、开展工作，参与学校改革发展稳定和事关师生员工切身利益的重大事项决策，帮助学校健全章程和各项管理制度，促进学校提高教育质量、培养合格人才
	引领校园文化	坚持用社会主义核心价值观塑造校园文化，加强社会公德、职业道德、家庭美德、个人品德教育，开展精神文明创建活动，组织丰富多彩的文化活动，推动形成良好校风教风学风
	参与人事管理和服务	参与学校各类人才选拔、培养和管理工作，在教职工考评、职称评聘等方面提出意见建议，主动联系、关心关爱，调动他们的积极性和创造性
	加强自身建设	完善组织设置和工作机制，加强党组织班子成员和党务干部管理，做好发展党员和党员教育管理服务工作，严格组织生活制度，认真贯彻民主集中制，强化党组织日常监督和党员民主监督，抓好党风廉政建设。领导学校工会、共青团等群众组织和教职工大会（代表大会），做好统一战线
民办高校党组织开展工作、发挥作用的着力点		突出坚持马克思主义指导地位，把党对意识形态工作的领导权、管理权、话语权，加强对青年教师、党外知识分子和大学生的思想引导，促使他们增强政治认同，增强政治敏锐性和政治鉴别力，坚定社会主义道路自信、理论自信、制度自信、文化自信

从上述要求出发,我们认为,新形势下,党中央根据全面从严治党的新要求,把社会主义核心价值观教育、党管人才等工作也体现在民办学校的实际工作中。民办学校党组织发挥政治核心作用的六个方面可体现在保证方向、凝聚共识、参与决策、推动发展、引领文化、参与管理、维护权益、重在自身等几个关键词上,这六个方面构成一个有机整体。其中要特别重视政治上的领导权、决策上的参与权和行为上的监督权的实践与创新。

政治上的领导权主要体现在全面领导学校党建、思政工作和德育工作,宣传和执行党的路线,坚持社会主义办学方向和教育公益性原则,宣传执行党中央、上级党组织和本组织的决议,引导学校全面贯彻党的教育方针,坚决反对否定和削弱党的领导,把握党对意识形态工作的领导权、管理权、话语权,切实保证社会主义的办学方向,培养合格的社会主义建设者和可靠的接班人。

决策上的参与权主要体现在参与学校改革发展稳定和事关师生员工切身利益的重大事项决策,并参与教学、科研、行政管理,学校各类人才选拔、培养和管理工作等问题的讨论与决策。民办高校党委要通过多种途径对学校的发展规划、人事安排、干部队伍建设、财务预算、基本建设、招生收费等重大事项,提出意见和建议。要及时跟踪学校决策的实施情况,帮助解决影响改革发展稳定的突出问题。

行为上的监督权主要体现在引导和督促学校坚持教育公益性原则,引导民办学校依法办学、规范办学、诚信办学,办人民满意的民办高等教育。还要着力加强党的自身建设,强化党组织日常监督和党员民主监督。

通过政治核心作用的发挥,使民办学校党组织得到不断健全和加强,使广大党员在民办教育事业的健康发展、维护学校稳定、推进学校建设中做出积极贡献,真正为民办学校的和谐健康发展提供了坚强的政治保障,也是实现党对民办学校的领导的重要举措。

(二)找准新时代民办高校党建与思想政治工作的着力点

新时代具有新特征新要求,要及时找准工作中的着力点,持续发力,才能事半功倍,马到成功。

以民办高校党的建设问题作为政治保证。2016年11月"新民促法"在总则中增加了第九条,民办学校中的中国共产党基层组织,按照中国共产党章程的规定开展党的活动,加强党的建设。这是在民办教育的发展历程中,第一次从国家法律的层面对加强民办学校党建工作提出了明确要求。在"新民促法"颁布后不久,习近平总书记在全国高校思想政治工作会议上强调指出:"我们的高校是党领导下的高校,是中国特色社会主义高校。办好我们的高校,必须坚持以马克思主义为指导,全面贯彻党的教育方针。"① 民办学校也是党领导下的学校,这一根本属性不能动摇。中办发〔2016〕78 号也对新时代加强民办学校党建工作提出了具体要求,并指出领导思想政治工作和德育工作是民办学校党组织的首要政治责任。这是新时代赋予民办高校党组织的新使命。不断加强民办高校党的建设,并提升党建工作科学化的水平,是实现新时代民办高校党建工作规范化有效化科学化的重要政治保证。

以强化对意识形态的领导作为明确目标。我国的社会制度决定着学校肩负着培养社会主义的合格建设者和可靠接班人的基本任务。人才的质量首先体现在培养出来的人才"为谁服务"的方向上。新时代,我们所处的国际环境日趋复杂,意识形态工作尤为重要。习近平同志指出:"意识形态工作是党的一项极端重要的工作"②,他还指出,历史和现实反复证明,能否做好意识形态工作,事关党的前途命运,事关国家长治久安,事关民族凝聚力和向心力③。学校是意识形态工作的前沿阵地,民办高校更是成为这一阵地中的重要组成部分。在自媒体时代、在人人都可以发声的时代,更需要民办高校的党组织牢牢地把握住对意识形态工作的领导权、话语权和管控权,这是新时代民办高校党建工作的明确目标。

把加强立德树人整体工作作为根本任务。立德树人是我国教育的根本任务,是学校的立身之本。党的十八大报告中指出:把立德树人作为教育的根本任务,培养德智体美全面发展的社会主义建设者和接班人。2016年习近平总书记又进一步指出:"我国高等教育肩负着培养德智体美全面发展的社会主义事业建设者和接班人的重大任务,必须坚持正确政治方向。高校立身之本在于立德树人。"④ 2018 年,习近平同志在全国教育大

---

① 《习近平谈治国理政》第二卷,外文出版社 2017 年版,第 377 页。

② 《习近平谈治国理政》,外文出版社 2015 年版,第 153 页。

③ 《习近平在全国宣传思想工作会议上强调:胸怀大局把握大势着眼大事 努力把宣传思想工作做得更好》,《人民日报》2013 年 8 月 21 日。

④ 《习近平谈治国理政》第二卷,外文出版社 2017 年版,第 377 页。

会上再次强调指出:"在党的坚强领导下,全面贯彻党的教育方针,坚持马克思主义指导地位,坚持中国特色社会主义教育发展道路,坚持社会主义办学方向,立足基本国情,遵循教育规律,坚持改革创新,以凝聚人心、完善人格、开发人力、培育人才、造福人民为工作目标,培养德智体美劳全面发展的社会主义建设者和接班人,加快推进教育现代化、建设教育强国、办好人民满意的教育。"[1] 这是新时代对各级各类学校根本任务的新表述,也充分彰显了党对教育价值指向的准确判断。这一根本任务直接关系到教育"为谁培养""培养什么样的人""如何培养人"等时代命题,也体现了"立什么德"和"育什么人"的办学质量评价的基本指向。在这个问题上,民办学校与公办要求是没有差异性的,党和政府对民办学校的根本任务的要求是一致的,不能有例外。

(三)积极探索新时代民办院校党建与思想政治工作的创新机制

机制是指能动地实现某种功能的有机结构,包括三个方面的含义:一是指要素、结构和功能的结合体,是特定的要素按照一定的结构组合以实现特定功能的有机体系。二是指要素组合也具有能动性和有机性。三是指机制具有较强的功能指向性。机制的建立和完善,必须以功能的实现为前提,同时,其运行状况也必须以功能的实现程度为评价标准。要保证党建与思想政治工作的目标和任务真正实现,必须建立一套协调、灵活、高效的运行机制。

新颁布的《民办教育促进法》指出,民办教育是"国家机构以外的社会组织或者个人,利用非国家财政性经费,面向社会举办学校及其他教育机构的活动"。由此可知,民办高校实际上是一个自负盈亏的法人团体,是市场经济的必然产物,其生存必须全方位主动适应区域经济和市场经济的需要。这就决定了其运行机制诸如专业设置、课程开设、招生、收费、就业等,都有着与公办学校很大区别,其自身存在着明显的特点。从招生、教育教学到毕业生就业,都明显受市场供需关系制约;资金的取得、权力的构架、培养的目标和模式,都取决于市场的需求,并将市场需求作为学校工作的重要出发点和立足点。另外,民办高校较少政府资金的

---

[1] 《习近平在全国教育大会上强调 坚持中国特色社会主义教育发展道路培养德智体美劳全面发展的社会主义建设者和接班人》,《人民日报》2018年9月11日。

投入，私人资金的投入又往往缺乏稳定性，办学经费主要依靠收取学生学费以及接受个人或社会的捐赠。这样，一方面，学校的运行机制具有相对的自主性、独立性和灵活性，能自我决策师资聘任、招生就业、教育教学、学生管理；另一方面也就更注重投资的效率，减少运行成本，采取即时获取回报的办学策略，以求自我积累、自我发展，形成了以最少机构获得最高管理效率，以最少投资获得最大办学效益的特点。特别是近年来一些民办高校上市后，投资方更注重投资效率与效益，资本逐利性与教育的公益性之间的矛盾表现得比较明显。因此，这些特点也必将对民办高校党建与思想政治工作运行机制带来直接影响，使得民办高校在党建工作机制上具有特殊性，如决策机制上，公办高校是党委领导下的决策机制，民办高校是党组织参与决策的机制；公办高校的民主决策机制较为健全，而民办高校在决策过程中由投资人或董事长个人决策的情况较为普遍。在思想政治工作方面，队伍建设机制、课程思政建设机制等都需要进一步形成。

（四）加快实现从思政课程向课程思政的转变

思想政治理论课（以下简称"思政课"）是落实立德树人根本任务的关键课程。党的十八大以来，党中央高度重视思政课建设。2016年底习近平同志在全国高校思想政治工作会议上强调"思政课要坚持在改进中加强，提升思想政治教育亲和力和针对性，满足学生成长发展需求和期待"。他特别强调"民办高校的办学方式、组织结构、运行模式可以不同，但在坚持正确政治方向、正确育人导向上没有例外，要把民办高校纳入高校思想政治工作整体布局"。2019年3月18日他主持召开学校思政课教师座谈会，对高校思政课提出了新要求。这些新要求也是对民办高校办好思政课的新要求。

2015年以来，中组部、中宣部、教育部先后印发了《普通高校思想政治理论课建设体系创新计划》、《高等学校思想政治理论课建设标准》、《关于领导干部上讲台开展思想政治教育的意见》、《高等学校马克思主义学院建设标准（2017本）》、《新时代高校思想政治理论课教学工作要求》、《普通高等学校思想政治理论教师队伍培养规划（2019—2023年）》等文件，把党和政府对思政课的要求在最核心的要素上落实。中办发《关于加强民办学校党的建设工作的意见》、国务院《关于鼓励社会力量兴办教育 促进民办教育健康发展的若干意见》等对加强民办高校思政课建设提出了要求。密集颁布的政策文件既有对高校思政课的普遍性要求，也有对当前民办高校办好思政课的特殊性要求，需要民办高校根据学校实际，加快实践探索。

课程思政建设还需要得到更进一步重视，从全国的调研看，仅有少数民办高校在这方面已开展了较为系统的建设。如黑龙江外国语学院，学校成立了以校党委书记为组长的课程思政化课改组，来系统推进工作。但目前积累的经验还不多，还需要进行探索。

（五）重视分类管理背景下民办院校党组织作用的发挥

新修订的《民办教育促进法》明确了对民办学校进行分类管理的总原则，也明确提出"民办教育事业属于公益性事业"。营利性民办学校的举办者可以取得办学收益，学校的办学结余依照公司法等有关法律、行政法规的规定处理。尽管如此，对营利性民办院校，教育部、人力资源社会保障部、国家工商总局出台的《关于印发〈营利性民办学校监督管理实施细则〉的通知》（教发〔2016〕20号）规定"营利性民办学校应当坚持教育的公益性，始终把培养高素质人才、服务地方经济社会发展放在首位，实现社会效益与经济效益相统一"，这一规定进一步强调了营利性学校的公益性办学导向，这是涉及办学方向的根本问题。同时，在第十六条中明确"营利性民办学校应当建立董事会、监事（会）、行政机构，同时建立党组织、教职工（代表）大会和工会"。在确保办学的公益性和规范性方面，民办院校党组织重点要参与或主导学校监事会的工作，防止"举办者在举办其他产业中遇到风险、资金链断裂时，挪用借用资金帮助其陷入困境的其他产业走出危机"①而影响学校发展的情况。同时，由于非营利性民办高校的学校法人财产权特征日益明显，而且政府还将建立差别化政策体系，在政府补贴、政府购买服务、基金奖励、捐资激励、土地划拨、税费减免等方面对非营利性民办学校给予扶持。对于非营利性民办高校党组织负责人而言，代表党和政府来监督政府补贴的使用和扶持政策的落地，确保学校公益性办学的实现等将成为他们的重要任务。

另一个值得关注的现象就是：高等教育领域的收购进入一个新的发展时期，仅2019年7月港股上市公司中就发生了5起关于民办高等院校的

---

① 金成、王华：《经济回报、权力获得与自我实现》，《教育发展研究》2016年第21期。

收购案，涉及的交易总额达到43.8亿元。当上市公司以资本为手段，全面介入到民办院校的日常运行后，学校既要对党和政府负责，又要对公司和股民负责，民办院校党组织又该如何有效地开展工作，将会成为一个新命题，我们也会持续关注。

第二章

民办高校人才培养研究报告

　　学习贯彻落实习近平总书记关于教育的重要论述和全国教育大会精神是当前和今后一个时期中国教育改革发展的首要任务。高等教育事关国家发展、事关民族未来，是国之大计、党之大计。面对办公平而有质量教育的"双重压力"，高等教育要担当起人才培养的摇篮、科技创新的重镇、人文精神的高地的变迁，充分发挥其引领作用。

　　高素质高级专门人才培养是应用型院校的首要职责，当下绝大部分民办高校没有开展研究生教育，科研和学科建设相对薄弱，因此，人才培养质量成为标志学校办学水平的重要依据。新时代高等教育回归本源，强调"以本为本"，民办本科院校在人才培养"五个度"上潜心钻研，精准定位，加大投入，持续改进，取得明显成效，践行了《国家中长期教育改革和发展规划纲要（2010—2020年）》中对民办教育"三个重要"的定位，也为"办人民满意的教育"做出了贡献。民办高职院校贯彻落实《国家职业教育改革实施方案》，树立新的发展理念，服务建设现代化经济体系和实现更高质量更充分就业需要，对接科技发展趋势和市场需求，优化专业布局，深化办学体制改革和育人机制改革，着力培养高素质劳动者和技术技能人才，在追赶公办高职院校的路上努力前行。

一　民办高校人才培养工作现状

　　党的十九大报告明确提出，"实现高等教育内涵式发展"，随着国家和社会对高等教育质量要求的日益提高，近年民办高校把内涵建设作为主要发展任务，在人才培养模式、人才培养质量提升方面都有较多举措。民办高校在我国高等教育扩大规模、提供充足学位、提供大批一线劳动者方面发挥了积极的作用。

(一) 民办本科院校人才培养现状

我国民办本科院校开始举办本科教育大都在2000年之后，无论是独立设置的民办普通高校，还是脱胎于公办院校二级学院的独立学院，皆属于新建本科院校范畴，在升本初期学校定位都是举办应用型本科院校，但由于办学运行的惯性，民办本科院校人才培养存在两类偏差，要么是升本后跟着公办老本科跑，要么是带着深深的高职的印记。2009年教育部启动新建本科院校合格评估，评估方案强调突出服务区域经济和社会发展，突出培养应用型人才，以及引导学校构建并逐步完善内部质量保障体系，这为民办本科院校应用型发展明确了方向，指明了路径。

2015年3月，政府工作报告中提出要"引导部分地方本科高校向应用型转变"。2015年10月，教育部、国家发改委、财政部联合发文，引导部分地方普通本科高校向应用型转变。2016年3月，政府工作报告再次强调"推动具备条件的普通本科高校向应用型转变"。新建本科院校走应用型发展道路已成定局，并得到广大民办本科院校的积极响应。根据教育部高等教育教学评估中心2017年发布的《中国民办本科教育质量报告》[①]，民办本科院校的办学投入、办学成效、办学定位、人才培养过程、质量保障体系建设可以被概括为加大投入+充分利用：办学条件改善的双管道；学生满意+企业欢迎：办学效果提升的双认同；对接需求+适应需求+满足需求：实现稳步发展的三部曲；产出导向+能力导向+学习导向：应用型人才培养的三重奏；明确标准+建章立制+持续改进：质量保障的三和弦。

根据《中国民办本科教育质量报告》提供的数据，在办学条件方面，"民办本科院校的生均教育事业收入仅为1.09万元，低于公办新建本科院的1.45万元，但与之形成鲜明反差的是，民办本科院校生均教学经费支出为3597.9元，明显高于公办新建本科院校的3297.8元；民办本科院校校均教学日常运行支出为3026.9万元，明显高于公办新建本科院校的2473.8万元；民办本科院校校均实践教学支出为427.4万元，同样高于

---

① 教育部高等教育教学评估中心：《中国民办本科教育质量报告》，教育科学出版社2017年版。

公办新建本科院校的 409.9 万元。从 2010 年至 2015 年，民办本科院校生均教学行政用房面积从 14.4 平方米提高至 15.3 平方米，生均教学科研仪器设备之从 4863.3 元提高至 5760.3 元，生均藏书量从 77.0 册提高至 82.9 册，具有硕士与博士学位的专任教师比例从 47.8% 增加至 62.7%，35 岁以下专任教师所占比例从 55.9% 下降至 51.8%，36—55 岁专任教师所占比例从 29.7% 增加至 35.0%，双师型专任教师比例从 20.0% 增加至 2015 年的 22.2%"。"一低三高"以及后续的统计数据都充分反映了民办本科院校对办学条件投入的重视。

从办学成效看，2016 年，来自全国 48 所民办本科院校的 21858 名在校生接受了中国高等教育满意度在线调查，学生总体满意度（"很满意"、"比较满意"比例，下同）高达 83.6%，教育部高等教育教学评估中心于 2016 年 4 月 19 日至 6 月 6 日组织实施了"民办本科院校用人单位满意度调查"，对 2166 家用人单位进行了在线调查，调查结果显示用人单位的总体满意度达 87.5%。用人单位普遍认为民办本科院校毕业生具备扎实的专业知识、较好的团队协作和人际沟通能力、良好的职业道德、职业规范和社会责任意识。

从学校定位和服务面向来看，民办本科院校的办学特色主要体现在以社会需求为出发点，定位服务行业一线、服务地方特色经济，培养应用型、技能型人才。1/3 民办本科院校在地市级城市，将区域经济和行业环境特色融入办学特色，为地方企业较好地提供应用型研究服务。1/3 专业是在工学、经济学和管理学，满足了区域产业发展对生产、管理、经营一线应用型人才的急切需求。

从人才培养过程看，"十二五"开始，一批民办本科院校通过参加教育部新建本科院校合格评估，实现以评促建，在"地方性、应用型"导向下，逐步加深了对应用型本科教育教学规律和人才成长规律的认识，实现了从"输入导向"向"产出导向"，从"知识导向"向"能力导向"，从"教学导向"向"学习导向"的三大转变。培养方案向"产出导向"转变，根据专业对应的职业岗位能力进行顶层设计、课程体系设计和考核模式改革，按照真实生产技术工艺和管理服务流程开发综合实践课程。培养模式向"能力导向"转变，借助机制灵活的优势，积极与地方政府、本地区行业企业开展产学研合作教育，培养学生综合应用能力，增加实践教学投入，提高实践教学的有效性。课堂教学向"学习导向"转变，从以"教"为主转向以"学"为主,激发学生学习热情。一批民办本科院校通过改革教师教学评价和学生学业评价制度调动教师教学和学生学习的积极性,积极开展课堂教学方式方法改革,更有一部分民办本科院校主动将现代信息技术引入课堂教学,把创设以学为主的"学习导向"的课堂教学模式作为提升课堂教学质量的主要途径。

在质量保障体系方面,民办本科院校根据自己的办学定位、办学特色、人才培养目标和各主要教学环节的具体实际,制定教学质量标准体系,完善质量保障组织机构,组建专门的质量管理队伍体系,实施教学质量常态的闭环监控,对发现的各类教育教学质量问题形成持续改善。

同时,《中国民办本科教育质量报告》也披露了学校人才培养中不足的地方,如学生能力培养存在四个发展失衡:人才培养目标定位空泛高全但落地难、实践教学条件建设有投入但不配套、教师实践教学意识强但能力弱、合作育人形式多样但不够深入。民办本科院校在教学质量自我评估、院系质量监控主动性、质量监测结果使用等方面仍需加强,质量文化建设依然任重道远。学生学习风气、学习机会等方面还需要着力改进,毕业生的创新能力、分析和解决问题能力及科学人文素养等亟待提高。[①]

近年来,民办本科院校对外迫于各类高校错位竞争的压力,对内迫于学校自身内涵建设的压力,在应用型高校发展道路上取得长足的进步,不仅人才培养理念有深刻变化,更多是在人才培养定位、人才培养模式、校企合作育人、实践教学条件准备、课程体系改革、教学方式改革上有了实质性的变化,为区域经济发展做出了积极贡献,其经验一定程度上可以为各类高校分享,也为民办高校内涵式发展、"办人民满意度的教育"提供了有力的证据。

(二) 民办高职院校人才培养现状

根据教育部 2019 年 6 月公布的全国普通高校名单,民办高职院校有 322 所,占全部高职高专 1423 所的 22.63%。由于国家不鼓励公办高职高专院校升本,近年来,办学基础较为扎实,达到国家要求的民办高职院校大多陆续升本,所以目前还留在高职高专阵营中的民办高职院校办学实力

---

① 教育部高等教育教学评估中心:《民办本科教育质量有了首份"体检报告书"——〈中国民办本科教育质量报告〉解读》,http://edu.people.com.cn/n1/2017/1016/c367001-29588906.html,2017 年 10 月 16 日。

相对公办高职高专稍逊一等。部分公办高职院校的办学实力实际已经超过地方新建本科院校。我们根据上海市教育科学研究院和麦可思研究院联合编著的2017—2019年《中国高等职业教育质量年度报告》、教育部公布的《高等职业教育创新发展行动计划（2015—2018年）》来大致描绘一下民办高职院校办学实力图景。

《中国高等职业教育质量年度报告》每年出版一本，信息来源是全国高职院校提交的"质量年报"，其中含学校办学质量各项指标数据以及"内容真实性责任声明"。各省以及全国据此编制"省级年报"和"国家年报"。在历年报告中编制了"育人成效50强"、"教学资源50强"、"国际影响力50强"、"服务贡献50强"和"年报合规性评价得分最低50所院校"等榜单。对各榜单中的院校进行分析，我们可以对民办高职高校办学实力有所描摹。

表2-1　2017—2019年《中国高等职业教育质量年度报告》中的数据

	"育人成效50强"中民办高职院校数量	"教学资源50强"中民办高职院校数量	"国际影响力50强"中民办高职院校数量	"服务贡献50强"中民办高职院校数量	"年报合规性最低50所院校"中民办高职院校数量
2017年高职质量年报	无此内容	无此内容	2所（4%）	0	27所（54%）
2018年高职质量年报	无此内容	0	0	0	29所（58%）
2019年高职质量年报	0	0	0	0	25所（50%）

《中国高等职业教育质量年度报告》中"育人成效"这个指标，主要涵盖学生就业创业、学生在校体验、学生技能培养3个维度16个指标项目，包括就业率、毕业三年职位晋升比例、留在当地就业比例、教书育人满意度、课程教学满意度、各类大赛等，强调就业与发展。

"教学资源"这个指标从年生均财政拨款、生均教学科研仪器设备值、生均教学与辅助行政办公用房面积等硬件资源；专任教师总数、生师比、双师素质专任教师比例等教师资源；教学计划内课程总数、线上开设课程数等课程资源；以及生均校内实践教学工位数、企业提供的校内实践教学设备值、年支付企业兼职教师课酬等校企合作资源共4个维度、11个指标进行评价。

"国际影响力"这个指标涵盖留学生培养培训、专业课程标准采用、国（境）外服务与影响等 3 个维度，包括全日制国（境）外留学生数、非全日制国（境）外人员培训量、在校生服务"走出去"企业国（境）外实习时间、专任教师赴国（境）外指导和开展培训时间、在国（境）外组织担任职务的专任教师人数、开发并被国（境）外采用的专业教学标准数、开发并被国（境）外采用的课程标准数、国（境）外技能大赛获奖数 8 个指标。

"服务贡献"指标涵盖技术开发服务、就业贡献和服务培训 3 个维度，包含办学规模、毕业生就业去向、横向技术服务到款额、纵向科研经费到款额、横向技术服务产生的经济效益、技术交易到款额、面向社会成员的培训到款额、公益性培训服务、西部地区和东北地区就业人数等指标。

四个"50 强"榜单是近年陆续开发的，都是整合型指标，对学校基本办学实力要求较高，能上榜的院校的确在 1400 多所高职高专群体中位于前列。9 个榜单中，只有 2017 年报告里面的"国际影响力 50 强"中出现了 2 所民办高职院校的身影，分别是"山东外国语职业学院"和"湖南外国语职业学院"。但在以后的年份里面，都再看不到这两所院校了。

另外，《中国高等职业教育质量年度报告》还发布了"质量年报合规性得分最低的 50 所院校"榜单，"合规性得分"反映了院校年度质量报告编制的水平，2019 年有 72 所院校没有签署"内容真实性责任声明"从而影响了此项得分。所以这个得分也可以视为高职院校行政管理水平的一个缩影。在历年这个榜单中，民办高职院校占据一半及以上，由此可见民办高校院校的行政管理水平和公办同类相比还存在不足。

2019 年 7 月 1 日教育部公布《高等职业教育创新发展行动计划（2015—2018 年）》认定的项目（教职成厅函〔2019〕8 号），含骨干专业、生产性实训基地、优质专科高等职业院校、"双师型"教师培养培训基地、虚拟仿真实训中心、协同创新中心、技能大师工作室等。根据这个文件，我们也同样计算了民办高职院校拥有项目数在全部项目中的占比。

表 2-2 《高等职业教育创新发展行动计划（2015—2018 年）》认定的项目分布

项目名称	全国项目总数	民办高职院校项目数	民办高职院校项目数占比（%）
骨干专业	2919	125	4.28

续表

项目名称	全国项目总数	民办高职院校项目数	民办高职院校项目数占比（%）
生产性实训基地	1164	55	4.73
优质专科高等职业院校	200	1	0.5
"双师型"教师培养培训基地	440	15	3.41
虚拟仿真实训中心	46	0	0
协同创新中心	480	17	3.54
技能大师工作室	98	6	6.12

从表格中我们能看到，民办高职院校各类项目的占比从 0—6.12%，都远远低于民办高职院校数在高职院校总数中的占比，这个结果较为客观地显示了民办高职院校真实的办学实力。公办高职高专办学历史长，有深厚的行业背景，国家和地方政府投入不断加大，因此，民办高职院校要固化已有优势，认清短板，灵活高效集聚各类资源，迎头赶上，在职业教育改革大潮中实现自身进步。

二　民办高校人才培养的创新

根据《国家中长期教育改革和发展规划纲要（2010—2020年）》提出的"民办教育是教育事业发展的重要增长点和促进教育改革的重要力量"，近阶段民办高校在内涵发展的道路上，在人才培养过程中积极探索勇于创新，凸显应用型高校办学规律和以学生为中心的办学理念，由以前的单一要素改革向全方位全要素改革转变，改革主体由过去的学校一家转为企业（行业）与学校共同策划共同实施；从改革成效上看，由过去若干专业作为先导，转为全校全面推进；从改革结果看，人才培养模式改革最终引发了学校治理等更加深层次的内部结构变化。

（一）"成果导向"理念渐趋落地

"成果导向"一词在当前本科教育的国家级文件中频繁出现，最重要的如本科教学工作合格评估和审核评估中都要求遵循"学生中心、成果导向、持续改进"的理念。2018年发布的《普通高等学校本科专业类教学质量国家标准》也明确规定，实施"以学生为中心、以成果为导向的教学设计"。国内本科教学工作者熟悉"成果导向"这个概念源于工程教育认证、国际商科教育认证、国际医学教育标准等。随着专业认证逐步推开和国家专业类质量标准实施，越来越多的学校开始关注和落实"成果导向"的教学改革。2019 年 5 月由中国民办教育协会高等教育专业委员会主办的"全国民办高校工程教育专业认证培训会"首次在郑州工业应用技术学院召开，60 余所民办本科院校的代表参加了此次培训，标志着民办高校整个群体正式参与国家工程教育专业认证的准备。会上，培训专家也推荐各校应该进一步扩大"成果导向"教学改革覆盖的专业面，从工程类专业扩大到全校的专业，从而扎实推进"以学生为中心"教育理念落地。

  从世界范围看，为了迎接新工业革命对高等工程教育的挑战，同时为了适应由于公共问责制的兴起、人们更加关注教育投入的回报与实际产出的现实需要，成果导向教育（Outcomes-Based Education，OBE）在美国、英国、加拿大等国家已成为高等教育改革的主流理念，全校所有专业进行 OBE 教学改革在欧美国家和我国香港、台湾地区高校中实施都已有十年以上的经验。具体来说，OBE 是指教学设计和教学实施的目标锚定在学生通过学习过程最后所取得的学习成果。OBE 强调问四个问题：我们想让学生取得的学习成果是什么？我们为什么要让学生取得这样的学习成果？我们如何有效地帮助学生取得这些学习成果？我们如何知道学生已经取得了这些学习成果？这些问题促使专业（课程）教学设计从一开始就考虑确认预期的学习成果，而且这种成果是可以观察和评价的，并符合学校的总体人才培养定位。在教学过程中则通过教学手段和评价手段的变化来帮助学生达成预期的学习成果，最后要对是否达成预期的学习成果进行确认，不完善的地方需要持续改进。由于是以学生学习成果作为教学设计的逻辑起点，OBE 改革自然能够落实"以学生为中心的"理念，同时因为强调学习成果的可以观察和评价，因此 OBE 也更加侧重学生真实能力的培养和评价。

  上海建桥学院在转型发展中以全校专业 OBE 改革为抓手，精细化改革专业和课程教学模式，该项改革成果"卓越建桥引领改革发展　全面提高应用型本科人才培养质量"获得上海市高等教育类教学成果奖一等奖。2013 年学校率先在系主任中开展 OBE 培训，2015 年响应地方本科院校转型发展的号召,确定改革重心,把全校系主任、骨干教师150余人送往我国香港、台湾等地高校接受OBE教改实操培训,2016年通过实施"核心素养+能力本位+成果导向"的全校教改,OBE版式的人才培养方案定稿推行,OBE课程大纲改版完成。其改革内容包括:第一,确定学校人才培养总目标。经过调查研究,社会主义核心价值观、雇主要求、建桥校训、雷锋精神(建桥学院特色德育)被统整为"建桥学院学生八项核心素养",其中"专业能力"是专业素养,其余7项为通用素养。第二,建立OBE教学规范性文件和培训资料。教务处研究撰写了11个OBE教学规范性文件(含课程大纲模板等),编写了《八项核心素养教与学手册》,学校教师发展中心网站累计上传了100多项OBE培训学习材料。第三,精准对应学校、专业、课程三层培养目标。学校八项核心素养→专业毕业要求→专业毕业要求指标点→课程预期学习成果,四层目标上下精准对应,确保课程教学不会游离于学校和专业人才培养目标。第四,改革课程教学方法和评价方法。推动实施任务引领、项目驱动的教学方式改革,以及表现性评价方式改革。第五,预期学习成果达成度评价与持续改进。OBE改革要求每门课、每个专业针对预期学习成果开展达成度评价和反思改进。课程层面教师提交课程改善历程报告,专业层面提交专业培养质量追踪改进报告。上海建桥学院OBE改革把学校立德树人的总目标细化落实到每个专业、每门课程中,并通过持续追踪改善来确保学习产出成果达到预期要求。

(二)产教深度融合培养人才

资源依赖理论认为组织必须在与它所依赖的环境因素互动中获得生存,可以通过联盟治理等方式获取更多资源战略,减少环境变化带来的冲击。在竞争市场激烈局势下,资源配置的有限度使得高校从以依赖政府办学为主转向依赖社会参与办学。引导社会各界特别是企业、行业参与人才培养,通过产教融合、校企合作推进应用型人才精准培养、精准供给是应用型院校的主要路径。应用型本科、职业教育类本科在办学全过程中更是离不开产业界的深度介入。

2014年12月,教育部学校规划建设发展中心与中兴通讯合作启动了"教育部—中兴通讯ICT产教融合创新基地"项目,该项目是地方高校转型发展背景下的第一个产教"深度融合"项目,发挥着标杆效应和引领示范作用。通过 ICT 产教融合创新基地，企业的四大职能体系全面"补养"高校人才培养——研发体系、市场体系、人事行政体系及企业大学，从"产、教、学、研"四维度，全面覆盖到高校的专业建设、课程建设、职业素质培养、师资培养、学生实习就业、科研成果推广中。校企合作不再由单一模式驱动，而是由企业在行业内的各项资源得以充分调动，促成深度合作。

项目从三方面实现产教融合共赢机制：一是共建产教深度融合的应用型专业，帮助地方高校推行以市场需求为导向、能力培养为中心的育人模式。过程中，企业将行业市场的需求持续反馈给高校，助力高校专业建设在人才培养、专业教学、素质教育、人力资源服务各方面的应用转型，提高高校专业办学在区域行业内的认可度和影响力；二是有效提升师资队伍的实践教学及应用研究核心竞争力，企业派驻专业的通信工程师入校教学，学校教师通过企业培训获取专业资格证书。校企互通，专兼结合，互相督促，从教学效果、专业知识技能、技能能力三个角度，由学校、学生、其他教师三方参与评估，有效解决教学技能的保鲜难题，全面促进竞争成长型的师资团队建设；三是实现校企合作的协同科研体系，通过校企双方人力深度对接，搭建双方合作共享的科研实践平台，企业中前沿成果倒灌到校，校企共同进行科研探索。

经过遴选，第一批共有重庆邮电大学等 25 所院校成为首批 ICT 产教融合创新基地项目合作院校。2016 年 7 月，确定了安庆师范大学等 30 所院校成为第二批合作院校。2017 年 8 月 11 日天津科技大学等 11 所院校成为第三批合作院校。ICT 产教融合创新基地项目实施以来，受益老师数量达 300 余名，全面提升了教师的科研创新、教学应用能力；受益学生数量达 8000 余名，实现学生职业能力、创新创业能力的大幅成长；49 个合作高校的实力被区域行业高度认可，影响力大幅提升；基地共计启动 100 余项科研项目，辐射 1900 余家通信信息网络系统集成企业、3700 余家 IT 系统集成企业、3000 余家中兴通讯本地化工程服务及销售合作伙伴，涉及产业金额达 2.1585 亿。在开展与合作高校开发和建设教学教改项目过程中，教材出版 53 部，新专业申报 35 次，精品课程申报 16 次，校企深度合作研究项目 27 项，获国家教学成果奖 2 次；多次支持举办国家级大赛，以赛促学提升了高校师资，以赛促教为高校引入了行业新技术；深度参与人力资源和社会保障部的认证建设工作，双方合作开发了 6 个高端专项职业能力认证。①

受益于 ICT 产教融合创新基地项目的民办高校共 13 所，这批院校同时也是全国民办本科院校中教学改革力度较大的高校，ICT 项目为这些院校其他专业与产业深度融合培养人才提供了模型与经验，其后，教育部学校规划建设发展中心指导的产教深度融合项目持续在推进中。参加 ICT 项目的民办高校名单如下：

第一批：山东英才学院、上海建桥学院、苏州大学应用技术学院、南宁学院、西安交通工程学院、云南工商学院。

第二批：泉州信息工程学院、湖北工业大学工程技术学院、无锡太湖学院、重庆人文科技学院、四川工商学院、西安交通大学城市学院、银川能源学院。

第三批：（没有民办本科院校）。

（三）人才培养定位主动紧贴地方经济社会需求

2015 年，国家多部委联合出台《关于引导部分地方普通本科高校向应用型转变的指导意见》，指出紧紧围绕创新驱动发展、中国制造 2025、互联网+、大众创业万众创新、"一带一路"等国家重大战略，找准转型发展的着力点、突破口，真正增强地方高校为区域经济社会发展服务的能力。通过建立合作关系，使转型高校更好地与当地创新要素资源对接，与经济开发区、产业聚集区创新发展对接，与行业企业人才培养和技术创新需求对接，积极争取地方政府、行业企业支持，通过建设协同创新中心、工业研究院、创新创业基地等载体和科研、医疗、文化、体育等基础设施共建共享，形成高校和区域经济社会联动发展格局。民办高校对市场人才需求较为敏感，在国家经济转型、区域经济蓬勃发展的过程中能灵活应对，问需于民，主动对接区域经济社会发展要求，并着力做大做强区域特色专业，培养当地用得上留得住的人才是广大民办高校人才培养过程中呈现的一大特点。

广西外国语学院位于广西壮族自治区首府南宁市，该校主动适应国家"一带一路"倡议和中央赋予广西的三大定位建设需要，着力打造东盟

---

① 教育部学校规划建设发展中心：《中兴通讯 ICT 产教融合创新基地》，http：//www.csdp.edu.cn/onepage75.html。

"小语种"特色,培养复合型人才。广西外国语学院的"服务于广西北部湾经济建设的管理类专业创新创业型人才培养模式研究与实践"获得广西高等教育类教学成果奖特等奖。该校有泰语、越南语、柬埔寨语、印度尼西亚语等8个外语专业,突出"服务边疆、对接东盟、把小做大、把外做强",办学特色明显,把"小语种"做成了大事业、大市场、大舞台。为了培养学生的语言运用能力,建立国际语言体验馆,实施"互联网+校园语言实践训练基地"晨练工程;开展全校性东南亚国家语言交际能力培养。学校让外语类专业插上"专业"的翅膀,外语类专业开设2—3个体现职业方向的跨专业课程模块,培养既有语言优势又有其他专业特长的外语人才。让非外语类专业插上"语言"的翅膀,非外语类专业突出外语应用能力培养,实施"大学英语+东南亚国家语言"外语能力培养模式,非外语专业坚持大学英语教学四年不断线的同时,开设必修东南亚国家语言交际课程。毕业生除了在国内就业外,还在国外创业就业。在泰国曼谷汇煌区中国驻泰大使馆附近拉沙传比色路一带,建立了广西外国语学院学子创业一条街,被当地人称为新唐人街,也称为"广外一条街"。有的学生还在越南、柬埔寨、印度尼西亚建立了海外创业就业基地。

(四)夯实教学资源倾力打造示范型专业

专业是人才培养的基本单位,专业及专业群建设是应用型院校转型发展的基本抓手。通过审慎的顶层设计,促进各专业遵循教育教学规律,转变教育理念,明确专业办学思路,加强教学基本建设,深化教学改革,强化教学管理,全面提高专业教学质量。专业建设能够取得成效往往不是单一要素的改革,是专业目标、师资队伍、支撑条件、教学过程与改革、管理制度、专业人才培养质量、专业地位与特色、质量评价等全方位立体的变革。能够在行业内形成一定知名度的专业,往往需要较大的资源投入,每个学校的优势特色专业建设思路不完全一致,但背后体现的不拘一格凝聚社会优质教育资源的理念是完全一致的。

上海视觉艺术学院的"德稻实验班"是上海视觉艺术学院与德稻教育集团合作的成果,是对国际化人才培养模式的积极探索与创新。德稻教育集团专门负责提供高等教育人才培养解决方案,先后汇聚30余个国家和地区的数百位兼具业界经验与学界地位的行业大师,包括47位各国工程院、科学院院士,近百位牛津、哈佛、斯坦福等名校教授,红点至尊奖、IF金奖、奥斯卡奖、艾美奖等155类3360余项顶级行业奖项的获得者。上海视觉艺术学院的"德稻实验班"由全球一流行业大师领衔，以全球一流设计院校的课程为蓝本进行课程设计，由行业大师及其国际团队进行全英文授课，让有创意才能的学生接受国际先进的艺术教育，最大限度地激发学生的潜能，帮助学生走向成功。"德稻实验班"2013年正式招生，初设的专业涉及品牌战略、影视动漫游戏、城市化建设与可持续发展、新兴信息技术、数字出版印刷等领域。"德稻实验班"将顶级教师团队、真实项目教学相结合，改革课程体系和人才培养模式，经过实践取得明显的教学效果。2015年上海视觉艺术学院在QS排名中，位于"艺术与设计"学科第51—100名段，这一排名数据表明该校的艺术设计专业已处于国际领先地位。

山东英才学院的学前教育专业是学校的优势特色专业，拥有国家教学名师、国家"万人计划"教学名师、国家精品课、国家精品资源共享课、国家级本科教学团队、国家级实验教学示范中心、国家虚拟仿真实验教学项目七项国家级荣誉；是"山东省示范专业""山东省本科高校特色专业""山东省民办本科高等教育特色名校立项建设单位重点建设专业""山东省民办本科高校优势特色专业支持计划资助专业"，并入选"山东省本科高等学校优势学科人才团队培育计划"。该专业拥有目前全国唯一的学前教育类国家级实验教学示范中心，拥有两座独立实训大楼，总建筑面积9064平方米，拥有6类57个实验室，仪器设备1808台（套），总值1580.5万元；另外拥有虚拟仿真教学共享平台，可以开设4类360项虚拟仿真实验项目；建有120TB数字化教学云平台（精品课程、教学案例、建设方案等）和全国首个学前教育博物馆。该专业还充分利用社会资源，将其转化为优质教育资源，如对外与鲁商集团合作创办幼教集团，现有331所幼儿园；与山东省教育科学研究院合作设立学前教育研究院；与全国321家用人单位深度合作，组建办学联盟；参与研制《婴幼园准入标准》，规范幼教行业发展；建设示范性婴幼园，树立典型；主持省部级及以上教科研项目40余项，横向委托课题20余项，发表SSCI、CSSCI等高水平论文160余篇，出版著作和教材51部；研发教学资源（10000GB）和信息化教学工具11个。充分的教学教研资源也最终转化为优质的学习成果，近5年，学前教育专业学生一次性就业率均达99%，用人单位满意度超过99.6%，获挑战杯全国大学生创业大赛等省级及以上奖励158项；专利238项，国际金奖4项；累计有385名学生赴新加坡就业。

（五）创新创业教育助推提高人才培养质量

2010年教育部办公厅颁布《关于大力推进高等学校创新创业教育和大学生自主创业工作的意见》，提出：创新创业教育是适应经济社会和国家发展战略需要而产生的一种教学理念与模式；在高等学校中大力推进创新创业教育，对于促进高等教育科学发展，深化教育教学改革，提高人才培养质量具有重大的现实意义和长远的战略意义；创新创业教育要面向全体学生，融入人才培养全过程；要在专业教育基础上，以转变教育思想、更新教育观念为先导，以提升学生的社会责任感、创新精神、创业意识和创业能力为核心，以改革人才培养模式和课程体系为重点，大力推进高等学校创新创业教育工作，不断提高人才培养质量。2015年国务院发布《关于深化高等学校创新创业教育改革的实施意见》（国办发〔2015〕36号），引导全国高校进一步将创新创业教育改革作为深化高等教育综合改革的突破口和重中之重，不断增强学生创新精神、创业意识和创新创业能力，提升创业指导服务工作质量和水平，推动毕业生更高质量创业就业。从2016年起，教育部每年评选50所"全国创新创业典型经验高校"，形成一批可复制可推广的制度成果，实现新一轮大学生创业引领计划。

入选教育部每年50所"全国创新创业典型经验高校"民办本科院校有：

2016年5所：大连东软信息学院、山东协和学院、黄河科技学院、海口经济学院、西安外事学院。

2017年4所：福州外语外贸学院、武汉生物工程学院、三亚学院、西安培华学院。

2018年6所：大连艺术学院、吉林动画学院、山东英才学院、武汉工商学院、云南大学滇池学院、西京学院。

2019年1所：西安外事学院。

在"双创"育人中，山东协和学院表现较为突出，它联合青岛大学、曲阜师范大学完成的"观念引领·内融外协·全程帮扶 应用型大学创新创业教育体系构建与实践"获得2018年高等教育类国家级教学成果奖二等奖，山东协和学院为成果第一署名单位。2011年，山东协和学院为适应经济社会发展对应用型人才提出的新要求、高等教育内涵式发展的新特征和学生实现高质量就业的新期盼，全面启动"应用型大学人才培养模式改革"，将创新精神、创业意识和实践能力列为人才培养目标。2013年，改革成果"突出特色、深化改革，构建立体化创业创新教育体系"在山东省人民政府创业创新大会上进行交流推广。该项改革重点围绕创新创业教育观念更新、人才培养模式创新和全程帮扶体系拓新，以全域教育理念为引领，打造了由通识教育、专业教育、提升教育模块构成的课程体系；搭建了"实验实训—科技创新—孵化实战"双创实践教学平台；实施了考核主体、考核内容、考核方法多元化的考核评价方式；创新了"跟踪帮扶+强化帮扶+精准帮扶+永续帮扶"的全程帮扶体系；实现了双创教育与专业教育的全过程、全要素融合，为同类院校提供了可借鉴、可复制的全新模式及具体实施方案。山东协和学院的创新创业教育体系建设具体见图2-1。

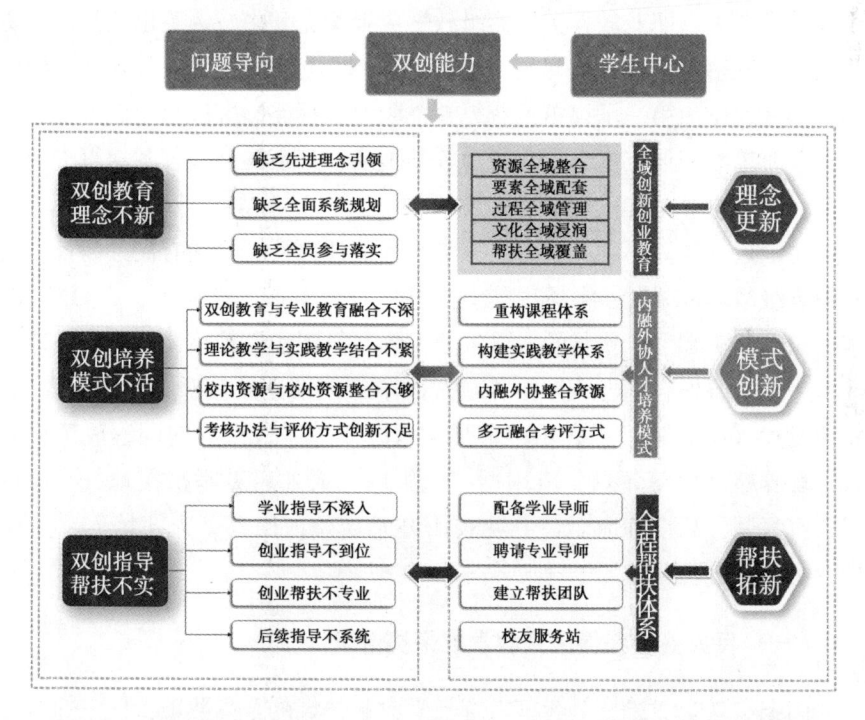

图2-1 "观念引领，内融外协，全程帮扶"应用型大学创新创业教育体系

三 民办高校获得最近一届教学成果奖情况

2017年、2018年正值省级和国家级教学成果奖评选，该奖项四年评

选一轮，评选过程相对客观公正。通过对获奖成果的梳理我们可以从中描绘出当前民办院校人才培养的热点和成就。教学成果的生成有其基本规律和特质，需要长期的积累和实践。当前，民办高校的硬件条件已有了很大改善，大部分学校进入内涵发展阶段。民办高校教学成果奖培育项目站在学校全局考虑，立足于现状，体现学校的办学理念和人才培养特色，符合学校定位和发展规划，精心选取优势特色专业，充分掌握国内外、省内外高校教育教学改革动态与进展，借鉴吸收经验，找准自己的定位与特色，寻找突破口，凝练总结成果，这些成果具有一定的普适性和应用推广价值。

经统计，2018年全国有三所民办本科院校作为第一承担单位获得5个高等教育类、职业教育类国家级教学成果奖，其中较为突出的是山东协和学院，获得1个高等教育类二等奖，2个职业教育类二等奖。有五所民办高职院校作为第一承担单位获得5个职业教育类国家级教学成果奖，其中，上海东海职业技术学院获得一等奖1项，其余四所院校各获得1个二等奖。

在最近一届高等教育类省级教学成果奖评选中，全国有民办高校参与获得省级教学成果奖441项，其中特等奖1个，一等奖54个，二等奖206个，三等奖180个。获奖的成果主要聚焦在应用型高校整体转型服务地方经济、产学研融合主导人才培养模式改革、创新创业提升人才培养质量、特色专业（群）建设引领示范应用型人才培养、成果导向课程改革提升人才培养精准度等领域，应用型特色鲜明，人才培养举措接地气、可推广、可复制，高度呼应了民办院校的办学定位，回答了人才培养"五个度"的问题。

（一）民办高校获得国家教学成果奖情况

国家级教学成果奖是我国教育教学改革领域的最高奖项，国家通过评审和颁发教学成果奖，以培育和发现"反映教育教学规律，具有独创性、新颖性、实用性，对提高教学水平和教育质量、实现培养目标产生明显效果的教育教学方案"。2018届国家级教学成果奖评审分为基础教育、职业教育和高等教育三种类型，分特等奖、一等奖、二等奖三个等级，成果获奖的覆盖面广，同一类型成果之间的可比性强。

根据已颁布的获奖名单，浙江大学城市学院参与的《跨区域跨校在线开放课程"1+M+N"协同教学模式创新与实践》获得2018年高等教育国家级教学成果奖一等奖，但该校为成果第11署名单位。山东协和学院联合其他高校完成的《观念引领内融外协全程帮扶 应用型大学创新创业教育体系构建与实践》获得2018年高等教育国家级教学成果奖二等奖，该校为成果第一承担单位。此外，山东协和学院、齐鲁理工学院、泉州信息工程学院三所民办本科院校作为第一承担单位获得4项职业教育类国家级教学成果奖二等奖。上海东海职业技术学院获得职业教育类国家级教学成果奖一等奖1项，绍兴职业技术学院联合浙江广厦建设职业技术学院、广州城建职业学院等，山东海事职业学院，运城职业技术学院，贵州盛华职业学院等五所民办高职院校均各获得1项职业教育类国家教学成果奖二等奖。在获得国家级教学成果奖的民办高校中，表现最为亮眼的是山东协和学院，拿下3项教学成果奖，在全国民办高校中独占鳌头。获奖具体情况见下表，表中粗体字为民办院校名字。

表2-3　　　　民办本科院校获得国家级教学成果奖名单

2018年国家级高等教育类教学成果奖		
2018年国家高等教育类教学成果奖一等奖	跨区域跨校在线开放课程"1+M+N"协同教学模式创新与实践	哈尔滨工业大学（威海）—哈尔滨工业大学，浙江大学，上海交通大学，北京理工大学，高等教育出版社，西南石油大学，北方民族大学，河西学院，临沂大学，北京联合大学，浙江大学城市学院，山东大学，山东科技大学，山东交通学院，潍坊学院，济南大学，齐鲁工业大学
2018年国家高等教育类教学成果奖二等奖	观念引领·内融外协·全程帮扶应用型大学创新创业教育体系构建与实践	**山东协和学院**，青岛大学，曲阜师范大学
2018年国家级职业教育类教学成果奖		
2018年国家职业教育类教学成果奖一等奖	面向小微企业，聚焦"三会"能力，探索与实践高职会计专业新型育人模式	**上海东海职业技术学院**，上海诚丰财务服务有限公司
2018年国家职业教育类教学成果奖二等奖	学创融合·校企协同高职创新创业教育体系构建与实践	**山东协和学院**
2018年国家职业教育类教学成果奖二等奖	创建"校—地—院（所）"协同育人体系培养农村基层医疗卫生人才	**山东协和学院**

续表

2018 年国家级职业教育类教学成果奖

2018 年国家职业教育类教学成果奖二等奖	基于医教协同的护理专业实践教学体系的改革与实践	齐鲁理工学院，济南市第六人民医院，济南市章丘区中医医院，山东省千佛山医院
2018 年国家职业教育类教学成果奖二等奖	创新协同机制，构建五大体系，融合双创教育——"12355"改革实施方案	泉州信息工程学院
2018 年国家职业教育类教学成果奖二等奖	高职院校建筑类专业"五化"教学法的研创与应用	绍兴职业技术学院，浙江广厦建设职业技术学院，广州城建职业学院，河南建筑职业技术学院，黑龙江建筑职业技术学院，陕西铁路工程职业技术学院，浙江太学科技有限公司，浙江省建筑业技术创新协会
2018 年国家职业教育类教学成果奖二等奖	高职院校混合所有制办学"山海模式"的创新与实践	山东海事职业学院，潍坊市教育局，山东通达国际船舶管理有限公司
2018 年国家职业教育类教学成果奖二等奖	高等职业教育煤炭类专业大型现代化教学矿井建设与应用的探索与实践	运城职业技术学院，蒲县宏源煤业集团有限责任公司，山西乡宁焦煤集团有限责任公司
2018 年国家职业教育类教学成果奖二等奖	扶贫助盲　变弱为强——贵州盛华职业学院盲人教育教学实践创新	贵州盛华职业学院

比对 2014 年国家级教学成果奖获奖名单，当年高等教育类中，黄河科技学院获得 1 项二等奖。职业教育类中，泉州信息职业技术学院、绍兴职业技术学院、杭州万向职业技术学院、上海思博职业技术学院、山东协和学院各获得 1 项二等奖。从获奖数量上来看，2018 年民办高校获得国家级教学成果奖总数比上一届有增加。山东协和学院、泉州信息工程学院（2014 年时为泉州信息职业技术学院）罕见地连续两届获得国家级教学成果奖，它们重视并倾力教学改革的办学精神堪称民办高校中的楷模。

根据 2018 年国家级教学成果奖获奖情况分析，有四点值得关注：第一，民办高校获奖占比远远低于学校占比。2018 届国家级高等教育教学成果奖获奖总数共计 452 项，而民办高校参与的获奖成果数量仅仅只有 2 项，占比为 0.44%，远低于民办高校在全国高校中占比 1/4 的比例，更加低于民办本科院校在全国本科院校中 1/3 的比例。造成这个现象可能有两方面原因，一个是省级入围筛选的过程可能更多向重点高校倾斜，一个是民办高校在教学改革方面取的高质量成果确实较少。第二，民办院校获奖的主题均是国家教育教学改革的热点——校企合作、在线课程、创新创业教育；具体内容上比较聚焦于"一小点"项目，不追求"高大上"，实效性比较明显。第三，和省级获奖项目不同，能进入国家获奖行列的成果，大部分不是民办院校一家独立完成的，往往是几个单位共同探索和实践后的"经验"；或者是通过"参与高水平项目"来提升自身的水平，最终以联合申报的方式获奖。这也从另外一个角度显示，当前民办院校在全国高校中标志性、引领性的教学改革成果偏少。第四，部分民办本科院校坚持职业教育定位不动摇，在本科职业教育领域不断深化改革，探索积累经验，最终入围国家级奖项，既为民办高校争光，也坚定了民办本科院校走职业教育道路的信心。

（二）民办高校获得省级教学成果奖情况

因篇幅原因，我们仅对省级高等教育类教学成果奖作了分析。2017年、2018年各地参与申报高等教育类教学成果奖的高校类型不太一致，有的省高职高专院校主要参与高等教育类申报，有的省高职高专院校主要参加职业教育类申报，因此在各地高等教育类教学成果奖名单中还包含部分高职高专院校。我们统计了各地高等教育类教学成果奖获奖院校分布状况，总体情况也与国家教学成果奖接近。在获奖名单中28个省份民办高校共获得441个奖项，获奖平均占比为5.35%，这个比例高于国家级教学成果奖中0.44%的比例，但依然明显低于民办高校在全部高校中的占比数。其中，新疆占比为0，北京、江苏、黑龙江三个省市的民办高校得奖占比不到1%，属于非常低，拿到的奖项都是较低等级奖项，数量是个位数级别，显示出这几个省民办高校教育教学改革成果和公办高校相比非常弱小。海南、河北、辽宁、浙江四个省份民办高校获奖的占比超过10%，其中海南省获省级教学成果奖占比达到30%，这些省份民办高校教育教学改革成果获得了社会更多的认可。

我们搜集了各地获得高等教育类教学成果特等奖或者一等奖的名单，这些成果也代表了各地近阶段教育教学改革的最高水平，本章案例也来自这份名单，希望通过案例的分析分享，把先进办学理念、办学经验传递给更多的民办教育同行。

表 2-4　　各地民办高校获高等教育类教学成果奖统计表

序号	地区	特等奖	一等奖	二等奖	三等奖	民办院校获奖数	获奖项目总数	民办院校获奖占比（%）
1	河北省	—	0	8	27	35	260	13.46
2	河南省	0	2	3	—	5	250	2.00
3	湖南省	—	1	8	13	22	291	7.56
4	浙江省	—	12	13	—	25	250	10.00
5	北京市	0	0	4	—	4	619	0.65
6	甘肃省	—	0	2	—	2	50	4.00
7	广东省	0	2	6	—	8	225	3.56
8	广西	1	2	4	10	17	363	4.68
9	海南省	—	2	7	—	9	30	30.00
10	黑龙江省	0	0	1	—	1	150	0.67
11	湖北省	—	2	10	29	41	600	6.83
12	江苏省	0	0	2	—	2	399	0.50
13	江西省	—	2	8	—	10	274	3.65
14	山东省	0	2	37	—	39	598	6.52
15	山西省	0	3	9	—	11	250	4.40
16	陕西省	0	1	10	—	11	239	4.60
17	上海市	0	4	5	—	9	474	1.90
18	四川省	—	1	2	8	11	380	2.89
19	云南省	0	2	4	—	6	105	5.71
20	重庆市	—	2	1	8	11	210	5.24
21	福建省	0	0	7	—	7	85	8.24
22	贵州省	0	0	1	2	3	123	2.44
23	吉林省	0	2	4	8	14	275	5.09
24	辽宁省	—	9	27	39	75	610	12.30
25	内蒙古	0	0	1	2	3	170	1.76
26	天津市	0	0	10	—	10	200	5.00
27	新疆	—	0	0	0	0	35	0
28	安徽省	—	3	12	34	49	725	6.76
合计		1	54	206	180	441	8240	5.35

表 2-5　各地民办高校获得高等教育类教学成果奖特等奖和一等奖名单

河南省		
特等奖	无	
一等奖	民办高校校企一体化合作办学模式研究与实践	黄河科技学院
	计算思维导向的高校计算机类专业 MOOC 课程模式构建研究与实践	河南师范大学 安阳师范学院 新乡医学院三全学院
湖南省		
特等奖	未设立	
一等奖	地方高校工商管理专业"373"型创新创业人才培养模式探索与实践	湖南交通工程学院
浙江省		
特等奖	未设立	
一等奖	程序设计类在线课程建设及实践教学资源共建共享模式探索	浙江大学、浙江大学城市学院、吉首大学
	教学服务型大学的应用型人才培养探索与实践	浙江树人学院
	"三融合、四对接"的计算机软件类人才培养实践教学体系改革	浙江树人学院、杭州东忠科技股份有限公司、浙江省服务贸易协会
	基于校企深度融合的"三位一体"创业人才培养体系构建与实践	宁波大红鹰学院
	基于 CDIO 理念的产教深度融合应用型工程人才创新培养	浙江大学城市学院
	以"4C+4P"为核心的独立学院机械类人才培养模式研究及实践	浙江大学宁波理工学院
	"素养能力并重　校企协同三赢"独立学院人才培养探索与实践	浙江师范大学行知学院、浙江校友邦人力资源有限公司、金华新高电子科技有限公司
	践行"OBE"理念，探索技术本科人才培养有效途径	宁波大学科学技术学院
	产教深度融合，高职建筑类专业"五化"教学体系的研创、应用与推广	绍兴职业技术学院、浙江广厦建设职业技术学院、杭州太学节能科技有限公司
	面向现代服务业的"五融合、五柔性、五优化"人才培养模式创新与实践	浙江东方职业技术学院
	"五引领"木雕非遗传承创新人才培养	浙江广厦建设职业技术学院
	"双创交融、五位贯通"的高职服装专业课程体系构建与实践	杭州万向职业技术学院、杭州嘉玺服装有限公司

续表

广东省			
特等奖	无		
一等奖	校企协同育人"3+1"人才培养模式改革与实践	广东白云学院
	电子信息类应用型人才"创客—创新—创业"培育机制的研究与实践	吉林大学珠海学院

广西壮族自治区		
特等奖	服务于广西北部湾经济建设的管理类专业创新创业型人才培养模式研究与实践	广西外国语学院
一等奖	基于"三因三合"协同创新育人模式的信息工程类专业改革与实践	广西民族大学相思湖学院、苏州高博应诺信息科技有限公司、南宁高新技术产业开发区人才交流中心、河北石家庄佳诚网络技术有限公司、广西爱特美教育投资有限公司、广西南宁帆联网络科技有限公司、南宁市易唐软件有限公司
	基于能力导向的独立学院工科专业应用型转型研究与实践	桂林电子科技大学信息科技学院

海南省		
特等奖	未设立	
一等奖	"兴趣—基础—能力—素养"互促互进的信息类专业应用型人才培养探索与实践	三亚学院
	以实训基地建设为抓手,构建石油化工专业人才培养保障体系	海南科技职业学院 海南汉地阳光石油化工有限公司

湖北省		
特等奖	未设立	
一等奖	"一体两翼"应用型人才培养模式研究与实践	武汉东湖学院
	《高校素质导师制的理论及其实践模式研究》	武昌理工学院

江西省		
特等奖	未设立	
一等奖	工商企业管理专业"三元育人"人才培养模式创新实验区建设与实践	江西应用科技学院
	文物修复与保护专业四位一体式人才培养体系研究与实践	景德镇陶瓷职业技术学院

山东省		
特等奖	无	

续表

一等奖	"六大模块、四位一体"大学生学习素质培养模式改革实践	滨州学院、齐鲁医药学院
	新工科背景下"多层次、多模式"计算机类专业群建设与实践	潍坊学院、枣庄学院、滨州学院、山东信息职业技术学院、潍坊科技学院

山西省

特等奖	无	
一等奖	应用型本科高校通才教育构建与实践研究	山西工商学院
	"1+1"实验班创新创业人才培养模式的研究与实践	山西应用科技学院
	电子商务创业人才培养模式的研究与实践	山西大学商务学院

陕西省

特等奖	无	
一等奖	民办高校教师教学发展模式创新与实践	西京学院

上海市

特等奖	无	
一等奖	"卓越建桥"引领改革发展 全面提高应用型本科人才培养质量	上海建桥学院
	用新时代雷锋精神构筑思政格局 提升民办高校整体育人针对性有效性	上海建桥学院
	"一规格 三融合 一把尺",艺术与设计专业应用型本科人才培养新模式	上海视觉艺术学院
	立足"专通雅",全程全覆盖,课内外联动的民办本科高校通识教育改革与实践	上海师范大学天华学院

四川省

特等奖	未设立	
一等奖	融合、贯通、升级——应用型传媒人才培养的探索与实践	四川传媒学院

云南省

特等奖	无	
一等奖	云南大学滇池学院创新创业教育探索与实践	云南大学滇池学院
	应用型大学创业教育体系的构建与实践	云南经济管理学院

重庆市

特等奖	未设立	
一等奖	德心共育·协同创新——大学生社会主义核心价值观教育接受机制构建与实践	重庆交通大学 西南大学 重庆交通职业学院
	校企合作创建先进智能城轨交通综合实训基地,提升教学科研与服务社会能力	重庆公共运输职业学院

续表

吉林省		
特等奖	无	
一等奖	"两个精准对接,三次自主选择"应用型人才培养体系的构建与实践	吉林动画学院
	职场实态下文化创意类人才培养模式研究与实践	长春建筑学院

辽宁省		
特等奖	未设立	
一等奖	应用型高校"一二三四五"人才培养模式研究与实践	辽宁对外经贸学院、辽宁省对外贸易企业协会、中国国际贸易促进委员会大连市分会
	应用型高校"全方位、全过程、递进式"实践教学体系研究与实践	辽宁对外经贸学院、辽宁省对外贸易企业协会、中国国际贸易促进委员会大连市分会
	机械类专业应用型人才校企协同、工学交替培养模式的研究与实践	沈阳工学院
	基于深度校企融合的以项目教学为主线、以大创竞赛为牵引的应用型计算机创新创业人才培养模式	沈阳工学院
	辽宁省普通高校大规模在线跨校修读学分实践研究	沈阳师范大学、大连理工大学、东北大学、沈阳农业大学、大连工业大学、渤海大学、沈阳工学院
	三个课堂联动的实践教学体系在"大艺"的十年探索与实践	大连艺术学院
	一体化IT类应用型创新创业人才培养体系的改革与实践	大连东软信息学院
	基TOPCARES-CDIO+工作室教学模式的数字艺术创新实践体验平台的构建与应用	大连东软信息学院
	省域本科专业综合评价研究与实践	辽宁工程技术大学、东北大学、大连东软信息学院

安徽省		
特等奖	未设立	
一等奖	以"赛"促改,以"赛"促学——以大学生学科竞赛为平台的应用型创新人才培养模式	安徽新华学院
	基于博思智慧学习平台的教学改革研究与实践	安徽信息工程学院
	以需求为导向,校企协同的IT人才工程能力培养体系的构建与实践	安徽信息工程学院

通过梳理民办高校获省级高等教育类教学成果奖的情况,可以发现如

下特点：

第一，民办高校获高等教育类省级教学成果奖的项目，较多以学校整体人才培养模式改革为突破，经过若干年努力做出了一定的成效。这点和公办高校不一样，民办高校办学规模相对较小，办学历史相对较短，学校改革行动力更强，往往能在学校层面推动一项较为特殊的人才培养模式整体改革，公办高校规模大，历史长，教师对一线教学改革投入时间较少，一般较难出现这类全校性人才培养模式的改革成果。但这些成果在全国的辐射和影响力还不够，所以最后冲击国家奖的成果少。

第二，获奖民办高校基本均是有十年以上的办学历史，获奖项目也反映出这些学校经过十余年的探索和积累，近年来在内涵建设上所思所为。教学成果充分体现了学校的办学理念和人才培养特色。

第三，应用型人才培养特色鲜明。获奖成果涉及内容包括：校企合作、岗位能力培养机制、创新创业教育、实践能力培养体系等。这些探索和经验总结有一定的可复制性、可推广价值。

第四，独立学院在教学成果奖申报评选中作为独立单位申报，因此也有一批院校进入最后获奖名单。获得省级高等教育类特等和一等教学成果奖的独立学院有：新乡医学院三全学院、浙江大学城市学院、浙江大学宁波理工学院、浙江师范大学行知学院、宁波大学科学技术学院、吉林大学珠海学院、广西民族大学相思湖学院、桂林电子科技大学信息科技学院、山西大学商务学院、上海师范大学天华学院、云南大学滇池学院。同样，这些独立院校办学历史较长，依托母体高校以及社会资源在人才培养模式上改革创新，取得了较为明显的成效。在民办本科院校群体中，独立学院占比远超过独立设置的民办本科院校，但从最后获得省较高等级教学成果奖的院校数量来看，它们并不存在相应的优势，显示出独立学院的教学改革意识、能力以及资源利用方面可能不如独立设置的民办本科院校。

四 民办院校人才培养模式改革典型案例

本节案例选编素材来自2017年、2018年获得国家级和省级教学成果奖的民办院校的改革经验和成果。

（一）服务地方经济发展人才培养定位更聚焦

民办高校办学定位大都是应用型，《关于引导部分地方普通本科高校向应用型转变的指导意见》发布后，民办本科院校的办学思路也更加清晰了，人才培养定位也更加精准——与区域经济紧密结合，与地方创新要素资源对接，适应、融入、引领所服务区域的新产业、新业态发展，瞄准当地经济社会发展的新增长点，成为人才培养和技术创新的源泉。在最近一届教学成果奖中有不少项目都凸显了这个特色。

1. 浙江树人大学创建教学服务型大学

浙江树人大学（学院）的"教学服务型大学的应用型人才培养探索与实践"获得浙江省高等教育类教学成果奖一等奖。

2005年学校提出高级应用型人才的人才培养定位。2011年，学校确立了"教学服务型大学"的办学定位，明确了服务应用型人才培养、服务社会需求的发展导向。2015年，学校成为浙江省首批应用型试点示范建设院校。学校基于"教学服务型大学"的办学定位，确定了"三三制"人才培养模式改革，以"服务区域经济、服务就业市场、服务生产需求"的"三服务"为导向，以"专业、课程、实践"三个领域教学改革为抓手，实现与产业（行业）、岗位群的对接；融"课堂教学创新、应用型师资建设、治理结构优化"三项保障机制建设于一体。

为克服人才培养与实际需求脱节和民办院校双师型师资匮乏的实际状况，进一步促进产教融合，浙江树人大学（学院）大胆改革人才培养模式，积极建设行业学院，与行业（或典型企业）深度融合，以行业（企业）生产链、产品链、技术链和服务链为对象，开展人才培养和科技服务。自2016年以来，学校对接浙江省八大万亿产业和四大传统经典产业，建立了11个行业学院，构建了与政府、行业协会、企事业单位及国外高校共建行业学院的"四轮驱动"模式，形成了专业、课程、基地、教学团队、科研"五位一体"产教融合的人才培养模式，探索了共同构建治理结构、共同制定培养方案、共同组建教学团队、共同实施教学管理、共同打造产学研基地、共同开展项目研发的"六个共同"的创新协同育人机制和实践路径。行业学院的建设共吸收外来资金1500余万，3000余名学生已进入行业学院学习。基于行业学院建设的高级别项目取得了突破，获浙江省省级产教融合示范基地1项、教育部"工程科技人才培养研究项目"1个、教育部"国家级新工科研究与实践项目"1个、教育部"企业支持的产学合作协同育人项目"28项。

表2-6　　　　　　浙江树人大学（学院）行业学院一览

建立时间	行业学院名称	合作单位	共建专业
2016年1月	华为信息与网络技术学院	华为技术有限公司	通信工程
2016年5月	同花顺金融信息服务学院	中国建设银行杭州分行、浙江核新同花顺网络信息股份有限公司、浙江复聚投资管理有限公司	投资学、金融学
2016年6月	树兰国际护理学院	树兰（杭州）医院	护理学
2016年6月	山屿海商学院	上海山屿海投资集团	旅游管理、工商管理
2016年6月	定格梦想创意学院	杭州定格文化创意有限公司	动画
2016年6月	浙江省养老与家政产业学院	浙江省民政厅	社会工作、公共事业管理、老年服务与管理
2016年6月	中白科技学院	白俄罗斯国立大学	全校各专业
2016年9月	绍兴黄酒学院	中国酒业协会、会稽山绍兴酒股份有限公司、浙江红石梁集团济公家酒坊有限公司、绍兴市标准化研究院	食品科学与工程、食品质量与安全、环境工程、生物工程、工业设计
2016年10月	红石梁学院	浙江红石梁集团	市场营销
2018年9月	万科随园养老学院	浙江随园养老发展有限公司华万健康产业发展有限公司	社会工作、公共事业管理、老年服务与管理
2019年3月	智慧物业学院	管理学院	绿城服务集团

2. 山东协和学院培养农村基层医疗卫生人才

山东协和学院的"创建校—地—院（所）协同育人体系培养农村基层医疗卫生人才"获得职业教育类国家级教学成果奖二等奖。

农村基层卫生工作是我国卫生工作的重点，大力发展农村基层医疗卫生服务，缓解农村居民"看病难、看病贵"问题是我国农村医疗卫生体制改革的重大决策。2005年，山东协和学院获批临床医学专业和山东省乡村医生培训基地，自此，走上一条艰辛的道路——为农民培养更多的健康"守门人"，培养专科学生、培训乡村医生，学历教育与非学历培训并举，面向农村基层，培养更多下得去、用得上、留得住的农村医疗卫生人才，打通农村健康的"最后一公里"。

山东协和学院在 13 年的实施助理全科医生培养和乡村医生培训过程中，在农村基层医疗卫生人才培养方面普遍存在的四个突出问题：如何协调地方政府、基层医院（诊所）实施医学教育；如何整合基层医学教育资源；如何培养适应基层医疗卫生岗位需求的卫生人才；如何对毕业生实施培训开展了系统研究与实践。确立了"需求导向、能力本位、服务基层、终身发展"的全科医学人才培养新理念，开辟了医教协同育人新路径，创建了三年制全科医学培养和乡村医生培训新模式。创立了"面向乡村、针对需求—政府组织、学校培训—问题导向、能力为主—村来村去、服务农民"的乡村医生培训共建—共育—共培—共享的"协和模式"，探索了"教育+医疗"的精准扶贫形式。建立了"校—地—院（所）"协作共赢机制、资源共享平台、协同共育模式和协约共培模式。13 年来，学校培养助理全科医生学生 4000 余人，培训乡村医生 3 万余人，直接受益人群 34000 余人，按照国家每千人配备 1 名乡村医生的标准核算，间接受益百姓近 4000 万人。

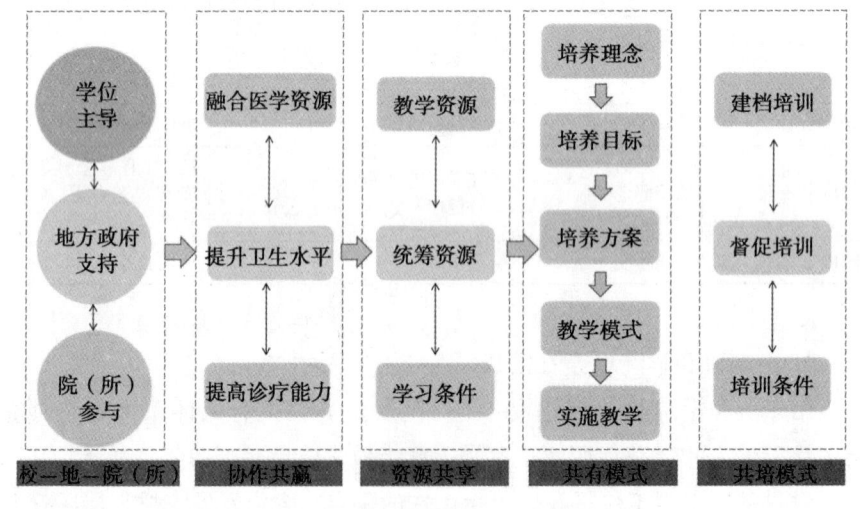

图 2-2 "校—地—院（所）"协同育人体系

（二）产教融合助推人才培养模式革新

产教协同育人是应用型院校提高人才培养质量的必由之路，但又是高校办学中最难突破的难关之一。部分民办高校清晰人才培养定位，努力开拓产业资源，甚至自创产业资源，成就深度产教融合育人模式，这些改革样本在这届教学成果奖评选中也多有涉及，个别案例可供大家借鉴。

1. 广东白云学院校企协同育人"3+1"人才培养模式

广东白云学院"校企协同育人3+1应用型人才培养模式改革"获得广东省高等教育类教学成果奖一等奖。针对传统本科院校人才培养以校内外分离、理论与实践分离，学生实践能力、应用能力、创新能力弱化，职业素养不高等问题，基于经济发展"新常态"对高素质职业性、应用型人才的需求，广东白云学院在2010年试点并于2014年全面实施了产教融合、校企合作、工学结合的"3+1"人才培养模式，即三年在学校学习，累计一年在企业现场学习，校企共育应用型人才。改革具体策略包括：

基于需求导向、标准引领，明确专业人才培养目标。顺应广东先进制造业、现代服务业和战略性新型产业发展趋势，围绕产业升级转型、技术创新需要，以人才市场需求为导向，根据《普通高等学校本科专业类教学质量国家标准》和学校办学定位，在对区域和行业特点以及学生未来发展需求进行充分调研与分析的基础上，细化专业目标内涵，明确各专业人才培养规格。

突出职业能力与职业素养培养，构建能力本位的一体化课程体系。依据"厚基础，重创新，强实践，擅应用"的人才培养指向，打破学科知识构建课程体系的思维定式，以能力培养与素质提升为核心，以岗位（岗位群）对人的能力需求为依据，按照校内和校外人才培养一体化，理论教学与实践教学一体化要求，将职业素养和职业能力培养融为一体，构建模块化课程体系。

设计企业实践教学内容及管理体系，保障"1"环节落实到位。构建了由生产（专业）实习、毕业实习、毕业设计（论文）3门常规实践与区域行业企业调研、职业能力拓展、职业品德教育3门特色企业实践课构成的企业实践教学体系，实施调研+网络学习+企业项目+党团活动"四位一体"的学习模式。以融入企业、参与企业员工培训作为企业实践的重要教育教学内容，以生产、建设、管理和服务一线需要作为毕业设计（论文）选题来源，通过建立企业导师、专业导师、思政导师、职业导师，即四导师指导团队及企业实践教学质量标准、运行管理和保障措施等，确保企业实践教学有成效。

广东白云学院的产教融合培养模式，体现了大部分应用型本科院校在人才培养模式改革中的思考与转变。白云学院对企业端（产业端）在人才培养过程中的作用进行了梳理,把它分为三种阶段,具有参考价值。

表 2-7 广东白云学院校企协同育人"1"环节(企业实践环节)的定位与目标演进

阶段	"1"环节的认识	"1"环节定位与目标演进
试点(单个专业)	工程训练兼顶岗实习	提升学生工程能力、就业能力,毕业走上工作岗位并较快地适应和胜任工作
试点(专业群)	企业综合实习	融会贯通理论与实践;提前获得对社会、行业、企业、专业及岗位的认知;培养与提高学生的实践能力,提升其专业技能和职业能力;实现实习与就业的对接
全面推行	企业实践教学	企业实践教学是专业人才培养体系重要环节,是校内前3年教学的延伸和拓展,不仅培养学生运用理论解决实际问题能力,更注重实践能力、创新能力训练及职业道德与职业素养培养

2. 吉林动画学院学研产一体化人才培养模式

吉林动画学院的"两个精准对接,三次自主选择,应用型人才培养体系的构建与实践"获得吉林省高等教育类教学成果奖一等奖。吉林动画学院2000年创办以来,坚持走学研产一体化办学道路,面向地方经济和文化创意产业发展需求,努力培养就业竞争有实力、创新创业有能力、职业发展有潜力、"既好用,又耐用"的应用型本科人才。学校针对我国地方高校人才培养中普遍存在的培养定位"目标宽泛,对接不准"导致供需双方错位问题,培养机制"路径单一,培养刚性"导致兴趣动力不足问题,实践平台"宽度不够,载体不新"导致能力强化不足问题,学习评价"模式传统,笔试为主"导致知识转化不够问题,开展研究和改革实践,创建了强化需求导向、注重学生发展的"两个精准对接、三次自主选择"应用型人才培养体系,创造了同类院校内涵转型的成功案例。

培养目标与产业需求精准对接。学校联合行业协会及领军企业组建咨询指导委员会,把握文化创意产业发展趋势,创办了我国首个漫画专业。依据"本科层次、应用类型"培养特征,依据岗位群分布,专业大类下设置与实际需求对接的培养方向,全校共设50个专业培养方向,以资质认证为依据,优化培养方案,把"按课程类型分段"的传统课程体系改成了"按能力要求组块、按培养方向连线",形成了人才培养多向路径,强化了与行业发展的契合性。

提供三次选择,促进培养路径与学生志向精准对接。坚持以学生发展为中心，针对学生入学前专业选择盲目、入学后"从一而终"导致的动力不足问题，配置三类导师，提供三次选择。第一次选择：大一期间，学生完成通识教育基础，通过艺术测试，进行分类选择，在专业导师指导下强化专业基础训练。第二次选择：大二期间，由方向导师指导，依据基础与志趣选择培养方向，完成培养方向课学习。第三次选择：大三期间，选择专业课程模块和实训平台，通过项目训练，形成特色特长。而后由企业导师指导，强化实战训练，形成职业定向。学生通过三次自主选择，实现发展方向从茫然到清晰到精准转变，发展路径从志向到专业再到职业转化。

表 2-8　　　　吉林动画学院专业群对接产业链

产业群	专业集群	学院	专业名称	培养方向
动画产业	动漫游	动画学院艺术学院	动画	动画策划设计、影视动画、新媒体动画、影视特效、动画管理与营销
漫画产业		漫画学院	漫画	新媒体漫画
			绘画	商业绘画
游戏产业		游戏学院	数字媒体艺术	游戏策划、游戏美术、游戏衍生品设计
			艺术与科技	交互设计、虚拟现实设计
		虚拟现实学院	数字媒体技术	影视特效与动画技术、游戏开发技术、虚拟现实技术
			软件工程	APP开发技术、大数据分析与应用技术
电影产业	影视	电影学院	戏剧影视文学	影视剧作、影视制片管理
			戏剧影视导演	影视导演、影视剪辑
			表演	无
			影视摄影与制作	无
			录音艺术	无
电视与新媒体产业		电视与新媒体学院	广播电视学	节目策划
			播音与主持艺术	电视节目播音与主持、影视配音
			广播电视编导	电视节目制作、纪录片创作、电视节目包装、电视新闻制作、节目制片管理
			摄影	艺术摄影、纪实摄影、商业摄影
			网络与新媒体	新媒体内容制作与推广
影视产业		影视造型学院	戏剧影视美术设计	影视美术设计、人物造型设计
			服装与服饰设计	时尚服装与服饰设计、影视服装与服饰设计

续表

产业群	专业集群	学院	专业名称	培养方向
设计产业	设计	设计学院	视觉传达设计	平面设计、数码媒体设计、数字设计
			环境设计	室内设计、建筑可视化设计
		产品造型学院	产品设计	无
			工艺美术	无
广告产业	广告	广告学院	广告学	广告策划、新媒体广告
			艺术设计学	商业广告设计、商业影像制作
		文化产业商学院	文化产业管理	数字文化产业管理、文化艺术管理
			市场营销	互联网营销、文化品牌营销

搭建了"分层分类"实践平台。利用学研产一体办学优势，构建了基本技能、专业综合、企业实战"三层次"实践体系，建设了校办产业、校企共建、国内外专家、个性化、作品原创"五大类"工作室，形成了跨专业、自选性实践平台。

实施了"四类项目"实战训练。依据不同培养阶段、不同类型学生、不同层次需求，开发了商业、创新创业、参展参赛、原创作品"四类项目"，实现了学习成果从"作业"到"作品"到"商品"转化。

组建"多元结构"的教师团队。依托省级产业基地和校办产业，实行校企"交叉轮岗、双重身份、双向考核"管理模式，聘请44名艺术大师、224名业内专家与学校教师共建教师团队，实施"复合授课、个性指导"的新型教学模式。

实施"能力导向"的学习评价。实施学生自评、同学互评、导师点评、企业参评的多主体学习评价，针对不同环节设计多样化考核方法，强化了学生知识转化和创新应用能力。

吉林动画学院学研产一体化人才培养模式实现了三个显著提升。一是创新能力显著提升。在2017年2241所高校37万个项目参加的第三届中国"互联网+"大赛中，学生取得37个金奖中的2个金奖，与浙大持平。二是培养质量显著提升。毕业生平均月薪达到5500元，21%达到8000元。三是影响力显著提升。在《2017中国大学及学科专业评价报告》中，该校动画专业排名首位。

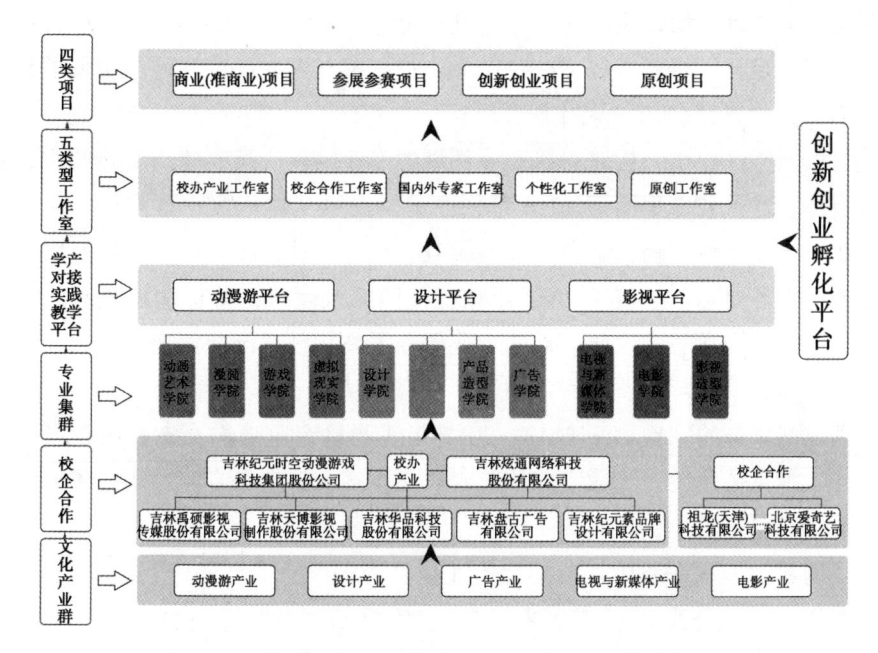

图 2-3　学产对接实践教学平台建设与工作室类型

（三）优势专业示范应用型人才培养

专业是人才培养的基本单位，专业及专业群建设是应用型院校转型发展的基本抓手。专业建设能够取得成效往往不是单一要素的改革，是专业培养目标、师资队伍、实践教学条件、课程组织、管理制度、质量评价等全方位立体的变革。在最近一届省级高等教育类教学成果奖特等、一等奖名单中，有近 1/3 的成果是民办院校以专业（群）教学改革获得殊荣，这些成果成为其他民办院校专业建设的标杆。

1. 长春建筑学院职场实态下文化创意类人才培养

长春建筑学院的"职场实态下文化创意类人才培养模式研究与实践"获得吉林省高等教育类教学成果奖一等奖。长春建筑学院经过六年的改革实践，践行"职场实态"这一文化创意类人才培养模式，学生在校四年中大部分时间能够置身于真实的岗位，得到职业岗位训练，很好地实现了"九解决"和"一目标"。即：解决学校人才培养与文化创意产业人才需求脱节问题、解决学校和社会协同育人机制短板问题、解决实践教学条件问题、解决教育环境职场生态化问题、解决学生职业素质和职业能力提高问题、解决课程设计实战途径常态化问题、解决专业融通课程体系问题、解决双师型教师培养问题、解决企业全过程参与人才评价问题；实现了文化创意类"善懂会知"人才培养目标。

植入园区办学，构建对接产业领域的专业结构。长春建筑学院的举办者吉林省建筑装饰集团于2010年创办了国家级文化产业示范园区——东北亚文化创意科技园，集合了动漫游戏、创意设计、新媒体、软件及服务外包等多种业态。学校于2012年依托此国家级园区，整合学校既有的环境设计、广告学、建筑学、动画专业创办了文化创意产业学院。植入园区办学，形成了独特的职场实习氛围。学院成立后，本着为地方经济建设、社会发展服务的宗旨，于2013—2017年间调整专业结构，先后增设产品设计、视觉传达设计、数字媒体艺术、文化产业管理等专业，实现了专业链对接产业链。

构建"三重课程体系"对接行业岗位要求。一重是构建了通识教育、专业教育、实践教育、创新创业教育、素质拓展教育"五位一体"的课程体系。二重是构建了文化创意类交叉融通课程体系。设置创意思维、文化产业管理、市场营销等课程，组成专业交叉融通的"小通识"课程平台，培养学生创新、设计、管理、营销能力；三重是构建了与行业需求对接的专业核心课程体系。按照素质课程全程化、理论课程模块化、实践课程项目化、课程评价多样化的要求形成课程体系。

打造职场实态，构建对接职业能力的教学模式。在四年学习中，学生以职业人的身份从事真实岗位工作，通过构建"实验、实训、实习、实战"的四实平台实践教学体系，及产业园区职场实态、驻校企业职场实态、工作室职场实态、工位课堂职场实态、创意工坊职场实态等教学模式，提高学生岗位胜任力。

此外，学校通过"请、聘、引"等方式，使行业企业中有丰富实践经验和教学能力的技术人员进入学校双师型教师队伍。学校有计划地选送教师到企业接受培训、挂职工作和实践锻炼，使教师不仅具有相当的理论水平，同时具备丰富的实践经验和生产一线的实践背景。企业全程参与对学生的考核考评。鼓励建立校内外同行、企业行业专家、学生等多方参与的多元化的学习评价机制，注重对学校岗位能力的评价。

基于全方位的人才培养模式变革，长春建筑学院文化创意类专业学生在近三年各级各类竞赛中屡获佳绩。其中，全国大学生广告艺术大赛获得省级奖 115 项、全国级奖 5 项；第三届吉林省互联网+创新创业大赛中获得银奖 1 项；2017—2018 年，获批国家级"大学生创新创业训练计划"项目 14 项，省级 39 项。

2. 三亚学院"教学赛创"四位一体电子信息类专业实践教学体系构建

三亚学院的"兴趣—基础—能力—素养互促互进的信息类专业应用型人才培养探索与实践"获得海南省高等教育类教学成果奖一等奖。三亚学院理工学院电子信息类专业教学团队从"让学生更好地走向社会"的办学使命出发，坚持"以学生为中心"的教育理念，根据学校应用型人才培养目标和"成为行业伙伴"的要求，提出了"定'向'在行业、定'性'在应用、定'点'在实践"的"新型"应用型人才培养观，以此指导专业人才培养模式的改革。构建了"四融合、四突出、四引导、四自主、四协同"的实践教学体系。

从电子信息类专业人才培养目标和培养要求出发，根据"引导入门—基础训练—专题研究—创新实践"循序渐进原则，设置"基础实践、模拟电路、数字电路、综合设计、创新实践"五个教学模块，形成"课程内知识融合、课程间知识融合、已学与拓展知识融合、课内实验与课外创新融合"的"四融合"实践课程体系。设计"工程基础—方法多样—综合应用—研究探索"四个实验项目模块，体现"项目内容的工程性、实现方法的多样性、知识结构的综合性、实践过程的探索性"的"四突出"。转变教学模式，通过教师"研学方法、案例分析、任务过程、考核激励"的"四引导"，引导学生建立"自主研习设计方案、自主讨论实现过程、自主完成作品制作、自主展示实践成果"的"四自主"学习模式。广泛利用新技术，与行业联动，建立"硬件条件与软件资源协同、资源平台与交互渠道协同、开放实践与真实项目协同、创新训练与创业实践协同"的"四协同"实践教学环境。

专业培养模式改革带动了人才培养效果明显提升。2012 年至今，电子信息类专业学生参加各级竞赛人数逐年增加，累计参赛超过 800 人次，占学生总人数的 45%；6 年来累计获得各级各类学科竞赛奖励 296 项，其中国家级和全国性奖项 131 项，省级奖项 165 项。

3. 上海东海职业技术学院面向小微企业的会计专业新型育人模式

上海东海职业技术学院联合上海诚丰财务服务有限公司完成的"面

向小微企业，聚焦三会能力，探索与实践高职会计专业新型育人模式"获得 2018 年职业教育类国家级教学成果奖一等奖。长期以来高职会计专业学生的就业出路困难，而小微企业缺乏大量适用的会计专业人才。为此，上海东海职业技术学院于 2012 年 4 月立项，组建会计专业教改团队，依据现代著名会计教育家潘序伦职教理论，积极探索高职会计专业的转型改革，面向小微企业，聚焦"会算、会管、会写"能力，培养"一人多能、多岗兼顾"，适应小微企业需要的复合型会计专业人才。

专业教学改革完成"一个标准"——即准确设定高职会计专业培养标准：面向小微企业，聚焦"会算、会管、会写"能力，培养具有"一人多能、多岗兼顾"，适应小微企业需要的会计专业人才。"一套方案"——即系统设计面向小微企业的高职会计专业培养方案，包括人才规格、课程体系和实践教学方式。"一种模式"——即创造性的构建"T型结构，两线并行"的教学模式，适应高职学生认知特点和技能养成规律。"一套资源"——即建设一套配合小微企业人才培养的教学资源。"一个平台"——即实现顶岗实操的实践教学平台，在校内建设"东海诚丰财务中心"，运行 1000 余家小企业代理记账、财务咨询业务。由学生完成全真的财务工作，践习"三会"能力，将学生转变为会计人员、行业师傅转变为指导教师。"一种机制"——即系统构建一套保障机制：建立"学校+企业"双专业主任机制，确保人才培养与企业岗位需求对接；制定系列管理制度，保障培养目标的实现。

此项教学改革基于高职会计专业定位和人才培养规格，设计了面向小微企业的特色课程体系，包括《小企业会计基础》《小企业财务会计》等。学校与上海市代理记账行业协会联合实施机制改革和交错聘任。一方面，将行业龙头企业——上海诚丰财务服务有限公司引进校园，共建"东海诚丰财务中心"实践平台，培养学生即时上岗能力；另一方面，学校专业带头人被聘为行业协会常务理事，参与《代理记账行业规范》的审定和指导行业协会的工作，学校资深教师参与行业会计人员的培训，实现了产教协同的创新。此外，学校自 2015 年被批准为上海市高职院校会计师资格培训基地，先后举办了多期高职会计师资格培训，推广教改经验、提升教师的实践技能；多所上海院校和以外省市院校纷纷学习和借鉴会计专业人才培养模式；编写的《小企业会计系列教材》和《实训系列教材》已多次重印，并被本市 11 所和外省市 31 所高职院校选为专业教材。

2013—2017 年，通过教改后所培养的毕业生 1490 人，就业率达 98.2%，到小微企业就业人数 1327 人，小微企业对口率达 89.1%。毕业生质量得到行业协会和众多企业的认可和高度评价。

（四）创新创业教育成为人才培养质量提升突破口

由于全国高校对创新创业教育高度重视，它也成为最近一届教学成果奖的重大主题。据统计获得高等教育类省级特等、一等教学成果奖的项目中，以"双创教育"为主题的有 8 所民办本科院校（含独立学院），分别是：大连东软信息学院、广西外国语学院、湖南交通工程学院、吉林大学珠海学院、广西民族大学相思湖学院、山西应用科技大学、云南经济管理学院、云南大学滇池学院。山东协和学院和泉州信息工程学院的双创教育成果则力压群雄，分别获得国家级高等教育类和职业教育教育类二等奖。

1. 泉州信息工程学院"12355"创新创业教育改革

泉州信息工程学院的"创新协同机制，构建五大体系，融合双创教育——12355 创新创业教育改革实施方案"获得职业教育类国家级教学成果奖二等奖。泉州信息工程学院 2014 年在泉州信息职业技术学院的基础上升本，升本后学校坚持技术技能型人才培养定位。2010 年 6 月以来，学校落实教育部《关于大力推进高等学校创新创业教育和大学生自主创业工作意见》，基于福建省教育厅立项的教改项目，针对高校专业教育与双创教育两张皮，欠缺一体化思考和整体设计；双创教育内容不丰富，平台资源缺乏，实践体系支撑度不够，双创教育效果欠佳；以及组织管理、运行机制不够健全，内生动力不足，服务保障体系的支撑链不全等问题，从顶层设计、运行机制、平台建设、实施载体、体系构建五个方面系统地提出应用型人才培养"12355"创新创业教育改革实施方案。

"12355"创新创业教育即："1"是以强化技术技能型人才培养质量为核心。"2"是建立"校内协同实施"和"校外协同培养"两个机制。校内成立由校长牵头、各相关实施部门组成的大学生创新创业教育工作领导小组，设立创新创业学院，并在二级学院成立跨学院的创新创业教研室。校外协同培养机制，包括吸引社会资源（含风险投资），建立学校与地方、行业、企业、科研院所紧密的合作关系，牵头成立泉州市信息、机械、智能制造三个职教集团，共同组建专业建设指导委员会和双创导师库、共同开发专业与创新创业课程、互聘专业教师和工程技术人员共同实施教学过程、共同指导与搭建学生创业就业服务平台。"3"是搭建创新创业课程、创新创业实践和孵化三个平台。创新创业课程，校内建设4门创新创业教育通识共享课程、30门创新创业教育与专业教育融合类精品资源共享课；引进超过600门校外优质在线课程，建立跨校学分认定制度。创新创业实践平台，包括4个中央财政支持、2个省财政支持和5个校企共建的校内实训基地，95间实验实训室，以及6个省级高校重点实验室与工程研究中心、110多家大中型合作企业建立的校外学生实习基地、在泉州江南高新科技园区、厦门软件园的实习基地，通过"校中厂""厂中校""园中校"等形式为学生创新创业教育提供充分的实践平台。创新创业孵化平台，校内建成了7500平方米的学生创新创业基地，电、水、通信基础设施完备，该基地2016年12月被福建省人力资源和社会保障厅确定为福建省高校毕业生创业孵化基地。第一个"5"是指双创教育手段课堂教学、实践训练、技能竞赛、实务专作、社团活动五位一体。第二个"5"是指融合了创新创业教育的课程体系、教学体系、孵化体系、文化体系和保障体系五大体系。从而推动创新创业教育与专业教育、创新创业实践与科技服务、创新文化与校园文化、创新创业与就业指导有机融合。具体改革内容如图2-4所示。

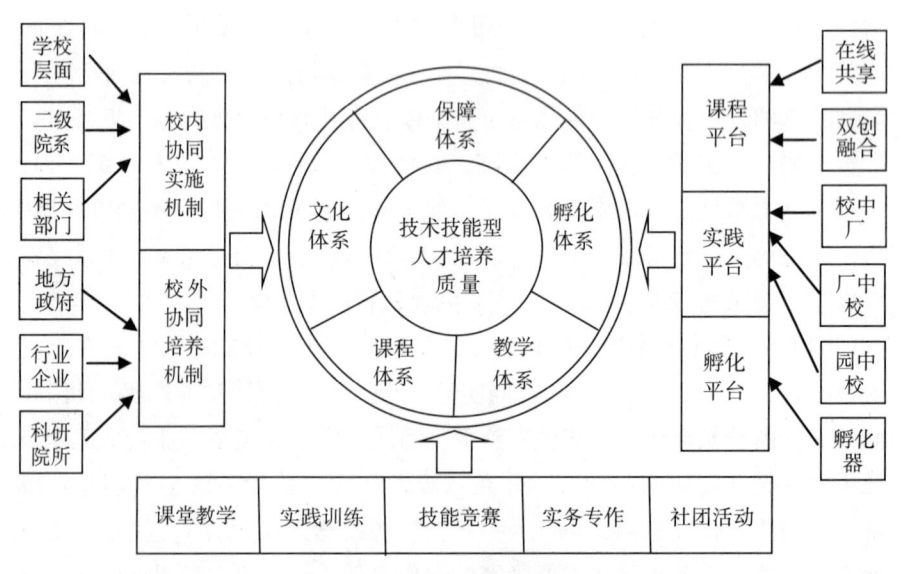

图2-4 "12355"创新创业教育改革实施方案框架

该双创教育改革方案经过6年的运行与检验日臻完善，取得了显著的成效。通过创新创业教育训练的学生 8000 多名，学生的创新意识、创业思维和创新创业能力得到普遍提升，获得用人单位好评，毕业生就业率均保持在 98% 以上。近三年，学生获得创新创业训练计划项目国家级 30 项、省级 60 项，完成创业项目 100 多项，申请专利和软件著作权 100 多项，其中申请发明专利 39 项。参加省、国家"互联网+"、"创青春"、"挑战杯"等创新创业及技能大赛获奖 200 多项。该成果也获得了 2017 年福建省职业教育教学成果奖特等奖，学校被授予福建省深化创新创业教育示范院校称号，孵化平台被确定为福建省首批大学生创新创业园、福建省毕业生创业孵化基地。

2. 大连东软信息学院的 IT 类应用型创新创业人才培养

大连东软信息学院的"一体化 IT 类应用型创新创业人才培养体系的改革与实践"获得辽宁省高等教育类教学成果奖一等奖。

大连东软信息学院是由东软出资举办的一所民办本科高校，实施面向应用、深度产教融合的人才培养模式，紧密依托东软公司的 IT 服务优势和大连高新区的产业优势，建立起了与举办者、企业、合作伙伴的协同育人生态系统，在 IT 类人才创新创业教育中形成了宝贵的经验。

2002 年学校就成立了大学生创业中心（SOVO），经过 16 年的探索，逐步构建了具有东软特色的 TOPCARES 一体化创新创业教育体系，注重创新创业教育与专业教育的充分融合，将创新创业教育融入人才培养全过程。为培养具有创新思维、创业意识、创新创业精神和能力的应用型人才，学校设计实施了"普适性+专业性+运营性"三位一体的创新创业课程体系，搭建了"创新创业普适教育+创新创业项目实践+虚拟公司运营+创业成果孵化+资源政策扶持"螺旋式上升的创新创业实践平台，建立了从创意产生、到创意实现、创业加速、创业孵化的创新创业指导与服务体系。

学校成立了校企合作教学管理工作委员会，在 155 家企业建立了实习实训基地，并建立了长效合作机制。近年来，学校与东软集团共建的校外实践教育基地获批国家级大学生校外实践教育基地，与英特尔、惠普、腾讯等共建的 9 个实践基地获批省级大学生实践教育基地。共建的校内大学生创业平台（SOVO）获批科技部火炬中心众创空间、省级大学生创新创业实践基地、创业项目选育基地等多项称号，计算机实验教学中心、数字艺术实验教学中心等获批省级实验教学中心。

随着创新创业教育的深入推进，学校创新创业教育工作取得显著成效。继成为"教育部首批50所全国创新创业典型经验高校"、科技部火炬中心"众创空间"之后，2017年又成为"全国首批99所深化创新创业教育改革示范高校"，并入选第三批全国实践育人创新创业基地，获评"2018中国百家特色空间"。2017年6月28日，李克强总理视察学校，听取了学校在创新创业教育等方面的工作汇报，对学校办学给予充分肯定。

第三章

民办本科高校学科专业研究报告

《国家中长期教育改革和发展规划纲要（2010—2020 年）》提出要建设高水平民办学校，引发各界对高水平民办高校的热烈讨论。《国务院关于鼓励社会力量兴办教育　促进民办教育健康发展的若干意见》提出，"鼓励支持高水平有特色民办学校培育优质学科、专业、课程、师资、管理，整体提升教育教学质量，着力打造一批具有国际影响力和竞争力的民办教育品牌"。学科专业是民办本科高校办学的基本构架，科学研究是高校的一项基本职能，更是高水平民办院校的重要衡量指标。民办本科高校在学科专业建设和科研工作方面开展了一些探索。但由于办学时间较短，很多院校都是高职学院的升格，因此在学科建设方面起步迟、步子慢，而在专业方面发展相对较快，并积累了初步的经验。

一　民办院校专业建设

（一）民办本科高校专业建设基本情况

1. 民办普通高校样本的选取和专业设置概况

为能快速全面地反映当前民办本科高校专业设置的情况，我们以《中国大学及学科专业评价报告》（邱均平版）、《中国大学评价》（武书连版）发布的 2018 年、2019 年民办大学综合实力排行情况为基本依据，将两个排行榜名次进行简单分析后，确定了排名靠前的 25 所民办高校进行研究。

表 3-1　　　研究所涉及的 25 所民办高校及本科专业数一览

学校名称	地区	升本时间	本科专业数	邱均平榜	武书连榜	综合排序
黄河科技学院	河南	2000	67	2	1	1
江西科技学院	江西	2005	39	1	3	2
浙江树人学院	浙江	2003	44	4	2	3
湖南涉外经济学院	湖南	2005	49	6	4	4
西京学院	陕西	2005	36	7	6	5
吉林外国语大学	吉林	2003	34	11	7	6
北京城市学院	北京	2005	54	5	13	7
三亚学院	海南	2012 年转设	41	10	10	8
南昌理工学院	江西	2005	59	9	11	8
长沙医学院	湖南	2004	25	20	9	10
宁波财经学院	浙江	2008	35	12	19	11
三江学院	江苏	2002	48	24	8	12
潍坊科技学院	山东	2008	38	14	23	13
西安外事学院	陕西	2009	42	21	22	14
浙江越秀外国语学院	浙江	2008	34	26	17	14
武汉东湖学院	湖北	2011 年转设	35	29	15	16
海口经济学院	海南	2008	47	33	16	17
河北传媒学院	河北	2007	42	17	34	18
黑龙江东方学院	黑龙江	2000	41	18	33	18
安徽新华学院	安徽	2009	54	27	29	20
青岛滨海学院	山东	2005	46	19	40	21
山东英才学院	山东	2008	34	46	14	22
无锡太湖学院	江苏	2011 年转设	34	25	36	23
武昌理工学院	湖北	2011 年转设	41	51	12	24
西安翻译学院	陕西	2005	36	22	46	25

说明：表中专业数为 2018 年本科专业数，由笔者从各院校网站收集整理。

2. 独立学院样本的选取和专业设置概况

独立学院专业建设具有先天的优势，其母体已开设本科专业，原则上独立学院可根据自身的办学情况进行开办。基于此，我们对《中国大学及学科专业评价报告（2018）》（邱均平版）、《中国大学评价》（武书连版）发布的 2018 年、2019 年独立学院综合实力前 30 名排行情况进行了统计分析，选取两大排行榜排名平均在前 10 的独立学院进行研究。

表 3-2　　研究所涉及的 10 所独立学院及本科专业数一览

学校名称	所属省份	设立时间	本科专业数	邱均平	武书连榜	总排序
浙江大学城市学院	浙江	1999	37	1	2	1
浙江大学宁波理工学院	浙江	2001	42	3	1	2
吉林大学珠海学院	广东	2004	58	2	5	3
北京师范大学珠海分校	广东	2001	61	5	3	4
北京理工大学珠海学院	广东	2004	61	4	9	5
电子科技大学中山学院	广东	2002	41	6	7	5
厦门大学嘉庚学院	福建	2003	52	8	8	7
四川大学锦城学院	四川	2005	48	7	12	8
燕山大学里仁学院	河北	2001	41	10	10	9
集美大学诚毅学院	福建	2003	36	11	13	10

说明：表中专业数为 2019 年本科专业数，由笔者从各院校网站收集整理。

3. 样本的初步分析

地域分布。35 所学校分布在 15 个省市，其中：浙江 5 所，广东 4 所，山东、陕西各 3 所，湖北、福建、江西、海南、湖南、江苏、河北各 2 所，河南、黑龙江、吉林、安徽、北京、四川各 1 所。

升本（举办）时间分布。35 所民办本科高校中大部分具有 10 年以上的本科办学历程，这也说明越早升本越具有本科办学的先发优势。升本时间（含独立学院转设时间）统计见表 3-3。

表 3-3　　35 所民办本科高校升本时间统计（含设立和转设）

升本时间（年）	1999	2000	2001	2002	2003	2004	2005	2007	2008	2009	2011（转设）	2012（转设）
学校数（所）	1	2	3	2	4	3	8	1	5	2	3	1

本科专业设置。国家赋予了民办高校一定的办学自主权，可根据外部需求的变化和学校的具体情况以及教育行政部门的相关要求，灵活设置学科专业类别，及时改造传统专业、新增热门专业。《国务院关于鼓励社会力量兴办教育促进民办教育健康发展的若干意见》（国发〔2016〕81 号）文件第十七条，保障依法自主办学。扩大民办高等学校专业设置自主权，

鼓励学校根据国家战略需要和区域产业发展需要，依法依规设置和调整学科专业。我们通过对上述民办本科高校的实地调研、学校提供材料、学校官网上学校概况、招生专业等公开信息，收集了相关专业建设情况。民办本科高校本科专业数最少34个，最多67个，35所民办本科院校的平均专业数为43.77个。其中有12所学校具有国家级或教育部特色专业，40所学校有各种省级专业建设项目。

（二）民办院校专业建设取得的主要成效

1. 着力推进品牌专业及特色专业建设

高等学校品牌专业建设是提高学校办学能力、促进学校办出特色的迫切需要，更是提高人才培养质量、整体提升学校综合实力和竞争力的内在要求。由表3-4、表3-5可见，民办院校已有一批专业进入国家及省级层面开展品牌化建设。在学校发展的进程中，大多数民办院校能够高度关注人才市场的需求变化，努力开设适应市场需求的专业，逐步拓展专业面，合理布局学科群，提高人才培养的效率与效益。

表3-4　部分民办高校本科专业品牌建设情况（国家级、教育部）

序号	学校名称	国家级特色专业	教育部特色专业
1	湖南涉外经济学院		1个
2	江西科技学院	国家级特色专业1个	
3	吉林外国语大学	国家级特色专业1个、国家综合改革试点专业1个	
4	西京学院	国家级特色专业1个	
5	山东英才学院		教育部本科专业综合改革试点1个、教育部产教融合创新基地试点专业2个
6	南昌理工学院	1个国家级特色专业	
7	浙江树人学院	1个国家特色专业	
8	海口经济学院	国家专业综合改革试点项目1个	
9	三江学院	国家级综合改革试点专业1个	
10	潍坊科技学院		1个"教育部本科教学工程"第一批综合改革试点专业
11	上海建桥学院	国家本科教学工程综合改革试点专业1个	

续表

序号	学校名称	国家级特色专业	教育部特色专业
12	大连东软信息学院	国家级本科综合改革试点专业1个	
13	上海杉达学院	国家级特色专业建设点1个	

表 3-5　部分民办院校本科省级特色专业情况一览

序号	学校名称	省特色专业数
1	黄河科技学院	6个省特色专业数。另有省民办教育品牌专业9个，省专业综合改革试点专业8个，省本科工程教育人才培养模式改革试点专业1个
2	江西科技学院	省级特色专业5个，省级专业综合改革试点项目3个
3	吉林外国语大学	6个省品牌专业，省级"十三五"特色高水平专业5个
4	西京学院	省级特色专业2个，省一流建设专业1个，培育专业5个
5	山东英才学院	省级示范专业2个、省级特色专业3个、省高校特色专业建设点4个、省民办本科高校优势特色专业支持计划资助专业7个
6	宁波财经学院	省重点专业、优势专业和新兴特色专业建设项目共11个
7	南昌理工学院	6个省级特色专业建设点，3个省级专业综合改革试点项目建设点
8	浙江树人学院	4个省重点专业，1个省优势专业，1个省优势建设专业，4个省新兴特色建设专业，3个省特色建设专业
9	武汉东湖学院	3个省级重点本科专业，4个湖北省本科高校"专业综合改革试点"项目
10	河北传媒学院	省级重点发展学科及省级综合改革试点专业3个
11	武昌理工学院	2个省级重点培育本科专业、4个省级综合改革试点专业、5个省级新兴产业计划专业
12	黑龙江东方学院	1个省级重点专业、9个优势特色专业
13	三江学院	省级品牌专业2个、省级卓越工程师试点专业1个
14	安徽新华学院	省级特色专业和综合改革试点专业12个
15	潍坊科技学院	5个省本科高校优势特色专业
16	西安翻译学院	省一流专业5个，省级专业综合改革试点项目5个，省级重点、特色专业、重点扶持专业10个
17	福州外语外贸学院	省级服务产业特色专业4个，省级创新创业改革试点专业4个
18	上海建桥学院	上海市本科教学工程综合改革试点专业1个，上海市应用型本科试点专业5个，上海市一流本科培育专业1个
19	无锡太湖学院	1个专业入选江苏高校品牌专业建设项目

续表

序号	学校名称	省特色专业数
20	重庆人文科技学院	3个重庆市级特色专业，1个市首批一流专业培育项目，1个市智能化特色专业
21	大连东软信息学院	4个省级综合改革试点专业，2个省级首批优势特色专业，4个省级工程人才培养模式改革试点专业，2个省级重点支持专业，1个省级首批向应用型转变试点专业，3个省级首批向应用型转变示范专业，1个本科课程体系国际化试点专业，3个省级创新创业教育改革试点专业
22	浙江大学城市学院	省重点专业1个，省新兴特色专业4个，省"十三五"特色专业建设项目4个
23	吉林大学珠海学院	10个广东省教育厅专业综合改革试点专业（特色专业）
24	电子科技大学中山学院	10个专业被评为广东省优质专业
25	四川大学锦城学院	5个"四川省普通高校应用型本科示范专业"，4个"四川省民办高校重点特色专业质量提升计划项目"

据不完全了解，各地区在省级特色专业的建设中，都能适当考虑和选拔民办本科院校中一些优势特色专业。但是总体来说，与同类公办院校相比，民办院校在国家和省级层面所获得的优势专业建设资源数量较少，比例较低。

2. 紧密对接社会需求设置专业

我国民办本科高校基本上都定位于应用型办学，在专业建设中注重以服务区域经济社会发展需要为导向，通过校企结合、产教融合等路径，增设应用类专业群，使专业结构更加紧密对接区域经济，提高了人才培养的契合度。

三亚学院坚守"让学生更好地走向社会"的办学使命，坚持走地方性、应用型、国际化办学道路，从海南自贸区（港）建设需要出发，围绕产业链发展需要，优化学科专业结构，调整学科专业布局，建立了围绕海南省产业链发展的"旅游与文化"区域品牌学科专业群、"海洋与汽车"行业品牌学科专业群、"商科与法社"优势特色专业群、"大数据与人工智能"以及"健康医学类"学科专业群。学校还围绕海南国际旅游岛发展新业态，开设高尔夫管理、邮轮管理与服务等特色专业。学校通过打通"专业—行业—企业"对接通道，对标行业或岗位群的基本素养和最新能力要求，构建专业"课程地图"，为学生解决专业发展路径、个性发展需要，设计更多样的发展通道，帮助学生积极应对社会快速变化带来的挑战。

地处西南的广西南宁学院，以产业需求构建应用型学科专业体系，开发专业服务区域经济社会发展新能力。学校按照专业链对接产业链、创新链、价值链和服务链的建设思路，推进"2+6"的应用型学科专业布局建设。"2"即重点培育城市产业与公共服务工程、质量技术工程2大跨学科专业特色领域，"6"即重点发展机电与先进制造、交通与物流、土木建筑工程、信息与通信技术、文化产业与城市经营管理、质量技术工程6大专业群。质量管理工程、工程审计、经济与金融等专业均是广西高校唯一专业，形成了工学为主，管理学、经济学、艺术学为辅的应用型学科专业体系发展局面。专业内涵建设成效显著：城市轨道交通专业引领的城市产业与公共服务工程特色学科和专业群，为南宁市轨道交通系统建设和管理输送了600余名专门人才，完成了首批泰国轨道交通师资的培训，受到了泰国职业教育协会的高度肯定。以质量管理工程专业为代表的质量技术工程学科专业特色领域也获得了国家质检总局的高度认可，中国质量研究与教育基地（南宁基地）落户南宁学院，南宁学院成为"中国东盟检验检测认证高技术服务集聚区"的重要支撑高校。

而上海建桥学院则以服务地方经济发展为宗旨，开展新一轮专业结构调整和专业建设，专业群、人才培养链、人才培养规格分别与产业群、产业链、企业岗位需求对接。扎根临港对接产业创新，立足需求辐射长三角，强化跨学科复合型人才培养，学校规划建设7个专业群：服务临港的先进制造专业群、金融贸易物流专业群、面向浦东的休闲服务专业群、珠宝专业群，辐射长三角的IT专业群、应用外语专业群、新媒体专业群。新增调整35个本科专业（方向），其中23个是依托海外姐妹校或者校企合作共建的产业特色专业（方向），占比66%。学校和大型企业合作共建冠名学院3个，获批14个市校两级应用型本科试点专业，人才培养适应度社会需求程度明显提高。

3. 逐步建立专业动态调整机制

高校的专业设置与社会需求存在着一种紧密的互动关系，需要对学科变化与市场需求有快速准确地把握。我们选择了升本时间分别在2000年、2003年、2005年的黄河科技学院、西安培华学院、浙江树人学院和南昌理工学院四所高校本科专业逐年设立的情况进行了统计（四所民办高校本科专业设置情况见表3-6），可以较为直观地看到：在专业设置中，各校努力紧密结合地方经济和社会发展，依据自身的优势、条件和能力，举办相关专业。

表3-6   4所民办高校本科专业发展情况一览

学校	年份	开设本科专业总数	当年新增本科专业数	当年新增本科专业情况
黄河科技学院	2001	10	4	城乡规划、土木工程、广播电视学、音乐表演
	2002	12	2	武术与民族传统体育、国际经济与贸易
	2003	16	4	通信工程、机械设计制造及其自动化、播音与主持艺术、音乐学
	2004	21	5	服装设计与工程、法学、市场营销、护理学、信息与计算科学
	2005	26	5	软件工程、财务管理、药学、日语、舞蹈编导
	2006	31	5	工程管理、运动训练、经济学、医学检验技术、广播电视编导
	2007	36	5	社会工作、网络工程、人力资源管理、物流管理、动画
	2008	37	1	材料成型及控制工程
	2009	40	3	电气工程及其自动化、测控技术与仪器、摄影
	2010	44	4	建筑学、金融学、药物制剂、表演
	2011	47	3	光电信息科学与工程、车辆工程、临床医学
	2012	51	4	过程装备与控制工程、汽车服务工程、物联网工程、会计学
	2013	56	3	工程造价、商务英语、医学影像技术、艺术设计专业拆分为视觉传达设计、环境设计、服装与服饰设计
	2014	58	2	投资学、翻译
	2015	59	1	纳米材料与技术
	2016	62	3	学前教育、机械电子工程、审计学
	2017	65	3	数据科学与大数据技术、智能科学与技术、道路桥梁与渡河工程
	2018	67	3	农业工程、运动康复、戏剧影视文学（信息与计算科学专业撤销）
	2019	68	1	生物信息学

续表

学校	年份	开设本科专业总数	当年新增本科专业数	当年新增本科专业情况
西安培华学院	2003	7	7	汉语言文学、计算机科学与技术、英语、市场营销、视觉传达设计、环境设计、服装与服饰设计
	2004	14	7	法学、电子信息工程、日语、新闻学、会计学、财务管理、国际经济与贸易
	2005	17	3	通信工程、电子商务、汉语国际教育（2015年停招，2019年申请复招）
	2006	21	4	动画、播音与主持艺术、人力资源管理、药学
	2007	22	1	行政管理（2017年停招）
	2008	25	3	建筑学、旅游管理（2015年停招）、物流管理（2015年停招）
	2009	27	2	戏剧影视文学、审计学
	2010	30	3	护理学、土木工程、广告学（2017年停招）
	2011	30	0	
	2012	30	0	
	2013	32	2	广播电视编导、工程造价
	2014	34	2	审计学（2018年停招）、朝鲜语（2015年停招，2019年撤销）
	2015	31	1	物联网工程（2018年停招）
	2016	35	4	工艺美术、软件工程、网络与新媒体、投资学（2018年停招）
	2017	35	2	金融工程、医学信息工程
	2018	34	3	空间信息与数字技术、健康服务与管理、体育教育（2018年停招）
	2019	36	1	学前教育
浙江树人学院	2003	6	6	工商管理、城乡规划、国际经济与贸易、电子信息工程、计算机科学与技术、社会工作
	2004	10	4	土木工程、日语、汉语言文学、环境工程
	2005	18	8	市场营销、英语、通信工程、应用化学、生物工程、视觉传达设计、环境设计、产品设计
	2006	21	3	财务管理、建筑学、新闻学
	2007	23	2	食品科学与工程、动画
	2008	25	2	旅游管理、电子商务
	2009	26	1	风景园林
	2010	30	4	物流管理、会展经济与管理、化学工程与工艺、工业设计
	2011	30	0	
	2012	31	1	数字媒体技术
	2013	34	3	朝鲜语、秘书学、投资学
	2014	37	3	商务英语、物联网工程、公共事业管理
	2015	40	3	网络与新媒体、国际商务、食品质量与安全
	2016	40	0	
	2017	42	2	汉语国际教育、护理学
	2018	44	2	物业管理、工艺美术
	2019	47	3	交通运输、环境生态工程、临床医学

续表

学校	年份	开设本科专业总数	当年新增本科专业数	当年新增本科专业情况
南昌理工学院	2005	6	6	计算机科学与技术、机械设计制造及其自动化、电子信息工程、工商管理、艺术设计、英语
	2006	12	6	社会体育、广告学、音乐学、应用化学、电气工程及其自动化、市场营销
	2007	17	5	通信工程、土木工程、飞行器制造工程、生物工程、电子商务
	2008	19	2	广播电视新闻学、环境工程
	2009	22	3	社会学、材料成型及控制工程、光电信息工程
	2010	26	4	广播电视编导、光信息科学与技术、工业设计、软件工程
	2011	28	2	网络工程、服装设计与工程
	2012	34	4	日语、汽车服务工程、新能源科学与工程、人力资源管理
	2013	38	4	金融工程、物联网工程、文化产业管理、表演
	2014	42	4	会计学、能源与动力工程、播音与主持艺术、工程造价
	2015	46	4	国际经济与贸易、法学、电信工程及管理、房地产开发与管理
	2016	49	3	体育教育、网络与新媒体、财务管理
	2017	54	5	机器人工程、公共艺术、翻译、飞行技术、护理学
	2018	59	5	数据科学与大数据技术、学前教育、航空航天工程、工程管理、水利水电工程
	2019	64	5	康复治疗学、新能源材料与器件、集成电路设计与集成系统、智能制造工程、舞蹈表演

从上述汇总表中我们可以看到：起步快、成本低、教学容易组织、教师容易聘请的文、外、经、管类专业往往都是综合性民办院校最初的起步专业。随着民办本科院校的发展，民办院校逐步积累了专业设置的经验，能够借助自身的优势和社会环境，进一步合理设置学科专业，不断改造传统专业，努力拓展专业领域，尤其是在发展理工科专业方面大胆突破，迅速发展，数据科学与大数据技术、智能制造工程、汽车服务工程等与国家发展战略紧密结合的新工科专业不断设立，甚至在国家控制较为严格的临床医学等专业设置方面，也得到有效突破。浙江树人学院2018年有44个本科专业，其中，管理学和经济学共11个专业，工学和理学共18个专业，文学和艺术学共14个专业，法学1个专业（见图3-1）。2019年该

校成功获批临床医学专业。

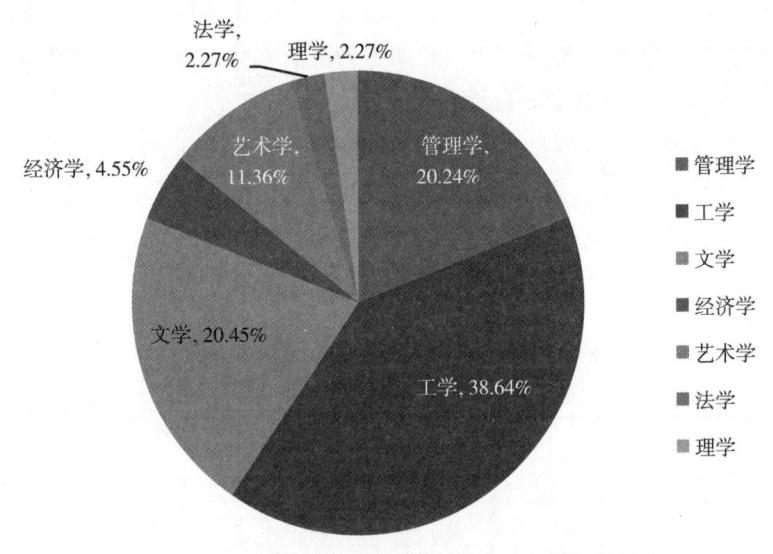

图 3-1　浙江树人学院 2018 年本科专业学科门类分布

饼图数据：管理学 20.24%；工学 38.64%；文学 20.45%；经济学 4.55%；艺术学 11.36%；法学 2.27%；理学 2.27%。

北京理工大学珠海学院理工科专业 34 个，占比为 55.73%，专业结构基本对接通用航空、电子信息、智能制造、软件、化工、集成电路、智能电网、新能源汽车、物联网、大数据、3D 打印等粤港澳大湾区重点发展的支柱产业，形成了工学类专业集成度高、专业体系与产业链关联度高、专业布局与珠三角主导产业吻合度高的应用型特色明显的专业体系。目前，综合性的民办本科院校的专业设置中，经管类、人文类专业大致占比在 40%—50%，专业布局趋于合理，初步闯出了一条民办本科院校的专业发展之路，满足了实体经济和新型制造业以及康养产业快速发展对人才的需求。

另外：部分民办高校已建立专业动态调整机制，如南昌理工学院 2012 年对本科专业进行了整理，艺术设计专业拆分成 3 个专业、工业设计拆分为 2 个专业，信息科学与技术专业被撤销。浙江树人学院把招生、专业评估、大类专业分流等情况作为优化专业布局的重要依据，倒逼各专业不断加强内涵建设。2016 年动画专业在专业分流中因学生选择过少，暂停开设；此后，该专业深化校企合作，成立定格动画创意行业学院，加强专业内涵建设，在 2017 年的专业分流中，学生认可度大幅提升，随后恢复了两个班的规模。西安培华学院专业调整幅度更大，2003 年以来，该校共开设了 45 个本科专业，但 2015 年停招了 3 个专业、2017 年停招了 2 个专业，2018 年停招了 4 个专业，还有一个专业被撤销。这都体现了民办高校紧紧根据市场需要变化，开展更为灵活专业设置与调整的努力。

4. 中外合作合办专业取得较大突破

教育部的统计数据显示：截至 2018 年 6 月，全国中外合作办学机构和项目共有 2342 个，其中本科以上机构和项目共 1090 个，在我们所调研的 25 所民办普通本科高校中，共有 13 所高校拥有 15 个中外合作办学项目（含内地与港澳台地区合作办学项目），这些合作项目见表 3-7。

表 3-7 民办本科高校中外合作项目（含内地与港澳台地区合作办学项目）一览

序号	学校名称	合作学校	合作专业	层次	项目批准号
1	北京城市学院	英国华威大学	项目管理	硕士	MOE11UK1A20131445N
2	上海杉达学院	美国瑞德大学	国际经济与贸易	本科	MOE31US2A200205620
3	上海建桥学院	美国沃恩航空科技大学	机械设计制造及自动化	本科	MOE31US2A20141669N
4	三江学院	美国纽黑文大学	电气工程及其自动化	本科	MOE32US2A20131382N
5	无锡太湖学院	美国达拉斯浸会大学	物联网工程	本科	MOE32US2A20161777N
6	宁波财经学院	中国台湾昆山科技大学	视觉传达设计	本科	MOE33TW2A20131594N
7	三亚学院	丹麦尼尔斯布鲁克哥本哈根商学院	酒店管理	本科	MOE46DK2A20151747N
8	潍坊科技学院	德国巴特洪堡应用技术大学	市场营销	本科	MOE37DE2A20171887N
9	南昌理工学院	韩国南部大学	汽车服务工程	本科	MOE36KR2A20161776N
10	黄河科技学院	美国肖特大学	工商管理专业	本科	MOE41US2A200400410
11	黄河科技学院	美国肖特大学	计算机科学与技术	本科	MOE41US2A200400420
12	湖南涉外经济学院	英国赫特福德大学	会计学	本科	MOE43UK2A20131492N
13	吉林外国语大学	美国新泽西城市大学	金融学	本科	MOE22US2A20151707N
14	吉林外国语大学	德国慕尼黑应用语言大学	德语	本科	MOE22DE2A20161829N

续表

序号	学校名称	合作学校	合作专业	层次	项目批准号
15	武汉东湖学院	美国南新罕布什尔大学	视觉传达设计	本科	MOE42US2A20131569N

资料来源：教育部发布：《教育部审批和复核的机构及项目名单》（2019年2月1日更新），由笔者进行收集整理。http：//www.crs.jsj.edu.cn/index/sort/1006。

5. 独立学院积极参与特色专业建设

近年来，独立学院不断加强内涵建设，改革传统的专业建设思路，紧贴区域经济社会发展需求及产业结构，不断凝练特色学科研究方向，创新人才培养模式，打造学校优势特色学科，取得明显成效。例如，四川大学锦城学院审计学为四川省内本科一批招生专业，网络与新媒体、软件工程、市场营销、通信工程、机械设计制造及其自动化为"四川省普通高校应用型本科示范专业"，金融学、会计学、机械设计制造及其自动化、物联网工程为"四川省民办高校重点特色专业质量提升计划项目"。吉林大学珠海学院拥有广东省优势重点学科计算机应用技术、广东省特色重点学科生物工程、建筑学3个省级重点学科，车辆工程、应用化学、计算机应用技术3个学科为珠海市优势学科，与吉林大学在机械工程等7个专业联合培养专业学位硕士研究生。浙江工业大学之江学院计算机科学与技术被评为浙江省一流学科，机械工程为省级重点建设专业，财务管理、电子信息工程、旅游管理、英语、计算机科学与技术、工商管理6个专业为省级特色专业。许多省份积极贯彻落实《教育部、国家发改委、财政部关于引导部分地方普通本科高校向应用型转变的指导意见》，推进包括独立学院在内的地方本科院校转型发展。湖北省先后开展两批遴选，共确定23所本科作为试点高校，包括武汉大学珞珈学院等7所独立学院。广东省下发文件，明确全省大部分普通本科高校（含独立学院）通过学校整体转型、部分二级学院、部分学科专业转型的方式，向应用型高校转变，最终遴选出14所高校作为转型试点高校，其中包括5所独立学院，占转型高校总数的35.7%。浙江省已经确定了两批共20所省级应用型试点建设示范校，其中民办本科院校2所，独立学院6所。福建省开展了应用型本科示范专业群建设，35个专业群进入示范性建设名单，其中民办高校占18个，15所本科高校中有13所获得该项目支持。民办高校成为该建设项目中的重要部分。

6. 参与双一流背景下民办高校一流专业建设

2018年教育部、财政部、国家发改委印发了《关于高等学校加快"双一流"建设的指导意见》，之后，全国多个省市开展了多种形式的双一流建设。有的省市主动思考民办高校的相关建设，为民办本科高校提供建设机遇和发展空间。

以陕西为例，2016年中共陕西省委办公厅、陕西省人民政府办公厅颁布《关于建设"一流大学、一流学科，一流学院、一流专业"的实施意见》（陕办发〔2016〕33号），同年陕西省确定立项了500个"一流本科专业"，其中民办高校有5个专业入选建设项目，48个专业入选培育项目，共计53个项目。2018年，陕西省公布了陕西普通高校"一流学院"建设单位名单〔陕教2018〕71号，其中将重点建设西京学院、西安翻译学院、西安外事学院3所国内一流民办高校，西安欧亚学院和西安培华学院2所民办本科高校被列入"一流学院建设单位培育项目"。

表3-8　　　　陕西民办高校入选一流专业建设项目情况

学校	西安培华学院	西安翻译学院	西安外事学院	西安欧亚学院	西京学院
专业	会计学	翻译	物流管理	金融学	机械设计制造及其自动化

表3-9　　　　陕西民办高校入选一流专业培育项目情况

序号	学校	入选专业数	入选专业
1	西安培华学院	3	电子商务、护理学、通信工程
2	西安翻译学院	4	电子商务、国际经济与贸易、英语、财务管理
3	西安外事学院	3	电子信息工程、护理学、表演
4	西安欧亚学院	3	软件工程、财务管理、电子商务
5	西京学院	5	土木工程、物联网工程、自动化、电子商务、应用化学
6	西安思源学院	4	电子信息工程、土木工程、工业工程、机械设计制造及其自动化
7	陕西国际商贸学院	3	国际经济与贸易、中药学、药物制剂
8	陕西服装工程学院	4	服装设计与工程、电子信息工程、土木工程、视觉传达设计
9	西安交通工程学院	1	轨道交通信号与控制
10	陕西科技大学镐京学院	1	药物制剂

续表

序号	学校	入选专业数	入选专业
11	西安财经学院行知学院	2	金融学、会计学
12	西安工业大学北方信息工程学院	1	软件工程
13	西安建筑科技大学华清学院	1	土木工程
14	西安交通大学城市学院	4	国际经济与贸易、机械设计制造及其自动化、会计学、商务英语
15	西安科技大学高新学院	3	能源与动力工程、汉语国际教育、财务管理
16	西安理工大学高科学院	1	机械设计制造及其自动化
17	西北大学现代学院	3	广播电视编导、播音与主持艺术、汉语言文学
18	西北工业大学明德学院	2	通信工程、飞行器制造工程
19	延安大学西安创新学院	2	计算机科学与技术、护理学

在陕西省四个一流建设中，尽管民办高校入选一流专业数只占总数的10.2%，但与陕西民办高等教育整体的数量并不匹配。根据陕西省教育厅发布的2016年陕西省教育统计公报显示：2016年全省有普通高等学校93所，其中本科院校55所，其中民办普通本科高校9所，独立学院12所，占本科院校的38.2%，一流专业建设任重道远。而在其他省份，民办高校能进入一流专业建设项目，并得到政府有力扶持的，还不多。

二 民办本科高校学科建设基本情况

学科是大学承载教学、科研、社会服务和文化传承四大功能的基本单元，是知识创新的源头，是高校办学水平、办学特色和综合实力的具体体现。学科建设是高等学校发展中的一项长期的基本战略任务，包含了学校的行政管理、人事管理、财务管理等各项管理，是运用规划、政策、人力、物力等因素使某个学科健康发展的系统工程。高水平的学科是提升高校水平最重要的影响因素，大学的声誉仰仗各学科水平，大学的生机源于各学科活力。因此，本科院校"以学科为龙头"统领各项建设，显得尤

（一）民办院校专业覆盖学科门类现状

在25所民办本科高校中，专业覆盖的学科门类最少的4个，最多的9个。

表3-10　　　　50所民办高校本科专业覆盖学科情况

学校名称	覆盖学科门类	专业覆盖学科门类情况
黄河科技学院	9	经济学、管理学、法学、文学、教育学、艺术学、工学、理学、医学
江西科技学院	9	经济学、管理学、法学、文学、教育学、艺术学、工学、理学、农学
浙江树人学院	8	经济学、法学、文学、理学、工学、管理学、艺术学、医学
湖南涉外经济学院	8	经济学、法学、教育学、文学、理学、工学、管理学、艺术学
西京学院	4	经济学、工学、管理学、艺术学
吉林外国语大学	5	文学、经济学、管理学、艺术学、教育学
北京城市学院	9	理学、工学、文学、法学、经济学、艺术学、管理学、教育学、历史学
三亚学院	8	经济学、管理学、法学、文学、教育学、艺术学、工学、理学
南昌理工学院	8	工学、理学、经济学、管理学、文学、法学、艺术学、教育学
长沙医学院	5	医学、理学、工学、管理学、文学
宁波财经学院	5	经济学、管理学、工学、文学、艺术学
三江学院	7	经济学、法学、文学、理学、工学、管理学、艺术学
潍坊科技学院	8	工学、农学、理学、文学、管理学、教育学、艺术学、医学
西安外事学院	7	工学、理学、文学、教育学、管理学、法学、艺术学
浙江越秀外国语学院	5	经济学、文学、工学、管理学、艺术学
武汉东湖学院	7	经济学、法学、文学、理学、工学、管理学、艺术学
海口经济学院	6	经济学、管理学、文学、工学、艺术学、教育学
河北传媒学院	4	艺术学、文学、工学、管理学
黑龙江东方学院	7	管理学、经济学、艺术学、文学、教育学、工学、理学
安徽新华学院	6	经济学、文学、工学、管理学、艺术学、医学
青岛滨海学院	7	管理学、经济学、艺术学、文学、教育学、工学、理学
山东英才学院	7	工学、经济学、文学、法学、艺术学、教育学、理学
无锡太湖学院	7	经济学、管理学、文学、法学、工学、理学、医学

续表

学校名称	覆盖学科门类	专业覆盖学科门类情况
武昌理工学院	7	工学、管理学、艺术学、经济学、文学、法学、医学
西安翻译学院	8	文学、经济学、管理学、工学、艺术学、法学、教育学、医学

表 3-11　　　　　　　　10 所独立学院学科情况一览

学校名称	覆盖学科门类	专业覆盖学科门类情况
浙江大学城市学院	8	经济学、法学、文学、理学、工学、医学、管理学、艺术学
浙江大学宁波理工学院	6	经济学、法学、文学、理学、工学、管理学
吉林大学珠海学院	9	经济学、法学、文学、理学、工学、医学、管理学、艺术学、教育学
北京师范大学珠海分校	8	经济学、管理学、工学、教育类学、文学、艺术学、法学、理学
北京理工大学珠海学院	7	理学、工学、文学、经济学、管理学、法学、艺术学
电子科技大学中山学院	7	理学、工学、文学、经济学、管理学、法学、艺术学
厦门大学嘉庚学院	7	理学、工学、文学、经济学、管理学、法学、艺术学
四川大学锦城学院	6	文学、经济学、管理学、工学、艺术学、理学
燕山大学里仁学院	5	工学、管理学、经济学、文学、法学
集美大学诚毅学院	8	理学、教育学、艺术学、工学、管理学、经济学、文学、法学

　　与专业建设出于相同的考虑，民办院校的学科建设有一个进程。根据起步快、成本低、教学容易组织、教师容易聘任等特点，大多数民办院校都是从文学、管理学、经济学、工学等专业起步，并在此基础上开始学科建设。由于这些学科建设周期长，积累多，往往成为学校的优势专业和特色专业的载体。随着经济的快速发展，实体经济和制造业对工科人才需求旺盛，而民办高校办学实力不断增强，具有一定的投入能力，相关方面也逐步放宽了专业准入，民办院校工科专业开始增多，有的院校甚至完全是工科院校。近几年来，随着国家对康养产业的重视和发展，部分民办院校开始举办临床医学和护理专业。其中临床医学由于要求高，设置严，相对较少，而护理专业相对宽松，故设置增多。民办

院校的学科面正在逐渐拓展。

(二) 民办院校重点学科建设取得进展

1. 学校领导思想重视。

各民办院校重视重点学科建设。如西京学院积极发展工科学科。立足陕西机械工程、控制工程、装备制造业的不断发展，冲破民办高校资金短缺，西京学院积极开设社会急需的工科专业，确定了以工科为主的办学定位，在一级学科中积极设置了机械类、仪器类、电气类、自动化类等学科，在二级学科中重点扶持机械设计制造及其自动化、工业设计、测控技术与仪器、电子信息工程等，在全国民办本科高校中是少数几所以工科学科为主的院校之一，正是这一特殊的学科层次定位，使西京学院独树一帜，呈现良好的发展前景。

2. 专业学院协同推进

部分民办院校近年来着力开展学科专业建设一体化。如浙江大学宁波工程学院坚持以学科建设为龙头，形成了以工科为主，理、文、法、经、管等相互支撑、协调发展的学科专业体系。学校通过学科建设统筹人才培养、科学研究、社会服务、师资队伍和资源配置，努力构建特色鲜明、优势突出的学科与专业体系，推进学科专业一体化建设。现有科技部国际科技合作基地1个，教育部区域与国别研究基地1个，国家海洋局研发与服务中心1个，省级重点学科6个、省重点（特色）专业11个（"十二五"以来）、省重点实验室（共建）1个、省重大技术创新服务平台（共建）1个、省实验教学示范中心2个，市级重点学科10个、品牌专业和特色（重点）专业10个、重点实验室5个、人文社科研究基地3个、创新团队9个、协同创新中心1个等，学校科研和人才培养等工作得到有效的支撑和保障。

3. 加强一流学科建设

通过25所民办高校的网站调查，其中有17所学校有省级重点学科或一流学科或重点培育学科。

表 3-12　　　25所民办高校本科高校省级重点学科情况

序号	学校名称	重点学科数	省级重点学科（含一流学科、培育学科）
1	湖南涉外经济学院	2	国际贸易学、车辆工程

续表

序号	学校名称	重点学科数	省级重点学科（含一流学科、培育学科）
2	黄河科技学院	5	机械制造及其自动化、材料加工工程、通信与信息系统、区域经济学、生药学
3	吉林外国语大学	2	外国语言文学、应用经济学
4	山东英才学院	1	艺术学
5	宁波财经学院	4	计算机科学与技术、应用经济学、工商管理、机械工程
6	南昌理工学院	2	新能源科学与工程、军事法被列为江西省高校"十二五"重点学科
7	长沙医学院	1	人体解剖学与组织胚胎学
8	浙江树人学院	5	应用经济学、计算机科学与技术、信息与通信工程、土木工程、环境科学与工程
9	武汉东湖学院	1	工商管理，（十二五省重点学科）
10	河北传媒学院	1	省级重点发展学科
11	海口经济学院	1	省级重点（培育）学科
12	武昌理工学院	1	生物工程（十二五省重点学科）
13	黑龙江东方学院	1	农产品加工与储藏
14	三江学院	4	新闻传播学、设计学、管理科学与工程、信息与通信工程
15	浙江越秀外国语学院	1	外国语言文学
16	武昌首义学院	1	新闻传播学（十二五省重点学科）
17	无锡太湖学院	3	设计学、应用经济学、计算机科学与技术

在浙江"十三五"省一流学科建设中，民办院校也活跃其中。2016年12月，浙江省教育厅下发《关于公布"十三五"省一流学科建设名单的通知》（浙教高科〔2016〕169号）。经过层层遴选和专家的严格评审，浙江树人学院有5个学科被列入其中，宁波大红鹰（财经）学院有4个学科、浙江越秀外国语学院有一个学科被列入。其他独立学院也有一批重点学科被列入建设。浙江树人学院内联外引建设学科团队。根据重点学科建设要求，浙江树人学院除了校内优化整合以外，还采取国内联合和国外引进相结合的路径，加强学科团队建设。该校现代服务业学科现有正高职称教师20人，博士近20人，为了形成学科建设优势，学校在国内高水平高校聘请一批专家担任学科专家和顾问，形成庞大有实力的学科团队，学科连续三届被列入浙江省重点（一流）学科名单。

2018年3月，河南省公布了第九批河南省重点学科名单，（教高〔2018〕119号），其中一级学科重点学科281个，二级学科重点学科119个。14所民办本科高校获得了25个二级学科重点学科建设支持。

表3-13　河南省第九批民办本科高校二级学科重点学科一览

序号	学校	学科门类	二级学科名称	所属一级学科	学科带头人	备注
1	黄河科技学院	经济学	区域经济学	应用经济学	喻新安	
2		工学	机械制造及其自动化	机械工程	孔令云	
3		工学	材料加工工程	材料科学与工程	杨保成	
4		工学	通信与信息系统	信息与通信工程	柴远波	
5		医学	生药学	药学	杨国红	
6	郑州科技学院	工学	电力电子与电力传动	电气工程	王书伟	
7		工学	计算机应用技术	计算机科学与技术	邵　杰	
8	郑州工业应用技术学院	工学	结构工程	土木工程	刘立新	*
9	郑州升达经贸管理学院	经济学	区域经济学	应用经济学	何　伟	
10		工学	计算机应用技术	计算机科学与技术	马　莉	
11		管理学	企业管理	工商管理	纪德尚	
12	郑州成功财经学院	管理学	工商管理	工商管理	吴兴军	*
13	商丘工学院	工学	岩土工程	土木工程	张　伟	
14		管理学	会计学	工商管理	王新利	
15	郑州工商学院	工学	市政工程	土木工程	邢振贤	*
16	安阳学院	工学	机械电子工程	机械工程	魏晓斌	*
17	信阳学院	文学	中国古代文学	中国语言文学	樊　荣	*
18	郑州大学西亚斯国际学院	教育学	体育教育训练学	体育学	何祖新	
19		工学	检测技术与自动化装置	控制科学与工程	张云龙	
20		管理学	企业管理	工商管理	赵显洲	
21	中原工学院信息商务学院	工学	控制理论与控制工程	控制科学与工程	李伟锋	
22		管理学	企业管理	工商管理	闫丽霞	
23	河南师范大学新联学院	工学	机械制造及其自动化	机械工程	李　燕	*
24	河南大学民生学院	艺术学	设计艺术学	设计学	李建设	*
25	新乡医学院三全学院	理学	细胞生物学	生物学	李明文	*

说明：备注栏标"*"的为重点学科培育学科。

4. 硕士点建设成效明显

2011年，根据国务院学位委员会第二十八次会议审议通过的《关于开展"国家特殊需求人才培养项目"试点工作的意见》精神，5所民办高校通过教育部审批，成为国家硕士专业学位授予权试点单位，并于2012年开始了专业学位研究生招生工作，首批硕士专业研究生于2012年9月入学。经过7年的实践，研究生教育逐渐发展，研究生的年招生数和在校生数也有了明显增长。其中，吉林华桥外国语学院于2017年被吉林省学位委员会批准为博士学位授权单位立项建设高校；2018年经国务院学位委员会批准为硕士学位授予单位，2018年12月，教育部批准该校更名为"吉林外国语大学"的文件正式下发。

表3-14 民办高校现有硕士点专业及招生计划一览

学校	年度	招生领域	计划数
北京城市学院	2012	社会工作	
	2013	社会工作	45
	2014	社会工作	70
	2015	社会工作、中药学、公共管理和艺术	280
	2016	社会工作、公共管理、中药学以及艺术（含音乐、电影、美术、艺术设计、广播电视）	130
	2017	社会工作、公共管理、中药学以及艺术（含音乐、电影、美术、艺术设计、广播电视）	
	2018	社会工作、公共管理、中药学以及艺术硕士（含广播电视、美术、艺术设计等领域）	235
吉林外国语大学	2012	翻译（5个方向）	
	2013	翻译（6个方向）	50
	2014	翻译（5个方向）	50
	2015	翻译（13个方向）、教育（4个方向）、国际商务和汉语国际教育	100
	2016	翻译（13个方向）、教育（4个方向）、国际商务和汉语国际教育	151
	2017	翻译（9个方向）、教育（4个方向）、国际商务和汉语国际教育	
	2018	翻译（9个方向）、教育（4个方向）、国际商务和汉语国际教育	230

续表

学校	年度	招生领域	计划数
黑龙江东方学院	2012	食品工程领域的工程硕士	18
	2013	食品工程领域的工程硕士	20
	2014	食品工程专业领域（乳品工程、食品质量与安全、食品机械三个方向）	15
	2015	食品工程专业领域（3个方向）、国际商务（3个方向）	25
	2016	食品工程专业领域（3个方向）、国际商务（3个方向）	25
	2017	食品工程专业领域（3个方向）、国际商务（3个方向）	30
	2018	食品工程专业领域（3个方向）、国际商务（3个方向）	30
河北传媒学院	2012	艺术（7个方向）	15
	2013	艺术（8个方向）	15
	2014	艺术（5个方向）	20
	2015	艺术（7个方向）、新闻与传播、翻译	60
	2016	艺术（7个方向）、新闻与传播、翻译	65
	2017	艺术（7个方向）、新闻与传播、翻译	70
	2018	艺术（4个方向）、新闻与传播、翻译	85
西京学院	2012	机械工程、控制工程	30
	2013	机械工程、控制工程	30
	2014	机械工程、控制工程（8个方向）	30
	2015	机械工程、控制工程、建筑与土木工程、审计、艺术设计	60
	2016	机械工程、控制工程、建筑与土木工程、审计、艺术设计	55
	2017	机械工程（4个方向）、控制工程（5个方向）、建筑与土木工程、审计（3个方向）、艺术设计	65
	2018	机械工程（4个方向）、控制工程（5个方向）、建筑与土木工程（3个方向）、审计（4个方向）、艺术设计（2个方向）	95

资料来源：本表数据来自于5所高校官网，由笔者汇总。表中招生计划数不含教育部"退役大学生士兵"专项硕士研究生招生计划。

三 民办院校的科研工作——以科研竞争力评价结果为例

科学研究是创造知识和经济财富的过程，是推动社会进步、提高人类物质文明和精神文明建设，是科技创新的主要方式，也是实现学科建设培养高水平学科专业人才、高水平成果的主渠道。科研竞争力是提高民办本科高校综合办学水平的重要因素之一。从研究型、教学研究型和教学型的大学分类来看，我国民办本科高校都属于培养应用型或高级应用型人才的教学型大学。对于研究型大学和教学研究型大学而言，科研是基础性的工作，对于主要培养应用型人才的教学型大学而言，科研也具有非常重要的作用。

浙江树人大学中国民办高等教育研究院与武汉大学信息评价中心合作，自2012年起，持续跟踪全国民办高校的科研工作开展情况，连续6年发布《中国民办本科高校及独立学院科研竞争力评价研究报告》，在社会上产生了较大的影响，成为学生、家长、研究者和政策制定者评价民办高校的重要依据之一。排行榜包括了民办本科院校和独立学院。这里以2018年《中国民办本科高校及独立学院科研竞争力评价研究报告》为例，结合2016年、2017年的相关参数作一介绍。

（一）民办院校科研竞争力评价指标体系的构建

1. 指标设计和遴选原则

为最大限度地保证客观、公正、系统、动态和可持续地评价民办本科高校及独立学院在科研方面的历史积累和现实状况，民办本科高校及独立学院科研竞争力评价在评价指标体系设计和指标遴选上，坚持系统性、可比性、可操作性、可持续性、可重复验证和符合实际六大原则。

系统性原则。即用一组各有侧重又相互联系的指标来全面地反映各高校的科研状况。每一个指标都有明确的内涵和科学的解释，并尽量保证评价体系中每一个指标在权重设置和计算方法方面的科学性。为了保证评价指标体系设计和指标遴选的系统性，我们设置了论文、课题、发明专利和奖励四个一级指标来全面衡量民办高校的科研水平。

可比性原则。即尽量确保被选指标在各个被评院校之间具有可比性。为此，本评价体系中的任何一个指标都采集于国家和社会权威机构公开发布的文件材料，被评价院校在获得这些成果方面的机会大致均等，结果公开可查。比如，由于各地的省级课题标准不一，所以目前的课题指标仅包括"国家课题"和"部级课题"，省级课题尚未纳入评价体系。

可操作性原则。即确保被选择的指标简单、明确和易用。对于一些目前不易客观量化、难以公开获得、过于烦琐的指标，都没有纳入评价体系中。

可持续性原则。即尽量确保指标体系设计和指标遴选具有持续性、稳定性，确保数据获取途径、计算方法的可持续性、稳定性，能够跨年比较。

可重复验证原则。即确保其他研究者可以对本结果进行复制性研究，从而保证本评价的客观、公正。我们将评价依据、民办高校整体排行结果以及若干重要单项指标排行结果同时公布，任何机构和个人都可以验证我们的评价结果。

符合实际和适度引领原则。考虑到我国当前民办本科院校和独立学院的科研发展实际状况，民办高校的科研排行不是盲目追求世界一流大学和国内一流大学的科研评价标准。比如，在论文方面，我们赋予国内论文35%的权重而仅赋予国外论文15%的权重。在坚持"符合实际"的同时也注意"适度引领"。以国内人文社科论文为例，本评价以CSSCI来源期刊论文作为主要的评价标准，只有当其他指标均相等时，才以CNKI"核心期刊"论文作为区分依据。

随着我国民办高校科研的进一步发展，今后在民办高校科研竞争力指标的选择上，我们会逐步提高WOS和ESI数据的权重。

2. 数据来源

各种统计指标的数据来源，均来自权威的官方网站或者数据库，见表3-15。数据来源的权威性和公开性保证了排行结果的可重复性，任何机构和个人都可以对评价结果进行验证。

表3-15　　各种统计指标和数据来源

科研类别	统计指标	数据来源
论文	SCI、SSCI、A&HI论文数	Web of Science
	CSSCI论文数	中文社会科学引文索引数据库
	CSCD论文数	中国科学引文索引数据库

续表

科研类别	统计指标	数据来源
课题	国家社会科学基金类项目：国家社科基金项目、国家社科基金教育学项目、国家社科基金艺术学项目、国家社科基金西部项目、国家社科基金后期资助项目、国家社科基金重大项目	全国哲学社会科学规划办公室网站
	国家自然科学基金类项目：国家自然科学基金面上项目、国家自然科学基金青年科学项目、国家自然科学基金重点项目、国家自然科学基金杰出青年科学基金项目、国家自然科学基金地区科学基金项目	国家自然科学基金委员会网站
	教育部项目：教育部人文社会科学研究一般项目（规划基金项目、青年基金项目、自筹经费项目、西部和边疆地区项目、新疆项目、西藏项目），教育部哲学社会科学研究重大课题攻关项目、教育部哲学社会科学研究后期资助项目，教育部高校思想政治理论课专项、高校思想政治工作专项、工程技术人才培养项目、教育部廉政专项、科研诚信专项、马克思主义专项，教育部省部共建基地项目，教育部基地重大项目，全国教育科学规划教育部项目，教育部科学技术研究重大项目	中华人民共和国教育部网站
专利	授权发明专利数	中华人民共和国知识产权局网站
经费	人文、社会科学研究经费，科技经费	中国高校人文社会科学信息网；教育部科技司

3. 指标权重

遵循评价指标体系的设计原则，我们从论文、课题、专利、经费四个一级指标来对民办本科高校的科研进行评价和排行，每个一级指标又包括一个或多个二级指标，见表3-16。

表3-16　　　　　　　科研竞争力评价指标及权重分配

一级指标	二级指标	权重（%）	备注
论文	SCI、SSCI、A&HCI	15	线性指标计算法
	人文社科引文索引（CSSCI）、自然科学引文索引（CSCD）	35	线性指标计算法。同时采取当量法赋予二者不同的当量，以便对二类论文进行等值处理。人文社科论文、自然科学论文的当量分别取2和1
	中国知网（CNKI）"核心期刊"论文	参考	当几所民办高校其他指标均相等时，采用该指标进行区分和排名
课题	国家社会科学基金、国家自然科学基金	25	非线性指标计算法与线性指标计算法相结合。采取当量法赋予四者不同的当量，对各类课题进行等值处理。国家级课题、部级课题的当量分取3和1
	教育部课题、文化部课题等		
专利	发明专利、外观设计、实用新型	15	非线性指标计算法与线性指标计算法相结合

续表

一级指标	二级指标	权重（%）	备注
经费	人文、社会科学研究经费，科技经费	10	非线性指标计算法

4. 计算方式方法

学校最终得分采用动态评价法进行计算，即进行 2018 年的科研竞争力排序时，不仅依据 2017 年的数据，也依据 2016 年的数据，以避免因各种偶然因素引起排序波动过大的不足，其中 2017 年的数据权重占 70%，2016 年的数据权重占 30%。最终的综合评价结果以百分制分数形式呈现。

线性指标计算方法。对线性指标，采取百分线性变换法将线性数据变换为标准数据。计算公式：某校的某项评价指标得分 = 100×（该校的评价指标参数×指标权重）/该项前 2 位高校数据的平均值。当某校的计算得分超过该项的最高限定分数时，取最高限定分数作为该校的得分。

非线性指标计算法。将指标结果划分为若干个区间，然后分别采用主观赋分法或线性指标计算法予以赋值。适用于该项指标只有少数高校得分而大多数高校得分为 0 的情况。

学校的科研总成绩是四项一级指标的加总。为了便于比较，将排名第一的学校总成绩变为 100 分，其他学校的成绩根据同比例进行变动。

5. 评价的对象

为保证本次评价的时效性和全面性，本次排行依据教育部官网所公布的"全国高等学校名单"（http://www.moe.gov.cn）。根据该名单，截至 2017 年 5 月 31 日，全国共有普通高等学校 2914 所（比 2016 年增加 319 所），其中民办普通高校 735 所（比 2016 年增加 1 所，不含 7 所中外合作办学高校）。735 所民办普通高校中，共有 318 所民办专科（高职）院校，152 所独立设置的民办本科高校和 265 所独立学院。独立设置的民办本科高校和独立学院在发展基础、发展路径上有较大区别，所以我们将独立设置的民办本科高校和独立学院分别评价，这样就形成了两个榜单。为简化起见，下文中我们将"独立设置的民办本科高校"简称为"民办本科高校"。

我国目前有 7 所中外合作办学高校，在教育部官网公布的高校名单中，这些高校属于"中外合作办学"，但是从法律地位来看，这些大学均注册为"民办非企业单位"，所以中外合作办学高校也属于民办高校。中外合作办学高校和民办本科高校及独立学院存在较大差异,所以我们也没有将这些高校纳入本次评价范围。

(二) 学科(科研)竞争力评价结果

1. 民办本科高校科研竞争力前 30 强

表 3-17　　2018 年中国民办本科高校科研竞争力 30 强

排名	学校	科研得分	排行变化
1	西京学院	100	↑2
2	浙江树人学院	86.98	↓1
3	黄河科技学院	74.14	↓1
4	宁波大红鹰学院(2018 年更名"宁波财经学院")	71.25	↑2
5	浙江越秀外国语学院	69.86	—
6	江西科技学院	55.14	↑5
7	湖南涉外经济学院	54.61	↓3
8	三亚学院	49.00	—
9	长沙医学院	42.38	↑1
10	安徽新华学院	41.04	↓3
11	三江学院	40.15	↑2
12	武汉东湖学院	39.73	↑2
13	烟台南山学院	38.80	↑7
14	宿迁学院	38.67	↑3
15	潍坊科技学院	38.37	↑1
16	武汉生物工程学院	36.47	↑18
17	武汉工商学院	32.07	↓5
18	山东英才学院	32.03	↓9
19	大连东软信息学院	30.34	↑20
20	温州商学院	29.70	↑8
21	西安外事学院	29.00	
22	福州外语外贸学院	27.62	
23	北京城市学院	25.71	
24	文华学院	25.02	
25	郑州工业应用技术学院	24.15	

续表

排名	学校	科研得分	排行变化
26	广东科技学院	23.98	
27	郑州科技学院	23.51	
28	南通理工学院	23.41	
29	山东协和学院	23.04	
30	上海杉达学院	22.90	

说明：为了便于跟踪研究，对前20名民办高校的名次与2017年的名次进行了对比。

2. 独立学院科研竞争力前40强

表3-18　　2018年中国独立学院科研竞争力排行榜前40强

名次	学校	2018年得分	排行变化
1	浙江大学宁波理工学院	100.00	—
2	浙江大学城市学院	93.41	—
3	电子科技大学中山学院	56.78	↑1
4	厦门大学嘉庚学院	49.71	↑3
5	北京师范大学珠海分校	48.12	↓2
6	吉林大学珠海学院	35.73	↑2
7	浙江工业大学之江学院	33.72	↓2
8	山西大学商务学院	32.84	↓2
9	广西科技大学鹿山学院	24.49	↑8
10	浙江师范大学行知学院	24.16	↑1
11	浙江农林大学暨阳学院	24.13	↑14
12	中山大学新华学院	23.44	↑3
13	中国传媒大学南广学院	22.75	↑1
14	南京理工大学泰州科技学院	21.69	↓2
15	成都理工大学工程技术学院	21.07	↑47
16	华南理工大学广州学院	20.79	↑16
17	中山大学南方学院	20.74	↑5
18	东莞理工学院城市学院	19.94	↓5
19	南京师范大学泰州学院	19.66	↓9
20	安徽财经大学商学院	19.22	↓11
21	南开大学滨海学院	19.15	

续表

名次	学校	2018年得分	排行变化
22	中国石油大学胜利学院	19.04	
23	绍兴文理学院元培学院	18.87	
24	南昌大学科学技术学院	18.85	
25	集美大学诚毅学院	18.66	
26	四川大学锦城学院	18.41	
27	北京理工大学珠海学院	18.30	
28	重庆工商大学融智学院	18.30	
29	福建农林大学金山学院	17.18	
30	杭州师范大学钱江学院	16.84	
31	浙江工商大学杭州商学院	16.47	
32	南京大学金陵学院	16.10	
33	长春理工大学光电信息学院	15.87	
34	宁波大学科学技术学院	15.61	
35	武汉科技大学城市学院	15.52	
36	常州大学怀德学院	15.50	
37	广州大学松田学院	15.18	
38	湖北工业大学工程技术学院	15.11	
39	福建师范大学闽南科技学院	15.07	
40	嘉兴学院南湖学院	14.82	

说明：为了便于跟踪研究，对前20独立学院的名次与2017年的名次进行了对比。

（三）研究发现与基本结论

对我国民办本科高校和独立学院进行科研竞争力评价主要是为了了解我国民办高校科研工作的基本现状，总结经验、发现问题，进而分析影响民办高校科研发展的因素，以及科研和教学、社会服务和民办高校整体办学水平之间的互动关系，进而促进我国民办高校健康、可持续发展。基于对上文2018年的数据分析研究，并对比2016年、2017年相关数据，得到如下结论。

1. 我国民办本科高校科研工作整体较弱但有进展

2015年民办高校科研竞争力数据显示，416所高校中有158所高校的得分为0，比例高达38%。其中，141所民办本科高校中有45所得分为

0，比例为 31.9%；275 所独立学院中有 113 所得分为 0，比例为 41.1%。得分为 0 意味着这些高校在 2014 整年中没有国家课题和教育部课题，没有 CSSCI 来源期刊论文和 CSCD 论文，没有 SCI、SSCI 和 A&HCI 论文，没有发明专利，也没有国家和教育部奖励。整体而言，我国民办高校科研仍然处于起步阶段。

我国民办本科高校科研水平不高，有如下几个原因。第一，缺乏足够的经费支撑。科研需要投入很多资源，但是我国大部分民办高校的经费都来自学费，缺乏财政扶持，只能保证基本的教学运行和基础建设，还不具备支撑学校科研的资源。第二，近几年我国大批民办高职"升本"为民办本科高校，仅 2014 年就有 25 所民办高职升本，新升本的民办本科高校科研基础薄弱，科研制度有待完善。

近些年，我国民办本科高校和独立学院的科研已经具备了一定的基础。从横向比较来看，我国民办高校的科研与公办高校存在较大差距。从纵向上来看，民办本科高校和独立学院的科研在前几年基础上已取得一定的进展。

(1) 科研指标得分率稳中有进

得分率是指在某一项指标上得分的民办高校数与所有民办高校数的比率。从整体趋势来看，近几年我国民办本科高校和独立学院的大部分科研指标均比较稳定而略有进步态势。比如，从 SCI、SSCI 或 A&HCI 三大外文检索期刊来看，2016 年共有 73 所民办本科高校在这三大外文检索期刊发表了论文，得分率为 48.3%，2017 年该指标上升到 52.9%，而 2018 年又稳定在 48.3%；2015 年共有 98 所独立学院在这三大外文检索期刊发了论文，得分率为 35.0%，2016 年该指标上升 38.7%，而 2018 年该指标进一步上升到 43.23%。从三年数据看，民办本科高校在国家自然科学基金项目、国家社会科学基金项目、教育部课题和发明专利等指标上都呈现稳中有进的态势。

表 3-19 七项科研指标 2016、2017 和 2018 年的得分率比较

	民办本科高校			独立学院		
	2016	2017	2018	2016	2017	2018
英文三大检索	48.3%	52.98%	48.3%	35.0%	38.72%	43.23%
CSSCI	51.7%	46.36%	41.7%	49.2%	31.58%	32.71%

续表

	民办本科高校			独立学院		
	2016	2017	2018	2016	2017	2018
CSCD	60.9%	66.23%	62.9%	52.3%	51.50%	50%
国家社科	3.97%	9.27%	7.94%	1.13%	1.13%	1.5%
国家自科	7.28%	9.93%	7.94%	1.88%	1.50%	1.12%
教育部项目	13.91%	14.57%	13.9%	5.63%	3.76%	4.14%
发明专利	14.0%	23.84%	31.78%	12.4%	10.53%	14.66%

（2）科研指标均值稳中有进

均值是指所有民办高校在某一项指标上的得分总数与民办高校数的比值。151所民办本科高校共在英文三大检索期刊发表论文585篇，均值为3.87；151所民办本科高校共在CSSCI来源期刊发表303篇论文，均值为2.01；151所民办本科高校共在CSCD期刊发表论文681篇，均值为4.54；151所民办本科高校共获得20项国家社科基金，均值为0.13，共获得21项国家自科基金，均值为0.14，共获得34项教育部项目，均值为0.23；151所民办本科高校共获得发明专利授权134项，均值为0.89。从表3-20可知，这些指标与2016年相比，大部分都呈增加趋势。而2018年与2017年比，这些指标又呈现出稳中有进态势。

独立学院近三年的部分科研指标也有提高，但是整体的提高幅度低于民办本科高校。见表3-20。

表3-20　七项科研指标2016、2017和2018年的均值比较

	民办本科高校			独立学院		
	2016	2017	2018	2016	2017	2018
英文三大检索	2.69	3.87	5.32	2.29	2.64	3.27
CSSCI	1.93	2.01	1.75	1.69	1.25	1.11
CSCD	3.61	4.54	4.72	2.02	2.08	2.11
国家社科	0.07	0.13	0.15	0.01	0.02	0.02
国家自科	0.09	0.14	0.14	0.08	0.09	0.07
教育部项目	0.20	0.23	0.26	0.09	0.05	0.10
发明专利	0.4	0.89	1.83	1.58	0.69	0.88

2. 部分民办本科高校和独立学院的专业、学科建设（科研）有所突破

我国部分民办本科高校和独立学院的科研取得较大的突破。浙江树人学院校长徐绪卿教授获批国家社科基金教育学重点课题《民办院校办学体制与发展政策研究》，这是近五年来我国民办高校首次主持国家社科基金重点课题。2016 年，浙江树人学院人文学院院长林家骊教授主持申报的《日本影弘仁本〈馆词林〉考论》再次获得国家社科基金重点项目立项。2015 年三亚学院获批 4 项国家社科基金课题，2016 年三亚学院再次获得 3 项国家社科基金课题，2017 年获批 3 项国家社科基金课题，2018 年获批 4 项国家社科基金课题。2015 年和 2016 年浙江大学宁波理工学院分别获批 12 项国家自然科学基金课题，2015 年和 2016 年浙江大学城市学院分别获批 4 项和 10 项国家自然科学基金课题。这些高校的上述科研指标已达到甚至超过部分相同办学时间的公办高校的科研指标。

一些民办本科高校和独立学院的科研进步非常迅速。比如，江西科技学院和武汉生物工程学院的科研排名都有大幅提高，上海视觉艺术学院 2016 年在 CSSCI 来源期刊发表的论文只有 2 篇，而 2017 年全校发表论文 14 篇。浙江农林大学暨阳学院、成都理工大学工程技术学院和华南理工大学广州学院等独立学院的科研排名都有大幅提升。

一些民办高校在某些学科和研究领域已经形成了鲜明的优势，已经具备了和公办高校同台竞争的条件。浙江树人学院的教育学（民办高等教育研究领域）已在国内产生了较大的学术影响。2015 年度国家社科基金教育学国家重点课题的主持单位只有 6 家高校，除了浙江树人学院之外，其他 5 所高校分别是首都师范大学（1 项）、东北师范大学（1 项）、北京大学（1 项）、华东师范大学（3 项）和中央民族大学（1 项）。2017 年、2018 年分别获得国家社科基金项目 1 项，2018 年在《教育研究》权威期刊发表论文。截至 2017 年，中国高等教育学会共组织了五届"全国优秀高等教育研究机构"评选，浙江树人学院的中国民办高等教育研究院先后 4 次被评为优秀研究机构。

3. 我国民办高校科研竞争力第一方阵已稳步形成

大学排名是零和博弈（zero-sum game），因为大学排名顶端的高校数量是固定的，所以新面孔的进入往往是以旧面孔的退出为代价的。各个高校不断调整自身定位，努力提升科研竞争力水平，必然会导致整个名单的

重新洗牌。但是，经过多年的发展和持续建设，部分民办高校在科研中形成了较高的科研竞争力，在历年的科研排行榜中都居于前列，初步形成了具有特色和优势的研究领域，这些民办高校构成了我国民办高校科研竞争力的第一方阵。

一些民办高校在某些学科和研究领域已经形成了鲜明的优势，已经具备了和公办高校同台竞争的条件。除以上提及的浙江树人学院的教育学，其他民办高校如浙江越秀外国语学院等院校在文学和语言学等部分研究领域取得较大成绩，在国内具有了一定的知名度。2015年和2016年浙江越秀外国语学院分别获批2项和3项国家社科基金课题，其中2015年获批两项国家社科基金分属语言学和文学，在CSSCI来源期刊发文18篇（第一机构）；2017年获批3项国家社科基金，2018年获批7项国家社科基金，2017年、2018年在CSSCI来源期刊发文量分别达20篇和25篇。

科研水平较高的民办高校具有两个特征。第一，得到地方政府的资助。浙江大学宁波理工学院、浙江大学城市学院、北京师范大学珠海分校、电子科技大学中山学院、南开大学滨海学院等独立学院都是母体高校和地方政府合作举办，地方政府投入较多。浙江树人大学、宁波大红鹰学院、潍坊科技学院、宿迁学院等民办本科也得到了地方政府的大力支持，其中潍坊科技学院是由寿光市人民政府直接举办的。第二，升本时间较早。湖南涉外学院、黄河科技学院、西京学院等民办高校升本较早。升本的同时一般伴随着规模的扩张，民办高校可以用更多的积累，从而有更多的资金投入到科研建设。

另外，一些民办高校的科研水平呈持续进步状态。根据我们的访谈，这些科研水平持续进步的民办高校都高度重视科研工作，采取了包括引进高端人才、奖励优秀科研成果等措施。还有一些民办高校呈现退步状态，客观的原因在于越来越多的高职院校升本以及独立学院转设为独立设置的民办本科高校，使得民办本科高校的科研竞争越来越激烈。

纵观往年数据发现，连续几年进入民办本科高校科研竞争力排行榜前列的高校包括：浙江树人学院、宁波大红鹰学院、湖南涉外经济学院、西京学院、黄河科技学院、山东英才学院、安徽新华学院、浙江越秀外国语学院、长沙医学院、三亚学院、三江学院、潍坊科技学院、武汉生物工程学院、北京城市学院等。还有一些民办高职院校在升格为本科高校后科研实力进步非常快，在短期内跻身民办高校科研竞争力30强，如山东协和学院。

连续几年进入独立学院科研排行榜前列的独立学院包括：浙江大学宁波理工学院、浙江大学城市学院、电子科技大学中山学院、北京师范大学珠海分校、浙江工业大学之江学院、浙江师范大学行知学院、南京师范大学泰州学院、吉林大学珠海学院、南开大学滨海学院、南京大学金陵学院、华南理工大学广州学院、广西科技大学鹿山学院、山西大学商务学院等。

4. 科研促进了民办本科高校的教育质量和社会服务能力

世界知名高等教育专家 Aghion 在评论大学评价指标和评价权重时说，任何大学排行榜的评价指标和评价权重都有主观性，但是他也指出，大学排行的任何指标和其他指标都是相关的，所以，一个大学排行榜和其他排行榜往往都是相关的。我们研究发现，大学的科研水平和大学的师资队伍、教学质量以及社会服务高度相关。

（1）科研带动了师资队伍建设

科研工作营造了学校的科研氛围，为更多教师创造了科研成长的平台，提高了民办高校吸引、凝聚高水平师资的能力，从而较快地进入了科研发展和师资队伍建设良性循环的发展阶段。比如，位于独立学院科研竞争力排行榜第一名的浙江大学宁波理工学院，其专任教师队伍中有47%的教师具有副教授以上职称，58%的教师具有博士学位，42%的教师具有海外留学或进修经历，该校也是我国民办本科高校和独立学院中拥有博士学位教师比例最高的高校。

（2）科研提高了教学质量

民办高校作为"后发院校"，特别注重对自身发展战略、发展路径、发展模式等问题的研究，所以很多高校高度重视院校研究和高等教育基本规律的研究，这些研究成果极大地促进了民办高校的发展。浙江树人学院在民办高等教育研究、新建本科院校转型、教学服务型大学建设等方面的研究直接推动了学校的发展转型并为其他同类型高校的发展提供了参考经验。浙江树人学院被确定为浙江省应用型试点示范建设学校，获得浙江省多项教学成果奖。科研也为专业建设提供了坚实的基础。比如，2018年位于民办本科高校排行榜首位的西京学院是拥有硕士教育资格的大学，现有国家级特色专业1个，省级特色专业2个，省级专业综合改革试点项目5个，省级精品课程10门，省级人才培养模式创新实验区6个，在人才培养质量方面已形成鲜明特色，人才培养质量得到社会各界的充分肯定。

（3）科研提高了社会服务能力

科研解决了区域经济发展中所面临的技术难题，提高了民办高校服务区域经济和社会发展的能力，增进了民办高校和区域社会经济发展之间的联系。比如，山东英才学院获批的国家自然科学基金包括"浮力称重式粉状物料动态计量控制方法与运用研究"、"基于有限元方法的智能井水驱油系统建模与最优控制研究"、"基于故障注入和指标模型的工业无线传感器网络可靠性测试与评估方法研究"，这些研究都是致力于解决区域经济发展中的紧迫性问题。三亚学院获批的国家社科基金课题包括"基于生态系统生产总值核算的海南省生态文明建设范例研究"等，该课题依托海南国际旅游岛建设发展大格局，提出了海南国际旅游岛发展的新模式。宁波大红鹰学院在国内率先建立大宗商品类专业商学院，在很大程度上解决了目前国内大宗商品产业专业人才紧缺问题，提高了服务地方经济发展的能力。南宁学院的轨道交通方面的研究直接服务了国家一带一路的重大战略，成为泰国等东盟国家轨道交通人才的培训基地之一。

实际上，科研也是学校各项工作的推进器。研究发现，科研排行较前的民办高校，在武书连、邱均平等机构的民办高校排名中，排名也不会落后；表3-17中民办本科高校科研竞争力前20强中有14所学校跻身表3-1中所列的排名靠前学校，这在一定程度上说明，科研对于学校办学质量的提升，具有较好的支撑和提携作用。

5. 我国民办本科高校专业和学科建设（科研）发展不均衡

（1）类型不均衡

可以看出，民办本科高校的科研业绩整体上优于独立学院。产生这个现象有两个原因。第一，部分独立学院的教师以母体高校的身份参与课题申报和论文发表；第二个原因也是最重要的原因是，独立学院在内涵建设方面略逊于民办本科高校，可以作为例证的是，60所独立学院转设为民办本科高校之后教师不再以母体高校的身份发表论文或申报课题，这60所高校的科研均分为9.59分，而其他91所民办本科高校的均分是12.30分。

（2）东西部发展不均衡

从区域来看，东部和中部的民办高校科研起步较早，科研水平相对较高。2016年位于东部地区125所独立学院的科研平均分为5.53分，中部地区 76 所独立学院的科研平均分为 2.17 分，西部地区 65 所独立学院的科研平均分为 1.44 分。

（3）省际发展不均衡

就民办本科高校的科研而言，浙江、海南、湖南、江苏、陕西五省居于我国民办本科高校科研竞争力的前列。2016 年，浙江、海南、江苏、湖南、陕西五省居于我国民办本科高校科研竞争力的前列。浙江省共有 4 所民办本科高校，全部进入民办本科高校前 50 强，科研竞争力均值为 58.01 分，居全国第一。海南省共有 2 所民办本科高校，科研竞争力均值为 26.95 分，居全国第二。江苏省共有 4 所民办本科高校，科研竞争力均值为 24.48 分，居全国第三。湖南省共有 5 所民办本科高校，科研竞争力均值为 23.3 分，居全国第四。陕西省共有 9 所民办本科高校，科研竞争力均值为 19.22 分，居全国第五。2017 年、2018 年民办本科高校省际不均衡态势并未有实质性改变，浙江、海南、湖南、江苏、陕西等地民办本科高校保持领先地位。

就独立学院而言，浙江、广东、福建、江苏、安徽五省的独立学院居于我国独立学院科研竞争力排行榜的前列。浙江、广东、福建、江苏、安徽五省的独立学院居于我国独立学院科研竞争力排行榜的前列。浙江省共有 21 所独立学院，科研竞争力均值为 14.12 分，居全国第一。广东省共有 16 所独立学院，科研竞争力均值为 9.89 分，居全国第二。福建省共有 7 所独立学院，科研竞争力均值为 7.10 分，居全国第三。江苏省共有 25 所独立学院，科研竞争力均值为 3.7 分，居全国第四。安徽省共有 10 所独立学院，科研竞争力均值为 3.82 分，居全国第五。2017 年、2018 年基本延续了以往态势，如浙江大学宁波理工学院、浙江大学城市学院连续多年位居我国独立学院科研竞争力排行榜前二，浙江工业大学之江学院、浙江师范大学行知学院、浙江农林大学暨阳学院、绍兴文理学院元培学院等实力位居排行榜前列；广东、福建、江苏等地的独立学院仍保持强劲发展势头。

独立学院的"珠海现象"值得关注。珠海是 1980 年我国设立的经济特区之一，经济走在全国前列，但是珠海的高校数量一直偏少，高等教育资源较为稀缺。近几年，珠海市政府分别与北京师范大学、吉林大学、北京理工大学等高校合作举办了北京师范大学珠海分校、吉林大学珠海学院和北京理工大学珠海学院 3 所独立学院，优化了区域内的高等教育资源。由于珠海市政府的大力支持（分别无偿划拨 5000 亩土地），这三所独立学院的办学经费较为充裕，科研竞争实力较强。

6. 若干因素影响民办高校的专业、学科建设（科研）竞争力

掌握当前我国民办高校科研的基本状况只是研究的第一步，更重要的是找出影响民办高校科研发展的因素。找到影响民办高校科研的各种影响因素后，可以更有针对性地提出促进民办高校科研建设的对策和建议。

第一，升本时间影响民办本科高校的科研。本研究搜集了我国民办本科高校的创办时间，1995、1999 和 2002 是我国民办本科高校的 3 个创办高潮年，见图 3-2。2005、2011、2014 是我国民办本科高校由高职（专科）升格为本科的 3 个高潮年，见图 3-3。通过相关分析，发现院校创办早晚和民办高校科研产出之间在 0.05 水平上显著相关，升本时间和民办本科高校科研在 0.01 水平上显著相关。见表 3-21。

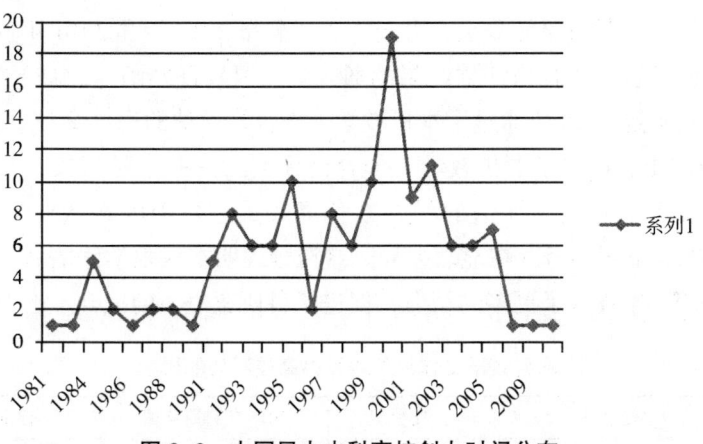

图 3-2　中国民办本科高校创办时间分布

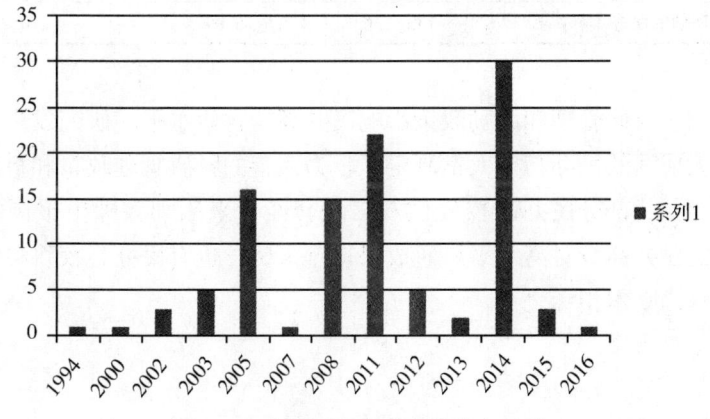

图 3-3　中国民办本科高校升本时间

表 3-21　　　　创办时间、升本时间与科研产出的相关性

		科研总分
升本时间	Pearson 相关性	0.453**
	显著性（双侧）	0.000
	N	91
创办时间	Pearson 相关性	0.207*
	显著性（双侧）	0.011
	N	151

说明：*在 0.05 水平（双侧）上显著相关；**. 在 0.01 水平（双侧）上显著相关。

第二，本科教学工作合格评估后，民办高校科研竞争力明显提升。根据教育部高等教育教学评估中心官网公布的参加本科评估的民办高校名单以及《国务院教育督导委员会办公室关于公布 2013 年和 2014 年普通高等学校本科教学工作合格评估结果的通知》（国教督办函〔2015〕75 号），本研究共确定了 28 所通过了本科教学工作合格评估的民办高校。由表 3-22 可以看出，通过了本科教学工作合格评估的民办本科高校，其科研的均值显著高于未接受评估的民办本科高校。进行单因素 ANOVA 分析，P=0.000，证明两者存在显著差异。这充分说明本科教学评估后，民办高校对科研工作投入了更多的精力，促进了科研竞争力的提升。

表 3-22　　　　本科教学工作评估对民办高校科研的影响

是否接受评估	数量	2016 年科研均值	标准差
已接受评估的民办本科高校	28	30.27	29.39
未接受评估的民办本科高校	123	6.89	10.24

第三，科研管理和激励政策影响民办高校科研水平。研究发现，科研取得较大成绩的民办高校大都制定了较为完善的科研管理政策和科研激励政策。比如，部分民办高校提供双倍配套经费来激励教师申报国家级课题，有的民办高校对高水平科研成果进行重奖，也有民办高校将科研作为评价教师的基本指标之一。

四 关于民办高校专业、学科建设及科研工作的对策建议

(一) 充分认识专业、学科建设及科研的重要意义

专业、学科是高校办学的基本架构。科研是高校的基本职能之一，也是高水平民办院校的重要衡量指标。《民办教育促进法》修正案及其配套文件颁布后，有专家建议，"民办教育未来发展应秉持'质量第一、增量第二'的原则。以完善监督评估体系为抓手，推动民办学校提高办学质量。"[①] 当前我国大部分民办本科高校尚未通过本科教学工作合格评估，顺利通过评估是这些民办高校近几年的头等大事。《普通高等学校本科教学工作合格评估指标体系》对专业与课程提出了明确要求，而对科研虽没有提出直接要求，但是该指标体系中若干观测点的实现都在一定程度上依赖于科研工作的有效开展。比如指标体系"1.3 人才培养模式"中的观测点包括"产学研合作教育"；"2.1 数量与结构"中的基本要求包括："专任教师中具有硕士学位、博士学位的比例≥50%"；"教师队伍年龄、学历、专业技术职务等结构合理"，还有教学管理中开展教学研究的相关要求。所以，无论是从长期的可持续发展来看，还是从短期通过评估的目标来看，民办高校都应该高度重视专业、学科建设和科研工作。

领导的重视和支持是能否开展和搞好专业、学科和科研工作的关键性因素。民办高校应有领导专门分管专业、学科和科研工作，建立相关的研究机构和管理机构，加强工作的指导和联系。经费是专业、学科和科研有效开展的重要基础，民办高校对专业、学科和科研的重视主要体现在经费的投入上。民办高校应该将更多的资源投入到专业、学科和科研中来，特别是在保障教学投入的基础上适当增加用于科研的经费，为科研工作创造更加良好的环境，制定更加富有激励性的科研政策。

(二) 集中力量寻求科研突破

民办高校在科研工作中应正确定位，发挥优势，差异发展，重点突

[①] 史少杰：《民办教育改革与发展研讨会综述》，《教育研究》2017年第2期。

破，坚持有所为有所不为，突出研究重点。在保持量的适度发展的基础上，更加重视质量和水平的提高。从研究内容来看，民办高校的科研基础薄弱，在理论研究方面不具有优势，但在开展应用型研究方面具有自身独特的优势，可以通过和政府、企业及其他社会组织合作，解决区域经济发展中的应用型难题。如果说研究型大学的科研重在"顶天"，那么当前民办高校的科研重在"立地"。从研究范围来看，民办高校很难和公办高校在一级学科领域进行竞争，但是民办高校可以在某一些研究方向、研究领域培育优势，重点突破，由点到面，然后在二级学科和一级学科参与公办高校进行竞争。从研究的路径来看，民办高校要特别注重学校内部教学与科研基层学术组织的交叉融合，将应用型科研和应用型人才培养相结合，扩展教师与学生共同研究的深度和广度，寻求科学研究和人才培养的最佳结合点，避免"为发表论文而科研"，努力提高学生的科研意识和科研能力。

（三）加强师资队伍建设

专业、学科建设和科学研究工作要以人为本。专业、学科建设和科研竞争归根结底是人才的竞争。在人才队伍建设方面，要高度重视和重点支持学科领军人才的引进、培养和提高。学科带头人的水平在整体上决定了学科的发展水平。要抓住机遇，通过提高待遇、搭建平台、营造氛围等积极措施吸引和培养顶尖人才，为他们创造发挥才干和继续成长的良好条件。

青年教师是民办高校师资队伍的主体，青年教师的成长决定了民办高校的未来发展，要高度重视中青年学科和科研骨干队伍的培养。要把学科和科研队伍的培养同教学骨干队伍培养结合起来，把学科建设和民办高校的人才规划结合起来。根据青年教师的专业背景、兴趣爱好、学术特点和发展需求，主动为其开展学科建设、科学研究提供咨询和服务，重点扶持和资助他们的创新设想和规划，影响和带动科研团队的成长。要开展多样化的学术活动，增强学校的科研氛围。可定期邀请国内外著名学者到校讲学，举办学术讲座、报告会、学术沙龙或研讨会等形式，使科研活动制度化、常规化。要多选派优秀青年教师参加国内外学术交流活动，了解国内外学术研究动态，加强校内外的科研合作。要积极探索跨院系、交叉学科的科研合作体制和机制。当今科学与技术的突破多产生于多学科的交叉融合，高水平大学都十分重视组织交叉学科的研究，民办高校也要利用体制机制优势在多学科交流方面抢占先机。

（四）完善激励机制和管理机制

专业、学科和科研工作是最艰辛的劳动之一，需要付出大量的时间和精力，特别是科研工作，大部分教师都是在 8 小时之外完成的。因此，民办高校必须制定切实有效的激励政策，鼓励和引导教师积极投入专业、学科和科研工作。第一，给予教师适当的科研任务和压力，对教师的科研工作提出一些刚性的要求，"逼"教师搞科研。第二，运用激励机制，在职称晋级、酬金分配、科研配套、成果奖励等方面体现对学科和科研的重视，"引"导教师搞学科建设和科学研究，特别是给予有可能取得突破的研究项目一定的扶持性前期预研经费。第三，为教师开展专业、学科和科研创造良好的环境，包括时间、空间、经费等，使教师愿意在专业、学科和科研上投入。针对当前一些教师反映的科研经费使用手续烦琐的问题，应该在国家规定允许的范围内给予尽可能的方便。第四，完善学科和科研管理。学科和科研管理体制、学科和科研评价激励机制、学科和科研资源投入机制是学科和科研管理的基本内容。建立与健全必要的学科和科研管理制度是学校学科和科研工作规范化、科学化管理的重要保证。只有通过管理目标、管理程序、管理内容和管理办法的制度化，才能使各项学科和科研工作有条不紊地按章执行，提高工作质量和效率，保证科研总目标的顺利实现。

（五）积极寻求政府支持

浙江树人学院、宁波财经学院、黄河科技学院、山东英才学院、宿迁学院等民办本科高校，在资金、政策等方面都得到了政府的大力支持。独立学院中的浙江大学宁波理工学院、浙江大学城市学院、电子科技大学中山学院、北京师范大学珠海分校等独立学院，也都得到了所在地政府的大力支持。政府的支持可以增加民办高校的可调配资源，使民办高校可以将更多资金用于科研。

有为才有位。为了获得政府的更大支持，民办高校要针对地区发展的战略需求，积极承担大规模、有组织的重大科研项目，担当大学在地区创新体系建设中的使命，促进区域经济发展。

2016 年通过的新的《民办教育促进法》第四十六条规定:"县级以上各级人民政府可以采取购买服务、助学贷款、奖助学金和出租、转让闲置的国有资产等措施对民办学校予以扶持;对非营利性民办学校还可以采取政府补贴、基金奖励、捐资激励等扶持措施。"可以预计,随着民办教育分类管理的实施,政府会给民办高校更大的财政扶持。今后民办高校可以在科研方面寻求政府更大力度的扶持,特别是争取政府在人才引进、课题申报和经费资助等方面给予适当的倾斜,全面提升科研能力和办学水平。

第四章

民办院校教师队伍建设研究报告

教师是立校之本,兴校之源。百年大计,教育为本;教育大计,教师为本。大学作为人才培养、科学研究、社会服务和文化传承创新的主体,教师在学校职能的发挥中体现着关键性的作用。改革开放以来民办教育在三十多年的发展历程中,逐渐地从重视招生和重视基础建设,过渡到注重教师队伍培育和教学质量提高上。其中民办院校教师队伍的发展,实现了从外聘教师为主、自有教师为辅到自有专任教师为主体、外聘教师为补充的新格局,从而为民办院校的内涵式建设添上了浓墨重彩的一笔。

一 民办院校教师队伍发展概况

数量充足、结构合理的高素质教师队伍是民办院校发展的根本保障。随着高校扩招和民办教育整体规模的扩大,民办院校的专任教师数量变化显著。

(一)民办院校教师队伍发展整体情况

根据国家统计局公布的统计数据,2013—2018年6年间,全国民办院校专任教师逐年递增,专任教师在教职工中的占比高于70%。2013年以来全国民办院校教师队伍发展情况可见表4-1:

表4-1　　　　2013—2017年全国民办院校专任教师情况

序号	指标	2013年	2014年	2015年	2016年	2017年	2018年
1	民办高校专任教师(万人)	28.14	29.39	30.48	31.15	31.62	32.43
2	民办高校学校数(所)	718	728	734	741	747	749

续表

序号	指标	2013年	2014年	2015年	2016年	2017年	2018年
3	1指标与2指标的比例（人/所）	392	404	415	420	423	433
4	民办高校教职工数（万人）	39.84	41.28	42.36	43.14	43.68	44.52
5	1指标与4指标的比例（%）	70.64	71.21	71.96	72.22	72.38	72.86
6	民办高校在校生数（万人）	557.52	587.15	610.90	616.20	651.38	649.60
7	6指标与1指标的比例	19.81	19.97	20.04	19.78	20.6	20.0
8	普通高等学校专任教师数（万人）	149.7	153.5	157.3	160.2	163.3	167.28
9	1指标与8指标的比例（%）	18.8	19.15	19.38	19.45	19.36	19.39
10	普通高等学校数（所）	2491	2529	2560	2596	2631	2663
11	2指标与10指标的比例（%）	28.82	28.79	28.67	28.54	28.39	28.13
12	普通高等学校在校学生数（万人）	2468.1	2547.7	2625.3	2695.8	2753.6	2831.03
13	6指标与12指标的比例（%）	22.59	23.05	23.27	22.86	23.66	22.95
14	12指标与8指标的比例	16.49	16.6	16.69	16.83	16.86	16.92

资料来源：由笔者根据国家统计局网站公布的"各级各类民办教育基本情况"整理。

从上述统计表中，我们可以至少得出以下结论。

1. 专任教师总数和校均数都逐年递增

表4-1的数据显示，近五年来，民办院校学校数从718所增加到749所，在学校增加的同时，民办院校专任教师的总量和校均数也呈现逐年递增的趋势。其中，专任教师数从2013年的28.1415万人，到2018年的32.4338万人，增加了15.25%；校均专任教师数从2013年的392人/所，增加到2018年的433人/所。校均专任教师人数的增加是民办院校办学规模扩大的必然选择，也是民办院校加强质量建设、重视教师队伍培育的结果。

2. 民办院校专任教师所占比重相对稳定

尽管民办院校专任教师数量在递增，但进一步的分析显示：民办院校专任教师数与教职工数的比例提升不明显。近6年民办院校专任教师占民办院校教职工的比例从70.64%增加到72.86%，增幅仅为2.22%；民办院校专任教师占全国普通高等学校专任教师数量的比例，从2013年到2016年逐年递增，但2017年和2018年稍有回落，但都基本维持在19%左右，占全国高校专任教师数的1/5不到。

虽然专任教师比例相对稳定，但是民办高校在校生占所有普通高校在校生的比例稳定在23%左右，民办高校学校数量占所有普通高校学校数量的比例维持在28%左右。由此看出，学校和在校生数比例明显高于专任教师数比例。民办高校专任教师数量仍然处于不充裕的状态。

3. 民办院校生师比相对较高

对比表4-1中6指标与1指标的比例（即全国民办院校的生师比），和12指标与8指标的比例（即全国所有普通高校的生师比），发现全国民办院校的生师比在19∶1左右，而全国普通高校的生师比在16∶1左右，民办院校的生师比普遍较高。这一数据体现出民办院校存在教师队伍总量不足的现实，而较高的生师比意味着民办院校教师可能承担了更多的教学任务。

（二）民办本科院校教师队伍建设概况①

《国家中长期教育改革与发展规划纲要（2010—2020年）》指出：要"支持民办学校创新体制机制和育人模式，提高质量，办出特色，办好一批高水平民办学校"，落实纲要精神，民办本科院校在教师队伍建设上作了较多的探索，队伍建设得到根本性变化。

1. 民办本科院校专任教师队伍状况②

来自于教育部高等教育教学评估中心的数据统计，从2011年到2018年，民办本科院校中专任教师数量稳中有升，从183032人增长到234654人，增幅达到28.2%。2011—2018年民办本科专任教师数见表4-2和图4-1。

---

① 此部分民办本科院校教师数据含独立学院教师数据。
② 此部分数据来源于教育部高等教育教学评估中心。

表 4-2　　　　　　　民办本科院校专任教师数量　　　　　　（单位：人）

年份	2011	2012	2013	2014	2015	2016	2017	2018
人数	183032	196888	205941	223765	229505	230254	231092	234654

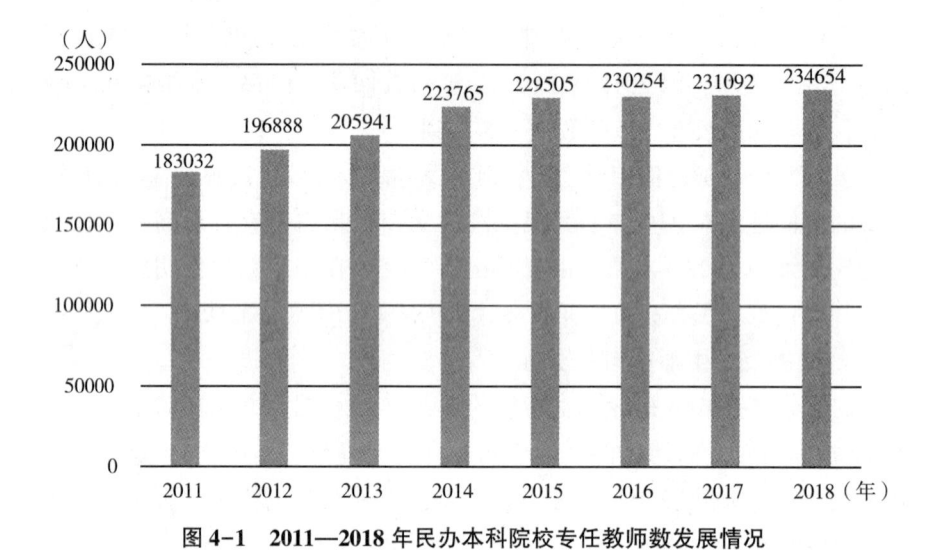

图 4-1　2011—2018 年民办本科院校专任教师数发展情况

在教师队伍总量增长的同时，队伍的结构在不断优化，在高职称、高学历的队伍建设方面成效尤为明显。其中：高级职称教师比例稳定在36%左右。如表 4-3 所显示，2011—2017 年期间，民办本科院校专任教师队伍中，正高级职称和副高级职称的教师占教师总量的比例维持在36%左右。

表 4-3　　　　　　民办本科院校专任教师职称状况

年份	总数（人）	正高级	副高级	中级	初级	未定级	高级职称教师占比（%）
2011	183032	20032	46302	67642	36674	12382	36.24
2012	196888	21611	50138	74357	37880	12902	36.44
2013	205941	21851	52001	79172	37357	15560	35.86
2014	223765	23578	57002	87528	38549	17108	36.01
2015	229505	24055	58254	91006	37999	18191	35.86
2016	230254	23499	58738	91998	36881	19138	35.71
2017	231092	23755	60246	92603	34493	19995	36.34

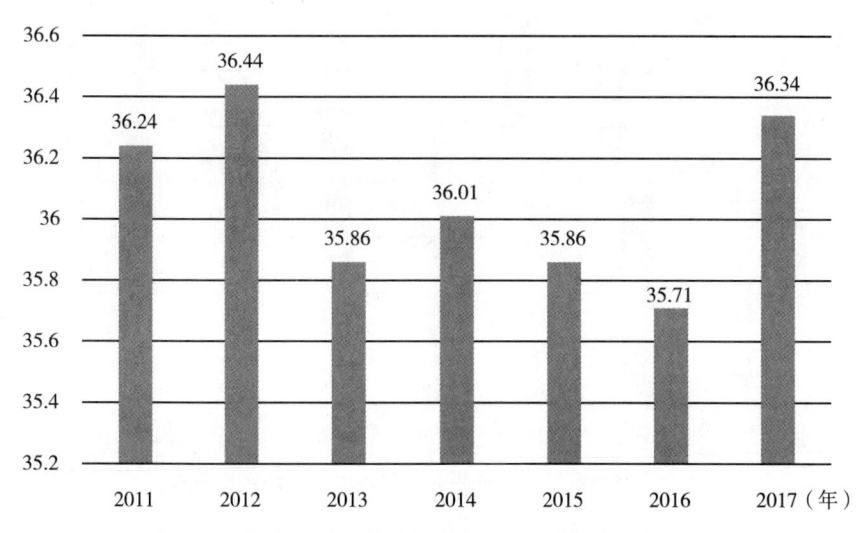

图 4-2　民办本科院校专任教师高级职称教师占比（%）

硕士及以上学历的教师逐年递增。2011—2017 年期间，民办本科院校专任教师队伍中，拥有博士学位或硕士学位的教师占比逐年递增，从 2011 年的 55.37%，增长到 2017 年的 63.07%，增幅达到 14%。这一情况可以在表 4-4 和图 4-3 中得到反映。

表 4-4　　　　　　　民办本科院校专任教师学历状况

年份	总数（人）	博士	硕士	本科	其他	硕士以上学历占比（%）
2011	183032	14797	86552	80151	1532	55.37
2012	196888	17496	95820	81726	1846	57.55
2013	205941	19096	101279	83437	2129	58.45
2014	223765	20688	110763	90074	2240	58.74
2015	229505	21812	115962	89382	2349	60.03
2016	230254	23006	117719	86912	2617	61.11
2017	231092	24858	120907	82814	2513	63.07

2. 民办本科高校外聘教师队伍状况

民办本科院校的发展，离不开社会力量的支持，尤其是作为外聘教师对师资队伍建设的支持。统计数据显示：近几年民办本科院校中外聘教师的数量稳中有升，比 2011 年增加 22.83%，增幅超过民办本科院校教师的

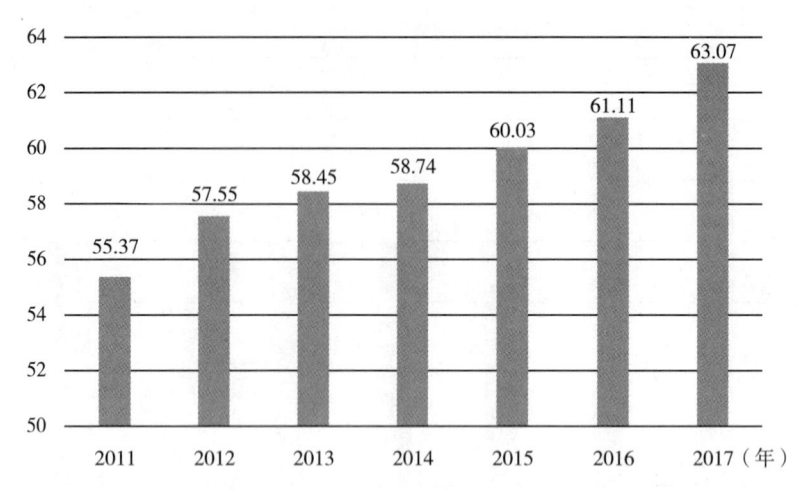

图 4-3　民办本科院校专任教师硕士以上学历占比（%）

总量变化。

表 4-5　　　　　民办本科院校外聘教师总数　　　　（单位：人）

年份	2011	2012	2013	2014	2015	2016	2017
人数	56721	56548	56968	58287	61519	65170	69673

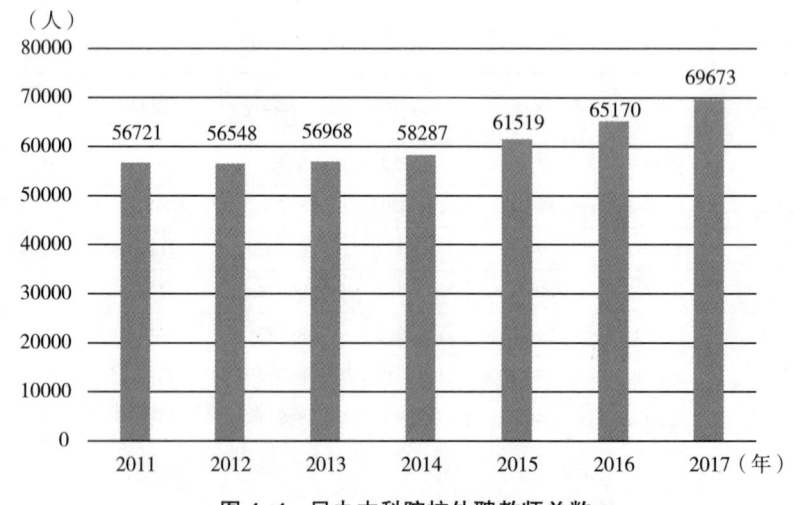

图 4-4　民办本科院校外聘教师总数

进一步的分析显示：外聘教师高级职称占比高于自有专任教师。2011—2017 年期间，民办本科院校外聘教师中，正高级和副高级教师占外聘教师的比例基本维持在48%左右。与专任教师维持在36%的比例相比，外聘教师高级职称比例高了12个百分点，这些具有丰富教学经验的高职称教师的加入，为民办院校以老带新的队伍建设机制的形成提供了重要保障。

表4-6　　　　　　　　民办本科院校外聘教师职称状况

年份	总数（人）	正高级	副高级	中级	初级	未定级	高级职称占比（%）
2011	56721	9016	18355	20496	5758	3096	48.25
2012	56548	8466	18700	20862	5066	3454	48.04
2013	56968	8465	19099	20837	4715	3852	48.38
2014	58287	8549	19953	20460	4793	4532	48.89
2015	61519	9010	20867	21906	4448	5288	48.56
2016	65170	9264	21756	23432	4627	6091	47.59
2017	69673	10352	23103	24467	4928	6823	48.01

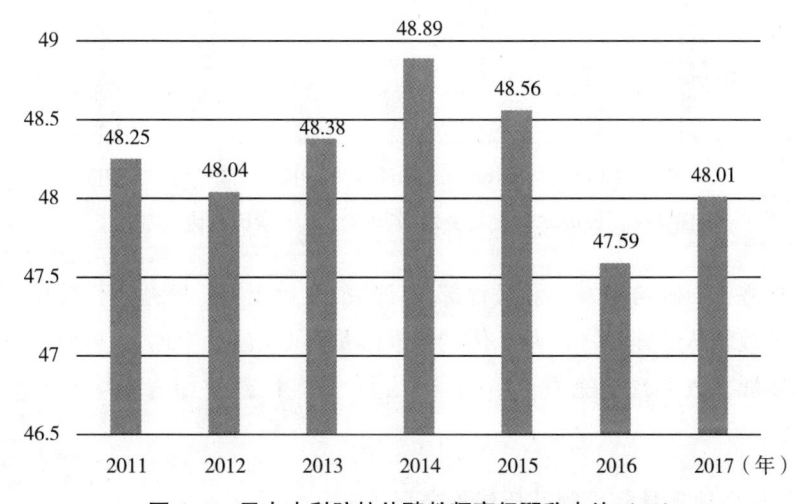

图4-5　民办本科院校外聘教师高级职称占比（%）

与自有专任教师比，在学历方面，外聘教师硕士以上学历占比60%左右，这一比例近几年都较为稳定。2011—2017年期间，民办本科院校外聘教师中，博士学历和硕士学历的加总数占外聘教师总数的60%。这一情况可以在表4-7和图4-6中得到直观的反映。

表 4-7　　　　　　　民办本科院校外聘教师学历状况

年份	总数（人）	博士	硕士	本科	其他	硕士学历以上占比（%）
2011	56721	7360	26815	21799	747	60.25
2012	56548	7977	27086	20723	762	62.01
2013	56968	8642	26567	20901	858	61.80
2014	58287	8319	26741	22181	1046	60.15
2015	61519	9233	27696	23541	1049	60.03
2016	65170	9617	29413	24816	1324	59.89
2017	69673	11676	31043	25641	1313	61.31

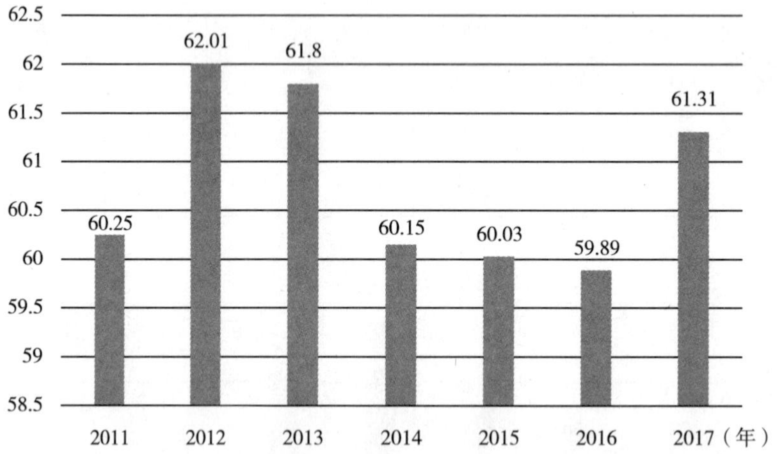

图 4-6　民办本科院校外聘教师硕士以上学历占比（%）

总之，面临自身发展和教育部门评估的双重压力，民办本科院校大多加快了教师队伍建设。教师队伍的规模总量不断增加，高学历高职称教师大幅增加。教师教学能力不断提高，适应了本科教学和人才培养的队伍需要。

（三）独立学院教师队伍建设概况

独立学院是民办教育的重要组成部分，是中国高等教育大众化进程的参与力量，也是中国高等教育创新办学机制、探索办学模式的重要创举，已成为中国高等教育的重要力量。独立学院一定程度上缓解了经济增长对高素质人才的需求，为民间资本进入教育领域提供路径，满足了公众接受优质高等教育的现实需求。2012—2018 年全国独立学院教师队伍发展情况见表 4-8。

表 4-8　　　　　　　　　全国独立学院专任教师情况

序号	指标	2012 年	2013 年	2014 年	2015 年	2016 年	2017 年	2018 年
1	专任教师（万人）	13.97	13.88	13.63	13.21	12.34	12.22	12.40
2	教职工数（万人）	18.92	18.63	18.33	17.67	16.49	16.23	16.39
3	在校生数（万人）	278.4	275.85	269.06	259.42	246.74	248.47	255.1
4	1 指标与 2 指标的比例（%）	73.84	74.5	74.36	74.76	74.83	75.29	75.66
5	3 指标与 1 指标的比例（%）	19.92	19.87	19.74	19.63	20.00	20.33	20.57

资料来源：根据国家统计局网站公布的"各级各类民办教育基本情况"整理。

从表 4-8 看出，1 指标与 2 指标的比例，即全国独立学院专任教师数量占教职工总数的比例在逐年递增，高于全国民办院校专任教师数量占教职工总数的比例 1—3 个百分点。

分析 2012—2018 年独立学院的生师比，每年都在 19∶1 或 20∶1 左右，与全国民办院校整体情况基本保持一致，近年来还有所提高。独立学院教师队伍数量依然需要持续增加。

（四）民办高职院校教师队伍建设概况

民办高职（专科）院校 2016 年以前的教师状态数据并不能从教育统计数据中找到，从近 3 年查到的数据中看出，民办高职（专科）院校学校数、教职工数、专任教师数和在校生数都逐年递增，但通过计算近三年的生师比发现，生师比在逐年降低，可见民办高职院校整体在重视教师队伍的建设，着力解决教师总量不足的问题。

表 4-9　　　　　　全国民办高职（专科）院校教师情况

序号	指标	2016 年	2017 年	2018 年
1	学校数（所）	317	320	330
2	教职工数（人）	116274	120842	126060
3	专任教师数（人）	81040	85009	89589

续表

序号	指标	2016 年	2017 年	2018 年
4	在校生数（人）	2266114	2267744	2325143
5	生师比（4 指标与 3 指标的比例）	27.96	26.68	25.95

资料来源：根据教育部网站"教育统计数据"中的数据整理而来。

但实际情况中，民办高职各学校间差异很大。如根据《广州日报》数据和数字化研究院 2018 年 3 月发布的《民办高等教育发展报告（广东 2018）》，广东省民办高职高专中，生师比最低的只有 11.54∶1，最高的为 28.16∶1，相差近两倍多。当然，这与每所学校办学定位不同。如生师比最低的广东碧桂园职业学院，是全国唯一专招贫困家庭学子的全免费、纯慈善高等院校，学校办学规模整体不大，在校生数相对较少，全校只有在校生 646 人，同时专任教师只有 56 人。

表 4-10　　广东省民办高职高专院校师生数量

院校名称	在校生数（人）	专任教师数（人）	生师比	院校名称	在校生数（人）	专任教师数（人）	生师比（%）
广东碧桂园职业学院	646	56	11.54	广州南洋理工职业学院	10502	480	21.88
广州现代信息工程职业技术学院	6173	420	14.70	广东南方职业学院	9220	418	22.06
广东亚视演艺职业学院	2181	135	16.16	惠州经济职业技术学院	10465	474	22.08
广州东华职业学院	7043	404	17.43	广州松田职业学院	4150	187	22.19
广东信息工程职业学院	3585	200	17.93	广东文理职业学院	10345	459	22.54
广东工商职业学院	11998	664	18.07	广东岭南职业技术学院	16300	714	22.83
广州华立科技职业学院	12187	647	18.84	广东新安职业技术学院	4466	192	23.26
潮汕职业技术学院	4742	251	18.89	广州康大职业技术学院	5474	231	23.70
私立华联学院	7900	408	19.36	广州华商职业学院	10146	415	24.45
广东创新科技职业学院	10857	537	20.22	广州华夏职业学院	12398	498	24.90

续表

院校名称	在校生数（人）	专任教师数（人）	生师比	院校名称	在校生数（人）	专任教师数（人）	生师比（%）
广州城建职业学院	17428	836	20.85	广州华南商贸职业学院	5507	217	25.38
广州科技职业技术学院	13427	628	2138	广州珠江职业技术学院	6224	221	28.16
珠海艺术职业学院	3562	168	21.20	广东酒店管理职业技术学院	4000	—	—
广州涉外经济职业技术学院	10380	480	21.63				

二 民办院校教师队伍建设政策支持

民办院校教师队伍的建设与发展离不开良好的政策环境与制度保障，党和政府高度重视教师队伍建设，建章立制，使队伍建设在法治化、规范化的框架下有序开展。

（一）全国民办院校教师队伍建设政策支持

1. 1994年以来国家层面与教师相关政策文件

从1994年颁布《中华人民共和国教师法》以来，国家陆续出台了与教师工作相关的制度文件，以此来引导全国教师工作的规范开展。民办教育作为国家教育事业的组成部分，自然也是需要依法办学，按章办事。

表4-11　　1994年以来国家层面出台的与教师相关政策文件

序号	文件名称	发布时间	发文字号
1	中华人民共和国教师法	1994	中华人民共和国主席令第15号
2	教师和教育工作者奖励规定	1998	教人〔1998〕1号
3	教师资格条例	2000	中华人民共和国教育部令第10号
4	关于首次认定教师资格工作若干问题的意见	2001	教人〔2001〕4号
5	教育部关于进一步加强和改进师德建设的意见	2005	教师〔2005〕1号
6	国务院关于加强教师队伍建设的意见	2012	国发〔2012〕41号

续表

序号	文件名称	发布时间	发文字号
7	教育部关于建立健全高校师德建设长效机制的意见	2014	教师〔2014〕10号
8	国务院关于深化人才发展体制机制改革的意见	2016	中发〔2016〕9号
9	教育部关于深化高校教师考核评价制度改革的指导意见	2016	教师〔2016〕7号
10	教育部等七部门关于印发《职业学校教师企业实践规定》的通知	2016	教师〔2016〕3号
11	教育部关于全面推进教师管理信息化的意见	2017	教师〔2017〕2号
12	中共中央办公厅 国务院办公厅印发《关于分类推进人才评价机制改革的指导意见》的通知	2018	中办发〔2018〕6号
13	中共中央 国务院关于全面深化新时代教师队伍建设改革的意见	2018	中发〔2018〕4号
14	教育部等五部门关于印发《教师教育振兴行动计划（2018—2022年）》的通知	2018	教师〔2018〕2号
15	教育部关于印发《新时代高校教师职业行为十项准则》等的通知	2018	教师〔2018〕16号
16	教育部关于高校教师师德失范行为处理的指导意见	2018	教师〔2018〕17号
17	教育部关于印发《普通高等学校思想政治理论课教师队伍培养规划（2019—2023年）》通知	2019	教社科函〔2019〕10号
18	教育部等四部分关于印发《深化新时代职业教育"双师型"教师队伍建设改革实施方案》的通知	2019	教师〔2019〕6号

2. 地方政府出台的教师相关文件——以陕西省为例

除了国务院和教育部出台的一系列教师相关政策文件，各地也根据实际情况制定实施方案和管理办法等，细化和落实国家政策，对具体工作做出指导。以陕西省为例，2013年以来制定了如下政策文件。

表4-12　　　　　　　　陕西省教师工作相关文件制度

序号	文件名称	发布时间	发文字号
1	陕西省教育厅关于西安欧亚学院成立"陕西省高校教师培训基地"的批复	2013	陕教师〔2013〕9号
2	关于印发《陕西省省属高等院校教师发展中心建设评估办法（试行）》的通知	2014	陕教规范〔2014〕20号

续表

序号	文件名称	发布时间	发文字号
3	关于印发《陕西省省属高校用人制度改革实施办法（试行）》的通知	2014	陕教规范〔2014〕19号
4	关于印发《陕西省高等学校副教授评审权授予及管理办法》的通知	2014	陕教规范〔2014〕11号
5	关于贯彻落实教育部关于建立健全高校师德建设长效机制的意见的通知	2015	陕教师〔2015〕24号
6	关于授予陕西省省属高等学校副教授评审权的通知	2016	陕教〔2016〕282号
7	陕西省教育厅关于印发《陕西高校青年创新团队管理办法》的通知	2018	陕教规范〔2018〕14号
8	关于印发《陕西省"师德师风建设强化年"实施方案》的通知	2019	陕教〔2019〕109号
9	关于深入学习贯彻教育部教师职业行为"十项准则"系列文件精神全面加强师德师风建设的通知	2019	陕教师办〔2018〕39号

3. 教育相关法律文件中涉及的教师条款

民办院校由于其发展历史、办学资金来源和管理体制等的特殊性，要求民办院校的教师工作不但要遵循全国统一的教师工作规范，还得符合民办教育相关法律法规中规定的要求，同时也接受相关条款的工作激励。由于民办教育的管理主体在地方政府，所以省级出台的相关文件更多更具体些，现仍以陕西省为例来进行分析。

表4-13　　　　　教育相关法律文件中涉及的教师内容

序号	文件名称	发布时间	发文字号	相关条款或内容
1	民办高等学校办学管理若干规定	2007	教育部令第25号	第十六条、第十七条
2	教育部关于鼓励和引导民间资金进入教育领域促进民办教育健康发展的实施意见	2012	教发〔2012〕10号	（十二）落实民办学校教师待遇
3	中华人民共和国教育法	2016（修正）	1995年主席令第45号	第四章 教师和其他教育工作者
4	国务院关于鼓励社会力量兴办教育 促进民办教育健康发展的若干意见	2016	国发〔2016〕81号	（十八）保障学校师生权益 （二十四）加强教师队伍建设

续表

序号	文件名称	发布时间	发文字号	相关条款或内容
5	中华人民共和国高等教育法	2019（修正）	1998年主席令第7号	第五章 高等学校教师和其他教育工作者
6	陕西省人民政府关于进一步支持和规范民办高等教育发展的意见	2011	陕政发〔2011〕78号	六、努力提升教师队伍的整体水平
7	陕西省人民政府关于进一步支持和规范民办高等教育发展的意见	2012		六、努力提升教师队伍的整体水平
8	陕西省人民政府办公厅印发关于进一步支持和规范民办高等教育发展意见任务分工的通知	2012	陕政办〔2012〕59号	六、努力提升教师队伍的整体水平
9	陕西省人民政府关于鼓励社会力量兴办教育促进民办教育健康发展的实施意见	2018	陕政发〔2018〕2号	（十七）完善教师社保养老保障机制（十八）保障师生合法权益（二十四）加强教师队伍建设
10	陕西省教育厅等三部门关于修订印发《陕西省营利性民办学校监督管理实施办法》的通知	2018	陕教规范〔2018〕6号	第二十六条

（二）部分省市民办院校教师发展相关政策

2018年，中共中央、国务院印发了《关于全面深化新时代教师队伍建设改革的意见》，教育部印发《新时代高校教师职业行为十项准则》，释放出新时代建设党和人民满意的高素质创新型教师队伍的强烈信号，特别是对双师型教师队伍建设提出了新要求。各地方政府积极响应国家号召，多措并举加强教师队伍建设，以提高学校办学质量，提升学校服务地方社会经济发展的能力和水平。

1. 上海市设立民办高校教师专业发展中心

加强民办院校师资队伍建设，推动民办院校内涵发展，上海市教委2012年6月启动实施民办高校"强师工程"教师培训项目。项目实施以来，成效显著，受到民办高校和教师的普遍欢迎。有500多人次来自国内外的专家学者为民办高校教师授课，有3172人次的民办高校教师参加了各类培训，培训项目的种类涉及新教师入职培训、科研能力提升培训、学科专业类骨干教师培训、国外高校硕士研修项目、国外高校课程研修项目等20多项。截至2017年9月，已经有91位教师获得了英国、美国、新加坡著名高校的硕士学位；有 64 位教师赴英国、美国、芬兰等高校开展为期一个学期的访学和课程研修；而更多的教师和管理人员在国内参加各类培训学习。在全市民办高校的大力支持和配合下，"强师工程"教师培训项目已经成为上海市民办高校教师专业发展的高地①。民办高校"强师工程"教师培训项目通过在全市范围内开展各类教师专题培训及课题研究工作，全面提升了民办高校教师的教学技能、科研能力及学校管理能力，推动了民办高校向有特色、高水平发展。

2014 年 1 月，为进一步构建民办高校教师专业发展长效机制，建立民办高校教师专业发展学习共同体，上海市民办高校教师专业发展中心成立，为全市 20 所民办高校的教师和学校管理人员开展各类培训。五年来，上海市民办高校教师专业发展中心组织了三届民办高校教师教学技能大赛，一批优秀的教师在大赛中脱颖而出，成为民办高校的教学骨干。近几年来，上海市教委每年出资近 2000 万元专门用于民办高校的教师队伍建设，在全市层面构建民办高校教师专业发展的平台，在全国也是首创。

2. 福建省实施全省民办高校强师工程

2010 年，福建省教育厅下发了《关于支持民办高校加强内涵建设的若干意见》，其中明确提出要大力促进民办高校教师队伍建设，加大力度增加有效措施支持教师的专业发展和技能提升。2012 年，福建省政府制定出台了《关于进一步支持和规范民办高等教育发展的若干意见》[闽政（2012）54 号]，文件中对加强教师队伍建设给出了系列强有力的支持措施。2013 年，福建省政府为支持民办高校的发展，专门成立了一个 1000 万的专项资金库，启动并实施了全省民办高校强师工程，组织 1300 余名民办高校教师接受培训，省财政支付培训费近 400 万元；实施民办高校特色优势专业奖励计划，对进入全省高职专业排名前 1/3 的 8 所民办高校的 17 个专业类，进行奖励扶持，奖励资金共计 390 万元。除专项资金外，在政府资助的示范性高职高校建设和本科质量评估测评这些省一级的项目中，对综合表现良好的民办高校都做出了实际的倾斜支持。一些民办高校得到了中央和省市财政很大资金支持，如泉州信息学院，近五年获得中央财政给予的实训基地的补助达 730 万元，福建省教育厅给予的政府补助经费 1694 万元；福州海

---

① 《上海市民办高校"强师工程"教师培训项目实施五周年回顾活动举行》，上海社会建设网，http://www.shjgdj.gov.cn/shjs/node5/node34/u1ai111526.html，2017 年 10 月 16 日。

峡职业技术学院从 2010 年至 2013 年获得福建省教育厅给予的政府补助经费达 1206 万元；石狮市对辖区内的闽南理工学院和泉州纺织服装职业学院分别给予 1000 万元和 500 万元的资助；晋江市人民政府投入了 500 万元专项资金用于支持泉州轻工职业学院的发展建设，还对户口属于晋江市的民办高校在校生给予了每年人均 1000 元的鼓励资助。①

3. 浙江省民办高校教师收归事业编制统一管理

为民办学校选派一定比例的公办教师或给予一定比例事业编制也是促进民办学校发展、稳定教师队伍的重要举措。浙江杭州、宁波和温州等几个市把民办高校教师收归事业编制统一管理。2010 年，根据《国家中长期教育改革和发展规划纲要（2010—2020 年）》的部署，浙江省成为全国唯一的民办教育综合改革试点省份，承担民办教育分类管理、清理对民办教育的各类歧视性政策、探索制定公共财政资助民办教育具体政策等关键任务。② 2013 年，浙江省人民政府出台了《关于促进民办教育健康发展的意见》。《意见》规定："民办学校教师参加事业单位养老保险的，按照当地事业单位养老保险统筹缴费标准参保并享受相应养老待遇。积极鼓励民办学校为教师建立年金等补充保险制度，进一步提高他们的退休待遇。"《温州市关于进一步加强民办学校教师队伍建设的实施办法》（2013）规定，"各地教育部门要积极派遣公办学校教师到民办学校支教，扶持民办学校师资队伍建设"，"公办学校教师经组织委派到登记为民办事业单位法人的民办学校支教，其原有的公办教师身份、档案关系、工资和社会保险等均保持不变，同时享受民办学校的应有待遇，支教期满，回原单位任教"。同时，浙江省要求省市县三个管理等级都要建立专门的民办教育发展资金，通过保障教师待遇，对学校科研给予奖励，提供一定的生均经费等形式对民办学校的发展给予支持，从政府财政经费中出资给以财政扶持，逐步探索建立形式多样的、针对民办教育的政府参与的公共财政扶持体系。2011 年宁波市政府给宁波大红鹰学院（现改名为宁波财经学院）1000 个事业编制，用于解决民办高校教师身份的问题，教师在退

---

① 官庆瑜：《福建省民办高校教师队伍建设现状及对策研究》，硕士学位论文，福建师范大学，2017 年。

② 国务院办公厅：《关于开展国家教育体制改革试点的通知》（国办发〔2010〕48 号），2010 年 12 月 5 日。

休后可以享受与公办高校教师同等的待遇保障。① 浙江树人学院、浙江大学城市学院等民办高校均有 60%—90% 的事业编制。

4. 湖南省确立民办学校属于民办事业单位性质

早在 2008 年，湖南省就发布《湖南省人民政府关于促进民办教育发展的决定》（湘政发〔2008〕1 号），明确"民办教育事业属于公益性事业，是社会主义教育事业的组成部分。民办学校是民办事业单位，民办学校与公办学校具有同等的法律地位"。强调保障民办学校教师的合法权益。允许教师在公办学校与民办学校之间合理流动，公办学校教师到民办学校工作的，工龄连续计算，民办学校教师如果被国家机关和事业单位录（聘）用，在民办学校从业的年限计算为连续工龄。民办学校应当依法保障教职工的工资、福利待遇，并按国家和省有关政策规定为教职工缴纳社会保险费。民办学校教师在教师资格认定、业务进修、职称评定、表彰奖励、科研立项、职业技能鉴定等方面均与公办学校教师同等对待，统一管理。同时从 2008 年起，省财政在教育事业经费之外，每年安排民办教育发展专项资金 500 万元。民办教育发展专项资金应随同级财政收入的增长而逐年增加。

5. 陕西省每年拿出 3 亿—4 亿元扶持民办高校发展

陕西省是我国民办高等教育发展比较早、发展比较成熟的省份之一，省政府对于民办高等教育的财政支持力度也较大。2011 年底，陕西省出台《关于进一步支持和规范民办高等教育发展的意见》（陕政发〔2011〕78 号），"依法保障教职工工资及其他福利待遇。民办高校要参照当地公办高校教职工现行工资标准，制定教职工工资标准，并根据物价水平适时调整"。"民办高校教职工，凡符合申请当地保障性住房条件的，均作为保障对象纳入保障范围。"从 2012 年起省财政每年拿出 3 亿元（2019 年达到 4 亿元）专项资金，主要用于民办高校提高教学质量、建设师资队伍、建设实验实训基地、提升科研能力和改善办学条件等方面。目前，专项资金的导向作用已初见成效，民办高校的校园环境、教学条件、师资队伍建设、内部管理水平等得到大幅提升；教学科研、学科建设、人才培养等方面也取得了重大突破。2018 年，陕西省人民政府出台《关于鼓励社会力量兴办教育促进民办教育健康发展的实

---

① 景安磊：《民办高校教师权益实现研究》，社会科学文献出版社 2019 年版，第 102 页。

施意见》，提出"完善学校、个人、政府合理分担的民办学校教职工社会保障机制。民办学校应当按照分类登记性质为教职工足额缴纳社会保险费和住房公积金，鼓励民办学校按规定为教职工办理职业年金等补充养老保险，提高民办学校教师社保缴费水平"。"民办学校教师在资格认定、职务评聘、培养培训、评优表彰等方面与公办学校教师享有同等权利。非营利性民办学校教师享受当地公办学校同等的人才引进政策。"进一步落实了民办高校教师的各项权益。

三 民办院校教师队伍建设成效及案例

民办院校的师资队伍从无到有、从数量到质量的变化，是民办院校的举办者、管理者共同努力的结果。从实践来看，民办院校"求贤若渴"，采用多种途径，加强师资队伍建设，确保教学的稳定、确保办学质量的提升。

（一）民办院校教师队伍建设成效[①]

为提升教师队伍整体素质，各民办院校纷纷建立院士工作室，聘请两院院士、国务院特殊津贴获得者、全国优秀教师、长江学者等来校工作，涌现出国家级教学名师和国家级教学团队，大力培养省级教学名师和省级教学团队，国际化办学深入，外籍教师数量增加，师资队伍建设成果丰硕。

1. 引进院士，设立院士工作站

据不完全统计，全国至少有 11 所民办院校设有院士工作站，联合进行科学技术研究的高层次科技创新平台的设立，不但为两院院士及其团队提供平台，也有效带动了民办院校的科研水平，培育提高了民办院校的教师科研能力。同时，至少 44 所民办院校聘请两院院士或外籍院士担任学校的校长、名誉校长、首席顾问、学科带头人或客座教授等职位，充实了民办高校的高水平师资队伍。23 所学校官网主页上显示聘有院士，但数量不详。其余 21 所学校统计出来至少聘有院士 34 人。

---

① 本部分中的数据由笔者从各民办院校官网"学校简介"内容中统计汇总而来。

表 4-14　　　　　　　部分民办院校院士工作站开展情况

序号	学校名称	数量	序号	学校名称	数量
1	河北外国语学院	1	7	三亚学院	2
2	河北东方学院	有	8	四川工业科技学院	1
3	辽宁何氏医学院	有	9	西京学院	1
4	安徽三联学院	有	10	陕西国际商贸学院	1
5	潍坊科技学院	3	11	重庆房地产职业学院	1
6	黄河科技学院	有			

表 4-15　　　　　　　部分民办院校院士聘请情况

序号	省市	学校名称	院士数量	序号	省市	学校名称	院士数量
1	天津	北京科技大学天津学院	1	23	河南	黄河科技学院	有
2	河北	河北外国语学院	3	24		信阳航空职业学院	2
3		华北理工大学冀唐学院	有	25	湖北	汉口学院	1
4		河北东方学院	有	26		武昌理工学院	有
5	山西	太原理工大学现代科技学院	有	27		武汉生物工程学院	1
6		山西农业大学信息学院	有	28		湖北文理学院理工学院	有
7	辽宁	沈阳工学院	1	29	广东	文华学院	1
8		辽宁何氏医学院	有	30		广东财经大学华商学院	1
9	吉林	长春理工大学光电信息学院	2	31		北京师范大学珠海分校	1
10		长春科技学院	有	32		北京理工大学珠海学院	3
11	江苏	南京大学金陵学院	有	33		吉林大学珠海校区	有
12	浙江	浙江树人学院	2	34	海南	三亚学院	有
13		浙江大学宁波理工学院	有	35		海南健康管理职业技术学院	有
14		浙江农林大学暨阳学院	1	36	四川	成都理工大学工程技术学院	有
15		温州大学瓯江学院	1	37		四川工业科技学院	有
16	安徽	安徽三联学院	有	38		资阳环境科技职业学院	4
17	福建	厦门工学院	2	39	贵州	茅台学院	有
18	江西	南昌理工学院	2	40	云南	云南经济管理学院	1
19		江西师范大学科学技术学院	1	41	陕西	西京学院	有
20		共青科技职业学院	有	42		陕西国际商贸学院	1
21	山东	烟台南山学院	有	43		西北大学现代学院	有
22		潍坊科技学院	2	44	重庆	重庆房地产职业学院	有

2. 国务院特殊津贴专家聘请超百人

表 4-16　　部分民办院校国务院特殊津贴专家聘请情况

序号	省市	学校名称	数量	序号	省市	学校名称	数量
1	天津	天津外国语大学滨海外事学院	有	32	河南	黄河科技学院	有
2		北京科技大学天津学院	2	33		郑州工业应用技术学院	2
3	河北	河北工业大学城市学院	有	34		郑州升达经贸管理学院	2
4		华北理工大学冀唐学院	有	35		郑州电子信息职业技术学院	2
5		河北东方学院	有	36		信阳航空职业学院	有
6	吉林	长春光华学院	有	37	湖北	武汉东湖学院	有
7		长春财经学院	有	38		汉口学院	5
8		吉林建筑科技学院	1	39		武昌理工学院	18
9		长春科技学院	有	40		武汉晴川学院	有
10		东北师范大学人文学院	有	41		湖北文理学院理工学院	有
11	黑龙江	黑龙江外国语学院	3	42		武汉学院	有
12		哈尔滨剑桥学院	1	43	湖南	长沙医学院	9
13	辽宁	辽宁广告职业学院	1	44		衡阳师范学院南岳学院	有
14	上海	上海建桥学院	9	45		湖南应用技术学院	2
15	江苏	三江学院	4	46	广东	华南理工大学广州学院	3
16		江海职业技术学院	有	47		广州工商学院	2
17	浙江	浙江大学宁波理工学院	有	48		广州城建职业学院	有
18		浙江师范大学行知学院	有	49	海南	海口经济学院	2
19		浙江工商大学杭州商学院	1	50	重庆	重庆工程学院	5
20	福建	阳光学院	3	51		重庆交通职业学院	7
21		福州外语外贸学院	1	52		重庆资源与环境保护职业学院	2
22	江西	南昌理工学院	10	53	四川	四川工商学院	有
23		南昌工学院	6	54		西南科技大学城市学院	有
24	山东	山东英才学院	9	55		四川电影电视学院	7
25		山东协和学院	1	56		四川托普信息技术职业学院	2
26		青岛工学院	1	57		四川国际标榜职业学院	3
27		齐鲁理工学院	3	58		四川汽车职业技术学院	有
28		青岛飞洋职业技术学院	有	59		广元中核职业技术学院	2
29	陕西	陕西国际商贸学院	4	60	贵州	贵州民族大学人文科学学院	有
30		西安交通大学城市学院	4	61		贵州工程职业学院	1
31	甘肃	西北师范大学知行学院	有				

国务院特殊津贴专家是党中央、国务院按照一定程序认定进行国务院政府特殊津贴的专家的称号，免征个人所得税。国务院特殊津贴专家是各行各业的突出贡献者，是各领域的学术带头人。据不完全统计，有 61 所民办高校聘请了国务院特殊津贴专家，其中，有 25 所民办高校资料显示本校师资队伍中国务院特殊津贴专家，但未告知具体人数。从另外 36 所民办高校中，统计出共聘有国务院特殊津贴专家 140 人。

3. 少数高校聘有"全国优秀教师"

全国优秀教师是教师队伍中的先进模范，他们具有高尚的师德和先进的教育思想，扎实工作，锐意改革，积极进取。不完全统计，全国民办院校中，有 25 所民办院校聘有"全国优秀教师"，有数可查的 16 所高校中，共聘有"全国优秀教师" 24 位。

表 4-17　　　　部分民办院校"全国优秀教师"聘请情况

序号	省市	学校名称	数量	序号	省市	学校名称	数量
1	辽宁	辽宁对外经贸学院	有	14	河南	河南师范大学新联学院	有
2	北京	北京经贸职业学院	1	15		安阳学院	1
3	吉林	长春光华学院	有	16		河南科技学院新科学院	有
4	上海	上海建桥学院	1	17		商丘学院	1
5	浙江	浙江树人学院	2	18		郑州理工职业学院	2
6		浙江农林大学暨阳学院	1	19	湖南	长沙医学院	2
7	江西	南昌工学院	1	20		湖南农业大学东方科技学院	有
8	山东	烟台大学文经学院	1	21		衡阳师范学院南岳学院	有
9		山东华宇工学院	1	22	四川	四川外国语大学重庆南方翻译学院	有
10		齐鲁理工学院	4	23		四川国际标榜职业学院	2
11	湖北	武汉生物工程学院	2	24		四川城市职业学院	2
12	广东	华南理工大学广州学院	1	25	甘肃	西北师范大学知行学院	1
13		广东文理职业学院	有				

4. 涌现出国家级教学名师

国家级教学名师奖是中华人民共和国教育部颁发的教学类奖项，旨在表彰既具有较高的学术造诣，又长期从事基础课教学工作，注重教学改革与实践，教学水平高，教学效果好的教授。民本本科高校通过培养和引进相结合，至少已经有11所高校涌现出国家级教学名师。国家级教学名师对引领民办高校教学改革做出了突出的贡献。

表 4-18　　　　部分民办院校国家级教学名师聘用情况

序号	省份	学校名称	数量	序号	省份	学校名称	数量
1	大连	大连艺术学院	1	7	广东	北京理工大学珠海学院	1
2	福建	福州外语外贸学院	1	8	广东	中山大学新华学院	1
3	山东	山东英才学院	1	9		广州城建职业学院	有
4	河南	黄河科技学院	有	10	海南	三亚学院	1
5	湖北	武汉生物工程学院	1	11	四川	四川托普信息技术职业学院	1
6	陕西	西北工业大学明德学院	有				

5. 国家级教学团队建设取得突破

民办院校在国家级教学团队的建设中也取得突破。山东英才学院以杨文教授为带头人的幼儿英语教学法教学团队被评为2009年国家级教学团队。齐鲁医药学院软件技术专业教学团队也被评为国家级教学团队。

6. 省（直辖市、自治区）级教学团队大量入选

据不完全统计，有59所学校的184个教学团队入选省级教学团队。省级教学团队在教学内容和方法改革、开发教学资源、促进教学研讨和教学经验交流方面，在推进教学工作的传、帮、带方面等取得了显著成效。省级教学团队的建立加快提升了教师教学水平的快速提高。

表 4-19　部分民办院校省（直辖市、自治区）级教学团队入选情况

序号	省市区	学校名称	数量	序号	省市区	学校名称	数量
1	辽宁	辽宁对外经贸学院	3	31	山东	齐鲁医药学院	4
2		沈阳工学院	7	32		烟台南山学院	1
3		大连艺术学院	3	33		山东现代学院	2
4	吉林	吉林外国语大学	10	34		山东协和学院	4
5		长春光华学院	5	35		山东师范大学历山学院	1
6		长春理工大学光电信息学院	2	36		山东科技大学泰山科技学院	2
7		长春财经学院	4	37		山东华宇工学院	2
8		吉林建筑科技学院	6	38		潍坊工商职业学院	1
9		长春建筑学院	3	39	广东	中山大学南方学院	3
10		长春科技学院	6	40		广东财经大学华商学院	1
11		长春大学旅游学院	4	41	广西	桂林山水职业学院	1
12		东北师范大学人文学院	7	42	海南	海口经济学院	8
13	黑龙江	哈尔滨石油学院	有	43		成为四川外国语大学重庆南方翻译学院	1
14	安徽	安徽三联学院	8	44	四川	四川传媒学院	有
15		安徽师范大学皖江学院	3	45		成都文理学院	2
16		民办合肥财经职业学院	2	46		四川城市职业学院	1
17	福建	闽南科技学院	3	47	云南	云南工商学院	3
18		福建师范大学协和学院	3	48	陕西	西安培华学院	6
19		福州外语外贸学院	2	49		西安翻译学院	6
20		福建农林大学金山学院	2	50		西安思源学院	6
21	江西	江西科技学院	2	51		陕西国际商贸学院	4
22		南昌理工学院	2	52		西安财经大学行知学院	1
23		江西服装学院	2	53		西北工业大学明德学院	4
24		江西新能源科技职业学院	4	54	甘肃	兰州财经大学长青学院	1
25	湖南	衡阳师范学院南岳学院	1	55	宁夏	宁夏理工学院	4
26	湖北	武汉信息传播职业技术学院	1	56		银川能源学院	3
27	北京	北京科技经营管理学院	1	57	上海	上海东海职业技术学院	7
28	浙江	杭州万向职业技术学院	1	58		上海工商外国语职业学院	3
29	重庆	重庆信息技术职业学院	1	59		上海邦德职业技术学院	3
30		四川外国语大学重庆南方翻译学院	1				

7. 80 所民办院校培育出省（直辖市、自治区）级教学名师

由于本次调查数据来源各民办高校官网的"学校简介"栏目，有些学校未在简介中注明具体的教师数量，能查到有省级教学名师的 80 所高校中，有 35 所高校未在官网主页中标明省级教学名师的数量，剩余有数据可查的 45 所高校中，共有 135 位省级教学名师。鉴于调查数据的不全面性，实际上全国民办高校中省级教学名师的受聘数量应该远远大于能统计到的数字。

表 4-20　　部分民办院校省级教学名师入选情况

序号	省市区	学校名称	数量	序号	省市区	学校名称	数量
1	北京	北京城市学院	有	42	江西	南昌工学院	6
2		北京吉利学院	4	43		江西新能源科技职业学院	2
3		北京科技大学天津学院	2	44		共青科技职业学院	1
4	河北	华北电力大学科技学院	3	45		齐鲁医药学院	3
5	山西	山西工商学院	4	46		山东英才学院	4
6	辽宁	辽宁对外经贸学院	有	47		山东协和学院	2
7		沈阳工学院	2	48		烟台大学文经学院	5
8		沈阳城市建设学院	有	49		山东师范大学历山学院	3
9		大连医科大学中山学院	7	50	山东	中国石油大学胜利学院	有
10		辽宁理工学院	有	51		山东科技大学泰山科技学院	2
11	吉林	吉林外国语大学	6	52		山东华宇工学院	2
12		长春光华学院	有	53		齐鲁理工学院	有
13		长春理工大学光电信息学院	2	54		山东财经大学东方学院	有
14		吉林建筑科技学院	3	55		山东力明科技职业学院	有
15		长春建筑学院	2	56	河南	黄河科技学院	有
16		长春科技学院	有	57		郑州工业应用技术学院	1
17		长春大学旅游学院	有	58		安阳学院	2
18		东北师范大学人文学院	有	59	湖北	湖北商贸学院	有
19	黑龙江	黑龙江外国语学院	有	60		衡阳师范学院南岳学院	有
20		哈尔滨石油学院	有	61	湖南	湖南工程学院应用技术学院	3
21	上海	上海杉达学院	有	62		华南理工大学广州学院	3
22		上海工商外国语职业学院	2	63	广东	中山大学南方学院	2
23		上海邦德职业技术学院	1	64		广州城建职业学院	有
24	江苏	南京理工大学泰州科技学院	有	65	广西	广西外国语学院	3
25		苏州科技大学天平学院	有	66		电子科技大学成都学院	有
26		浙江树人学院	2	67		四川工商学院	有
27		宁波财经学院	有	68	四川	四川工业科技学院	3
28	浙江	杭州电子科技大学信息工程学院	1	69		四川托普信息技术职业学院	2
29		浙江农林大学暨阳学院	2	70	贵州	贵州民族大学人文科技学院	有
30		温州医科大学仁济学院	有	71		昆明理工大学津桥学院	5
31		浙江东方职业技术学院	有	72	云南	云南艺术学院文华学院	5
32		安徽三联学院	有	73		云南工程职业学院	3
33	安徽	安徽建筑大学城市建设学院	3	74		西安外事学院	有
34		皖江工学院	4	75		西安培华学院	3
35		民办合肥滨湖职业技术学院	有	76		西安思源学院	3
36		闽南科技学院	有	77	陕西	陕西国际商贸学院	7
37	福建	福建师范大学协和学院	2	78		西安交通大学城市学院	4
38		福州外语外贸学院	有	79		西北工业大学明德学院	有
39		厦门兴才职业技术学院	有	80		西安海棠职业学院	1
40	宁夏	宁夏大学新华学院	2				
41		银川能源学院	3				

(二) 民办院校教师队伍建设案例[①]

1. 高层次人才引进

高层次人才在引领学校教学、科研和服务水平全面提升方面发挥着重要的作用。近年来各民办院校坚持人才强校战略，多举措引进高层次人才。三亚学院实施"亿元人才引进计划"，吸引高层次人才聚集学校。长沙医学院提高待遇，完善制度、专职与柔性引进相结合，近五年共引进各类高层次人才118人，柔性引进院士及其团队20名。浙江树人学院实施"高层次人才引智工程"，目前拥有博士160余人，正高职称教师84人；中国工程院院士及外籍院士各1人，全国优秀教师、省中青年学科带头人、省教学名师等高层次人才61人。厦门华夏学院加强高层次人才引进力度，从国内外高等学府、产业一线引进拔尖人才、学科带头人等，促进学校教学、科研团队的建设。在2018年《福建省普通高校发展潜力监测报告》中，学校国家级高层次人才与国家级科研项目位居全省民办高校第一名。福州外语外贸学院坚持"培、引、聘"并举，通过实施"双百人才工程"、"引智工程"等一系列举措广纳贤才，充分利用有利条件，从台湾高校引进博士教师。目前学校已拥有国务院特殊津贴专家、国家级教学名师和长江学者讲座教授各1人，29人次先后获评或获批福建省杰出人民教师、福建省高校教学名师、福建省"百千万人才工程"、福建省引进ABC类高层次人才、福建省台湾高层次人才"百人计划"、闽江学者讲座教授、福建省"新世纪优秀人才"和福建省高校"杰出青年科研人才培育计划"。南京师范大学泰州学院通过启动"高层次人才引培计划"、"研究方向团队建设计划"，两个"双百"行动计划，培养博士（含在读）58名，博士后2名，4名被评为"青蓝工程"中青年学术带头人，24名被列为泰州市"311"工程培养对象。浙江东方职业技术学院专任教师中具有博士、硕士学位的教师占85%以上，其中包括了省"151"人才、省教学名师、省教坛新秀、省高校学科（专业）带头人，以及市"551"人才和市技能大师等一批高层次高技能人才。

2. 双师型教师队伍建设

2015年，教育部、国家发改委、财政部联合发布的《关于引导部分

[①] 本部分数据主要由中国民办教育协会高等教育专业委员会《中国民办本科教育发展报告》案例征集中的案例编辑节选，部分引用各学校官网上的"学校简介"中的数据。

地方普通本科高校向应用型转变的指导意见》，引导部分地方普通本科高校向应用型转变。民办本科高校在转型发展的过程中，加强双师型教师队伍建设，提高教师应用型课程教学水平，以满足应用型人才培养的师资需要。郑州升达经贸管理学院建立健全双师型教师引进机制。近三年来共引进双师、双师素质型教师120人，占引进教师总数的40%，"双师型"教师总数达到了232人。对挂职锻炼的每位教师，发放3000元补贴，先后选派三批共86名专业教师到企业挂职，资助25名教师参加教育部组织的实践技能培训，鼓励教师参与企业项目、考取行业资格证书。在职称评定、职务晋升、评优评先等方面向"双师型"教师倾斜。西安翻译学院以引进和培养高层次人才为重点，以人事分配制度改革为动力，设立"终南学者"和"首席教授"岗位，实施"教师能力提升计划"、"中青年教师博士化工程"等。一年来共派出100余名教师在国内外参加培训进修，投入百余万元，选派了近50多名教师到企业培训锻炼。四川大学锦城学院形成业界教师走进来、学界教师走出去"双向进修"的"师资融合"。目前学校的"双师型"教师占专任教师比重已超过50%。吉林动画学院坚持"内外并举、专兼结合、学产并重"的建设思路，利用学研产一体化办学优势，加快师资队伍转型，实行学校教师与产业人员"双重身份、双向流动"的管理模式，形成了"专家引领、骨干支撑、多元组成、晶格结构"的教师队伍特色。现有专职创新创业课教师、项目指导教师90余位，聘请54名优秀校友、国内外企业家、社会知名投资人、行业专家担任创新创业导师，参与创业项目孵化、创业大赛辅导、创业政策宣导、法务咨询等，为学生创业提供高水平的专业化指导。武汉东湖学院实施"中青年教师双师化工程"，规定45岁以下的中青年教师挂职锻炼全覆盖，理工科专业教师挂职锻炼时间不少于一年，其他专业教师不少于半年。挂职期间保留工资待遇，并给予一定生活和交通补贴。2014年以来已先后派出130多名教师到企事业单位挂职锻炼，效果明显。聘请行业企业专业技术人员担任兼职教师，近年来学校来自合作企业的兼职教师常年稳定在120人左右。浙江树人学院利用行业学院优势，将行业、企业教师与专职教师相结合，组织双师型教学团队。天津滨海汽车工程职业学院"双师型"教师占专职教师总数的80%，教师队伍主要来自高校、科研单位、汽车生产、销售和维修一线，具有扎实的理论与实践教学能力。

3. 青年教师能力提升

青年教师是民办高校教育战线的后备军，是学校发展未来的希望和继往开来的中坚力量。为了培养高素质的应用型人才，各学校重视青年教师、职员的培训和培养。黄河科技学院通过制订计划、督促指导、落实达标等措施，帮助教师达到相关条件要求，2013—2017年通过全省高校教师高级职称评审（教授、副教授）教师达到175人。学院现有河南省教育厅学术技术带头人36人，河南省高等学校青年骨干教师资助计划资助对象14人，郑州地方高校优秀中青年骨干教师19人，郑州地方高校优秀中青年骨干教师培养对象32人。三亚学院实行青年教师职员导师制，建立教师职员培养机制；实施"青年教师校本项目科研资助计划""百名博士攻读计划""骨干迈阿密游学计划"等，激励教师提高科研能力和教学水平。郑州升达经贸管理学院办学20年来共选送320余名教师赴国内外知名大学学习，攻读硕士、博士学位，鼓励教师晋升职称。西安培华学院以赛促教提升教师教育教学能力，先后组织召开了四届应用型特色课程评比大赛。参加由教育部学校规划建设发展中心主办的"应用型课程建设大课堂说课比赛"，先后荣获教育部"应用型课程建设大课堂说课比赛"一等奖8项，三位教师受聘为教育部学校规划建设发展中心应用型课程建设联盟讲师团成员。西京学院按照"自愿组合原则"的要求，探索创新团队建设模式，发挥教学名师和教学团队示范作用，打造结构合理、优势互补、教学和科研能力强的教师团队。目前全校已成立团队59个，包含360名教师。天府新区航空旅游职业学院2018年3月获批，重视青年教师的成长，当年就评审中级专业技术职务37人，初级专业技术职务104人。广东文理职业学院一大批优秀青年教师迅速成长，16人次荣获全国优秀教师、南粤优秀教师、南粤优秀教育工作者等称号。

4. 教师国际交流和合作

为引入优质办学资源和人才培养模式，精心打造高素质、国际化、应用型人才培养基地，开拓教师国际视野，国际化办学已成为各校致力打造的核心竞争力之一，教师出国进修和国际交流也频繁展开。西安翻译学院近年来有百余名师生赴境外公派留学。黑龙江外国语学院每年拿出近1000万元经费用于优秀外籍教师引进和教师境外交流培训，目前学校有外籍教师62人。天津外国语大学滨海外事学院每年聘请外籍教师十余人，还邀请来自美国、澳大利亚、日本、韩国、德国、法国、西班牙、俄罗斯等语言对象国的外籍专家来校讲学，开展学术交流活动。南开大学滨海学院与33所国际（地区）高校建立了合作关系，先后从美国、英国、日本等国家聘请客座教授 9 名、名誉教授 2 名、外籍教师 30 余名。河北外国语学院不仅聘请了 3 名外籍院士,多年海外留学经历的硕博专业教师 197 人,外教 147 人,还聘请了 64 名外籍专家担任国际合作专员。浙江越秀外国语学院实行教师国(境)外研修计划,为教师发展搭建多维度、多层次的平台。目前拥有来自美国、英国、加拿大、韩国、日本等国家的外籍教师百余名,其中博士外教 25 名。青岛滨海学院先后聘请了 200 多名外籍专家和教师来校授课,派遣 60 多名教师赴韩、日、德、美、加拿大等访学。四川文化艺术学院与海外 30 多所高校开展合作,分别从美国、意大利、韩国、白俄罗斯、奥地利等国家引入长期从事教学的外籍教师 25 人,短期交流的专家学者 200 多人。山西大学商务学院从 2001 年起至今采用项目、团组等灵活的形式,先后选派 108 名教师赴美、英、日、德、澳大利亚等欧美国家开展学习交流。其中,长期进修教师 41 名,短期教师 67 名。从 4 个国家引入 69 名外籍教师。上海工商外国语职业学院现有外籍教师 20 余人,留学归国教师 30 余人,打造出一支素质精良、爱岗敬业的师资队伍。

5. 教师师德考核强化

习近平总书记 2018 年 5 月 2 日在与北京大学师生座谈时指出:"要把立德树人的成效作为检验学校一切工作的根本标准。……要把立德树人内化到大学建设和管理各领域、各方面、各环节,做到以树人为核心,以立德为根本。"[1] 各民办高校也积极贯彻这一精神,在课程建设、教师考核和辅导员队伍建设各方面积极努力,强化教师的育人职能,提升教师育人能力。海南科技职业学院将师德表现作为教师考核、聘任和评价的内容,采取综合措施,建立长效机制。学校遵照"一切为了学生、为了一切学生、为了学生一切"的承诺,要求每一位教师都能以高尚的师德、责任感、使命感,积极进取的奋斗精神、求真务实的科学态度和勇于探索的创新精神,实践教书育人的诺言。北京吉利学院坚持把加强教师思想政治工作、师德教风建设摆在突出位置,采取多项举措,从政策引导、主题教育和宣传示范等方面探索构建师德师风建设长效机制。烟台南山学院注重师德建设,每年利用教师节、开学典礼等时机,进行师德教育,评选表彰校

---

[1] 习近平:《在北京大学师生座谈会上的讲话》,教育部网站,http://www.moe.gov.cn/jyb_xwfb/moe_176/201805/t20180503_334882.html,2018 年 5 月 3 日。

级优秀教师、优秀教育工作者。商丘工学院现有国家级师德先进个人2人。民办四川天一学院为加强师德师风建设，开展以"尚德、敬业、自律、奉献"为主题的教育活动，坚持强化教师形象检查，实行师德"一票否决"制度。

6. 教师福利待遇提高

工资福利待遇提高，是吸引人才的有效措施，也是教师队伍安身立命、落实立德树人任务的根本保障。郑州升达经贸管理学院、郑州成功财经学院坚持每两年普调一次工资，同时根据教师职称晋升提高工资待遇；坚持每月按时发放工资，从不拖欠，70%的教职工一年能拿到15个月的工资。学校还为每位教师免费提供宿舍，有两室一厅、三室一厅、双人间等多种房型，解决教师的居住问题；给每位专任教师配发了笔记本电脑，便于教学；图书馆为教师免费提供研究小空间，设施齐全，教师可以录制、制作多媒体课件；教职工的子女在本校及附属中小学、幼儿园上学减免一半学费[①]。黄河科技学院为改善教职工住房条件。学校在已建成300多套教职工住房并投入使用的基础上，2012年新建17幢518套教职工住房，目前已安置350多套。每年为教职工发放春节礼物、生日礼物、教师节礼物、三八节礼物、重阳节礼物、六一儿童节礼物等特色化的福利制度，2017年仅这方面的支出经费就达520万元；连续举办了17届教师集体婚礼，累计240余对新人参加，支出共计超过200万元。[②] 广东白云学院配足思想政治理论课教师和辅导员，成立辅导员工作室，对优秀骨干辅导员每月发津贴1000元。湖南信息学院按照"提高收入、多绩多酬、分类施策、结构多元"的原则构建薪酬体系，建立了教职工薪酬年均增长不低于15%的工资增长长效机制；实行了学校"湘信学者""首席专家"等人才特殊津贴制度；设立了教职工家庭重大事故救助基金；建成了优秀教职工海南免费度假基地；为教职工提供了精装修拎包入住的免费教师公寓；开办了教职工子女免费的学校附属幼儿园；实施了教职工免费体检和免费健身；设立了教职工"功勋""功臣""功德"等奖励制度。多措并举，为教职工创造了收入水平高、福利待遇好、工作环境美、生活品质佳的工作生活条件。西京学院建立起体现自主用人优劳优酬的民办高校工资

---

① 刘志飞：《河南省民办高校教师队伍建设问题及对策研究》，硕士学位论文，华北水利水电大学，2018年6月。

② 同上。

分配体系，调整薪酬体系，提高教师待遇。具有副高以上职称或博士学位的专职教师享受年薪制，高端人才个人年薪 100 万—180 万元/年，学科带头人 40 万—80 万元/年，正高 30 万—60 万元/年，副高 20 万—40 万元/年，博士研究生（无高级职称）12 万—20 万元/年，2015—2019 年，教师薪资每年平均涨 10.5%，四年内增加 4000 万薪酬开支①。

四　民办院校教师队伍发展存在问题及对策建议

（一）民办院校教师队伍建设存在的突出问题

中国当前正处于社会转型期，在民办教育领域，民办本科高校面临转向应用型的关键时期，独立学院面临转设期（转设为独立设置的民办普通高校），民办高职面临职业教育的提质期和生源压缩期，内涵建设的各项任务艰巨。而当前民办院校教师队伍建设除了存在数量上的不足、结构上的不合理等问题外，还存在一些新的突出问题，亟须查找原因，着力解决。

1. 教师队伍的稳定性问题

民办高校的用人机制比较灵活，干部能上能下，教师能教能管。但弊端是与公办教师相比，流动性较大。有学者专题调研了天津市民办高校专任教师的流动情况，调查显示：2015 年、2016 年的流动比值基本持平且明显高于 2014 年，是 2014 年流动比值的近 3 倍。这相当于每入职 3 人，就有 2 人离职，对教师队伍的稳定带来了极大冲击。进一步的分析显示：从离职去向看，在高教系统内流动的教师居多，且多流向公办高职院校；少部分教师选择跨系统流动，即流向事业单位及政府机关；也有部分教师因考取博士选择离职。从离职群体结构看，35 岁及以下且积累了一定教学经验的教师占离职人数比例最高，其次是中青年骨干教师②。

笔者的调研也显示：国家实行硕士扩招后，民办高校逐年大量聘入的

---

① 西京学院：《多举措打造教师队伍　推动学院快速发展》，http://www.canedu.org.cn/site/content/3354.html，2019 年 5 月 5 日。

② 杨婧：《民办高校教师队伍发展困境与应对策略》，《天津职业技术师范大学学报》2017 年第 2 期。

硕士生，最早的也已有 10 多年教龄，大部分民办高校的教师结构已经逐渐改变了原来的"两头大、中间小"的哑铃型教师结构，35—45 岁的中青年教师逐步成长为教学管理的业务骨干。近年来，在博士引进难的情况下，民办高校流入较多的还是刚毕业的硕士研究生，而流出的群体中主体是两类：一是刚完成学历提升，特别是在职获得博士学位的教师；二是在民办高校有十余年教学管理经验的骨干教师。往往学校花了大量的时间与金钱对他们进行培养，但培养成功后，却因民办院校提供给他们后续发展的学科基地、科研平台、无硕士点等不足而流失。流动性过大问题在民办高校普遍存在。

2. "双师型"教师的培养问题

2014 年 6 月，教育部等六部委联合颁布《现代职业教育体系建设规划（2014—2020 年）》明确提出"将引导一批本科高等学校转型发展，支持定位于服务行业和地方经济社会发展的本科高等学校实行综合改革，向应用技术类高校转型发展。鼓励独立学院定位为应用技术类型高校"。这一政策的出台，客观上把 1999 年以后升格的大学都定位在应用技术类型。民办本科向应用型转型和民办高职办好职业教育的要求，都急需大量的高技能人才担任专业教师。而现实是企业具备较强实践能力的人才，有些由于学历和教师资格证的原因止步于高校教师队伍。而对现有一毕业就入职的教师进行短期的集中的培训，对于其短期的"双师素质"培养的作用也比较有限。另外部分教师缺少向"双师型"发展的内在动力，主要还是大部分民办院校目前缺少有效的激励制度。对教师而言，职称的晋升关系、工资待遇、社会地位等，是最重要的。而目前民办院校在职称评审中除教学工作量外，主要还是根据科研课题、论文、获奖等作为对职称晋升的标准。导致民办院校部分教师在向"双师型"转型的过程中没有动力。

2019 年发布的《国务院关于印发国家职业教育改革实施方案的通知》（国发〔2019〕4 号）中规定，"从 2019 年起，职业院校、应用型本科高校相关专业教师原则上从具有 3 年以上企业工作经历并具有高职以上学历的人员中公开招聘，特殊高技能人才（含具有高级工以上职业资格人员）可适当放宽学历要求，2020 年起基本不再从应届毕业生中招聘。"新规定虽然对学历要求有所弱化，而增加了对技能的要求，但是否能有效地改变目前民办院校双师型队伍的应用性不足的问题，暂时还难以估计。

3. 博士人才的紧缺性问题

由于全国每年硕士毕业几十万人，而博士毕业才几万人。目前对民办高校来说，绝大部分专业招聘到优秀的硕士已经不是难事，但是要聘到专业对口的博士还是难题。随着新一轮申硕期的来临，很多地方院校或应用型本科高校由于师资队伍中博士比例偏低，成为申硕的短板，都在加大力气加大投入引进博士人才，对博士的渴求不仅民办院校存在，公办院校同样存在。相比具有更高社会认可度的公办高校，民办高校在博士等高端人才的引进上并不占据优势。特别是民办院校在学科基地、学科平台等方面较弱、引才经费不充裕等，在当前全国性的人才大战中竞争力不足。

同时有些民办院校对已在本校就业的在职攻读博士和获得博士学位的教师没有特别的优惠政策，而对新入职博士生则给予更多的人才引进费、安家费、科研启动费及薪酬待遇。相比较新入职的博士毕业生差别待遇，一定程度上打击了本校教师获得博士学位后继续在原学校工作的热情，加剧博士人才的对外流失。

（二）教师队伍建设存在问题的原因

1. 教师工作生活压力较大

教师工作量大是民办高校教师的共识。随着考核体系的不断完善，民办高校的教师不但要承担大量的教学课时任务，还要担任学业导师及一部分学生管理工作，再加上忙于做教改、做科研，写各种计划总结，做各种数据统计，参加几年一次的职称评审等，工作的压力相对较大。

黄蓓经过对广西民办高校教师的调查，在其硕士论文中写道，"56.14%的教师对教学安排感到不满意，52.63%的教师对课时量感到不满意。""每周16课时量的要求是民办高校中的基本课时要求，而实际上由于学校师资的短缺，专职教师的平均课时量在22课时左右，不少教师甚至同时担任3门不同专业课程，如此一来，教师花费大量时间精力在备课、授课、改作业、出试题上，此外还有不少的标准教学材料需要填写如授课大纲、授课计划等，课时量负担过重给民办高校教师带来不少压力。"[①]虽然每周16节课不一定代表全国民办高校教师承担的教学工作，

---

① 黄蓓：《广西民办高校教师职业稳定保障研究——以广西经济学院为例》，硕士学位论文，广西大学，2016年。

但从一个侧面也能看出教师承担着较重的教学任务,再加上很多学校参考公办院校考核要求,同等程度上对民办院校教师提出科研要求,而能完成科研任务的老师,其学历提升和职称评审的速度也会加快,当拥有了更高的学历和职称后,很多教师就有了进入公办院校的资本,这更加加剧教师的离职。

另一方面,由于民办院校改善教育环境,导致高校的布点往县或县级下沉发展。县域办学带来的一个直接现象是,原住城区或老校区附近的"教师每人每天上下班耗在路上的时间平均约两小时,再加上工作的 8 小时及中午吃饭 2 小时,每天平均 12 小时,绝大多数老师都是早七点出门晚七点回家,可以说是披星戴月,早出晚归"[1]。客观上使得民办院校的教师感觉职业时间成本与所获得的报酬不成正比,认为工作环境不尽如人意。

除了工作压力,民办院校由于大部分专业女教师居多,随着女教师婚后生养、家庭教育、辅导孩子作业等压力有时甚至超过工作压力,为了照顾家庭,很多有教学经验的教师也选择回归家庭,从而导致教师的部分流失。

2. 培训质量不高阻碍上升空间

民办高校由于其办学成本的限制,对教师的培训投入较公办院校稍低。而且部分民办高校的投资人或举办者在办学目的和办学理念上还存在着这样那样的误区,考虑问题往往最多的是从"经济"的观点出发,教师培训由于短期内未能给学校带来明显的效益,于是资金就会流向其他用途。

培训形式上,民办高校多采用岗前入职培训、专家学术讲座、短期会议、考察学习、网络在线学习、参与教育行政部门组织的各类培训、选派访问学者等形式。为节约成本,"请进来讲"比"走出去听"更多,省外学术交流等培训经费大多以教师自有科研经费为主,利用学校自有经费选送教师省外培训和出国进修培训的机会较少。培训时间上,"培训多为短期培训,接受 1 个月以内培训的教师占 75.5%,接受半年及以上培训的仅占 4.8%"[2]。

---

[1] 韩玉会:《独立学院师资队伍建设的问题与出路探索》,《高教学刊》2016 年第 11 期。

[2] 杨婧:《民办高校教师队伍发展困境与应对策略》,《天津职业技术师范大学学报》2017 年第 2 期。

当然除了学校的因素，同样民办高校女教师群体中，也有因为要照顾孩子等原因，即使学校投入经费鼓励教师参加各种培训，也有教师表示拒绝参加培训的。

进修培训是民办高校教师成长、晋升和发挥自我潜能的主要途径，也是实现职业成就感的必要基础，是整个职业生涯规划的重要内容，培训数量不足和质量不高，极大地缩小了民办院校教师的成长空间。

3. 体制外弊端导致退休保障低

2015 年两会期间，新东方董事长兼 CEO 俞敏洪提交了一份教育提案，在这份教育提案中他指出，"目前民办高校教师的待遇上与公办高校还有较大差距，民办高校教师的退休待遇与同期退休的公办高校教师相比却低了许多。依据现今实行的社保办法，如月薪 4000 元，民办高校教师退休养老金约为 1000—1500 多元，而公办高校教师退休待遇却可拿到 5000—6000 多元退休金。"① 虽然随着民办院校待遇的逐渐提高和薪酬激励机制的完善，很多民办高校当前收入已经与公办高校持平，甚至超过公办高校，但民办高校绝大多数是企业职工基本养老保险，公办高校是机关事业单位养老保险制度，尽管国务院已出台关于将企事业单位社保实现并轨的政策，但到目前为止公办高校与民办高校教师的社保政策并未完全接轨。考虑到将来退休后的不公平局面，很多教师还是会优先选择公办高校而放弃进入民办高校，尤其是一部分年龄较大工作时间较长的教师。近年来部分省市区向民办院校开放了一些事业编制用于吸引高层次人才的加盟，但在具体实施过程中，因为用人成本大大增加，学校的积极性并不高，能进入事业编制的人员总量较少。

（三）民办院校教师队伍建设发展的对策建议

我国高等教育今后发展的潜力和方向，在很大程度上取决于民办高等教育能否健康持续的发展。我国民办高等教育正值一个极好的发展机遇。不断稳定教学秩序，努力加强教学管理，切实提高教育质量，是社会对民办院校的殷切期望，也是民办院校本身可持续发展的需要，是建设和谐社会和创新型国家的重要方面。而完善管理体制，加快教师队伍建设，是我

---

① 俞敏洪：《落实和提高民办高校教师待遇的建议》，https://edu.qq.com/a/20150305/049701.htm。

国民办院校提高办学质量，增强市场竞争力和实施可持续发展的关键所在①。

当前民办院校教师队伍建设，要着重抓好以下工作：

1. 制订规划，明晰教师队伍建设思路

加强民办院校教师队伍的建设，学校领导必须高度重视，从民办院校可持续发展的战略高度，真正确立人才兴校的思想，把教师队伍建设纳入学校优先发展的重点工作。同时，要根据学校的发展目标，制订好教师队伍建设的发展规划，明晰教师队伍建设的基本思路，统筹全校教师队伍建设。应根据学校的办学定位、培养目标等实际情况和条件，科学、合理地确定教师队伍的结构和专、兼职教师的比例，确定本校教师队伍建设的重点，提出符合实际的措施和步骤等，为教师队伍建设提供指导和依据。

民办院校要在激烈的竞争中和强大的压力中生存发展，需要在教师队伍上付出更多的心血。教师总体素质的高低决定学生培养质量的高低，而人才培养质量是学校评价的一个重要指标。在新的形势下，社会对优秀人才的标准有了更多的定义，除了具备扎实的理论功底和学术素养外，还必须具有较强的社会实践能力、人际交往和组织管理能力，有较强的抗压和抗挫折的能力。② 如何从大量人才中招聘到合适的人才，有强有力的措施才能稳定好队伍，持续加强教师的专业能力建设，给予教师充分的福利待遇保障，吸引优秀的教师相信并投入民办院校的怀抱，都是学校顶层设计需要优先考虑的问题。

2. 优化环境，稳定教师队伍发展规模

教师队伍的稳定和能力水平的提高，营造良好的生存发展环境，是重中之重。民办院校良好发展需要建设一支优秀的教师队伍，发挥民办院校体制机制的优势，营造良好的发展环境吸引教师、稳定教师、成就教师事业发展。

2017年以来，落实新修订的《民办教育促进法》、国务院《关于鼓励社会力量举办教育 促进民办教育健康发展的若干意见》等法律法规的要求，全国大部分省份都出台了相关政策，切实解决民办院校教师在平等

---

① 徐绪卿：《师资队伍建设：民办高校可持续发展的根基》，《中国高等教育》2006年第8期。

② 郑山明：《地方本科院校教师队伍建设研究》，光明日报出版社2018年版，第14页。

待遇、职称评定、业务进修、表彰奖励、医疗养老保险及公积金缴纳等方面的后顾之忧。如辽宁等 6 省还对民办学校给教师购买年金、商业保险给予直接或间接的财政补贴，湖北等 6 省引导民办学校建立教师收入动态增长机制；上海、重庆探索教师从教奖励制度；广东探索从教津贴制度；黑龙江探索民办学校教职工最低工资标准制度；湖北、广西探索服务师生的公募性质的民办教育福利基金和困难教师救助机制。这些政策需要多方协作，共同落实。

优化教师发展环境，还要做到减负。要保证教师参与非教育事务的工作量减到最低，部分教育行政工作量也应该由专职行政人员完成，尽量少摊派给教师。要改革职称评审制度，加大教学成果参与职称评审的分量，使科研工作保持在教师能完成的程度上，减轻教师科研压力。同时也要减少教师教学工作量，为教学工作量制定上限，切实保证教学质量，同时也保障教师的身心健康。优化教师发展环境，还得营造良好的合作环境。制定激励对策，对教师成立教学团队和科研团队给予充分支持。建立信息分享机制和资源共享机制，切实在学校打造求同存异、扬长避短、多方共赢的合作文化和氛围。最后要不断提高教师待遇。教学投入的重点要优先保障教师费用的开支。深化薪酬制度改革，建立体现知识价值、鼓励创新创造的收入分配机制。要提高教师地位待遇，鼓励民办院校建立健全教师工资福利待遇增长长效机制，国家财政的投入也优先用于教师的培训和成长，让教师成为令人羡慕的职业，推动形成尊师重教的社会氛围。

3. 发挥优势，完善教师队伍管理能力

民办院校不光要会吸引人才，还得会留住人才。留住人才除了保证人才的薪酬，能满足教师生存发展的需要，还要加强学校人力资源管理制度改革，提高学校管理能力。构建导向明确、标准科学、体系完善、评价多元的教师考核评价制度，由学校结合工作实际和有关规定，广泛征求教职工意见，制定具体的考核实施方案。研究制定教师工作量考核标准。建立绩效评审委员会，出台绩效管理原则。加强教师专技职务管理，促进教师专业成长。

民办院校是市场经济的产物，从民办院校的实际考虑，为降低办学成本，克服人员统包的负担，从社会上聘请一定数量的兼职教师是民办院校理性的选择，也是民办院校教师队伍建设的重要内容。事实上，许多民办院校在初创时期注重办学质量，注意选聘那些既有经验又有责任心的外聘教师，使得民办院校的教学工作起点较高，大大增加了社会对民办院校的认同感。从当前应用型本科教育的转型发展和职业教育的深化来看，更需要来自于生产一线的外聘教师为双师型教师队伍的建设和应用技术的教学提供更好的条件。加强对外聘教师的管理，必须严格把关，保证外聘教师的质量，从入口杜绝不适应教学的人员进入教学岗位；要重视外聘教师的日常管理，加强教学环节的监督和考核，切实保证教学效果和教学质量；要花大力气，建设好外聘教师资源库，不断充实优质教师资源，满足民办院校持续发展的需要；最后必须采取优惠措施，鼓励和吸引外聘教师安心教学，克服外聘教师流动性大的弊端，建立稳定的外聘教师的相关制度。

4. 外引内培，加快高层次教师队伍建设

民办院校要实施可持续发展，就必须花大力气加快高层次教师队伍建设。因此，民办院校专职教师建设应当突出重点，优化结构，重点引进高层次、高学历的教学科研骨干，特别注意采用优惠政策，引进具有硕士、博士学位的中青年高级人才，以胜任教学和科研重任，或者是经过教学和科研的实践具有副高级以上职称和较高教学科研能力的学科带头人和专业负责人，为稳定教学秩序、提高教学质量和开展科研工作提供人才。

高层次教师队伍不但包括常规的高学历、高职称教师，也包括师德高尚、技艺精湛、育人水平高超的中青年骨干教师、专业带头人、教学名师等人才队伍。民办院校不但要提供优厚条件，加大高层次人才的引进力度，也要注重内部培养，充分发挥造血功能，使学校成为高层次人才集聚的高地。要研究并了解国家和地方制定的重大人才工程，鼓励优秀教师积极申报。要依托国家"双一流"建设项目、"双万计划"、"双高计划"等契机，打造优势特色学科、重点专业、重点实验室、重大科技平台等，对高层次人才队伍培养给予积极支持。

5. 做好培训，搭建良好的师资队伍结构

借鉴国际私立高校发展的成功经验，为了民办院校的健康发展，必须坚持两条路走的原则，建设专、兼职相结合的教师队伍。一所学校需要多少教师，专、兼职教师的比例如何确定，要从学校的实际出发，不能一刀切。工科院校与文科院校不同，公共基础和专业课程也不一样。另外，区域位置也是一个重要因素。一些民办院校处在高校较为集中的大城市，聘任教师较容易些，专职教师相对可以少一些，人员到位可以慢一些。而在一些中小城市，由于教师资源较少，比例可以相应大一些。应从实际情况出发,在教学上保证基本平衡,满足教学需要。① 另外,各校要明确专职教师队伍建设的重点学科、专业、职称和学历等,提高专职教师队伍建设的针对性和有效性。专职教师要虚心肯学,特别是要学习外聘教师中优秀的教学成果和丰富的教学经验。现在许多民办院校的专职教师都是来自高校的毕业生,他们年纪轻、肯钻研、观念新、有闯劲,不足的是对教育规律掌握得不够,理解不深,缺乏教学实践的锻炼,而外聘教师正可以提供这方面的借鉴。通过努力,使全校专职与外聘的教师队伍有机组合,相辅相成,共同为搞好教学工作做贡献。

当前社会各项改革逐渐深入,技术进步更是日新月异。民办院校要跟进社会的发展,就必须打造一支"双师型"的教师队伍。要短时间解决教师实践经历不足的问题,以适应学校转型发展和培养应用型人才的需要,就必须要加强培训。要建立教师培训体系,引导和鼓励青年教师到企业和行业进修学习、挂职锻炼,丰富教师的工作阅历和动手能力。同时也要鼓励教师参加出国进修和国内外访学,开拓教师国际视野,提高教师的专业能力。

6. 立德树人,建立教师队伍发展长效机制

"教师是人类灵魂的工程师,是人类文明的传承者,承载着传播知识、传播思想、传播真理、塑造灵魂、塑造生命、塑造新人的时代重任。"2018年1月中共中央、国务院颁布《关于全面深化新时代教师队伍建设改革的意见》,党的十八大以来,习近平总书记在关于教育工作的系列重要讲话中,把师德师风建设作为提升新时代教师素质、办好人民满意教育的首要任务,并提出"四有好老师""四个引路人""四个相统一"等师德建设标准和要求,将教师队伍建设特别是师德师风建设提到了一个前所未有的战略高度。

建设一支师德高尚、业务精湛的高素质教师队伍是每个民办高校的建设目标。师德师风建设以增强广大教师的事业心和责任感为重点,进一步调动民办院校教师教书育人积极性,推动师德师风建设常态化长效化。同时要加强民办院校教师的理想信念教育。② 补充教师的精神之钙,奠定教师事业之基,培育教师的动力之源,落实教师的幸福根本。加强民办院校

---

① 徐绪卿:《师资队伍建设:民办高校可持续发展的根基》,《中国高等教育》2006年第8期。
② 郑山明:《地方本科院校教师队伍建设研究》,光明日报出版社2018年版,第17页。

教师理想信念建设，要学习社会先进发展理念，确保个人的理想信念符合人类发展的规律和趋势。要坚持理论联系实际，与时俱进发展自己的综合能力。要坚持知行合一，从小事做起，融个人理想信念于集体发展目标中，不做有损集体利益和学校声誉的事情。从而建立教师发展长效机制，保持队伍的稳定，保持教师终身学习的动力，给予教师改革创新的勇气和环境，切实完成教师教书育人的使命与责任。

第五章

独立学院发展研究报告

独立学院是高等教育大众化和投资主体多元化背景下我国高等教育办学体制改革的产物。由于独立学院具有公办高校办学信誉与市场经济民营机制的双重优势，便于解决高等教育发展中资金和质量两大难题，因此一经创办便快速发展。教育部发展规划司统计数据显示，截至2019年6月15日，全国共有独立学院257所，占全国2688所普通高等学校的9.56%，占全国756所民办高校的33.40%，占全国434所民办本科院校的59.21%，2018年独立学院在校生占全国民办本科高校在校生的39.2%以上。从中不难看出，独立学院为中国高等教育大众化建设做出了重要贡献，已成为我国高等教育体系中一支不可或缺的生力军。

一 独立学院发展历程及政策演变

（一）破冰引航：独立学院发轫期（1999—2002年）

随着1978年中国实行改革开放，民间也开始了参与举办高等教育的尝试。在随后20多年里，随着民办高等教育不断发展，逐渐出现了由公办院校举办独立的二级学院。

根据潘懋元教授介绍，天津师范大学在1992年成立具有民办性质的国际女子学院，是国有民办二级学院的最早雏形。在其成立后，在上海又出现了一些由本科学校与国内外相关机构合作举办的二级学院，如上海交大中欧国际工商学院、上海工程技术大学航空运输学院、1994年的上海大学悉尼工商学院，还有1995年的四川师范大学电影电视学院等，它们的创设都早于1999年，但这些二级学院虽然属于公办二级学院的办学范畴，但是没有经过教育部审批，尚不具有类似今天独立学院的形式，也没有在全国产生大的影响。民办二级学院形成规模并迅速发展最早是在江苏、浙江地区。1999 年 7 月，浙江大学、杭州市人民政府和浙江省邮电管理局共同创办了教育部首家批准建立的独立设置的二级学院——浙江大学城市学院。它利用浙江大学的名校优势，杭州市人民政府的社会资源整合、产学研优势和浙江省邮电管理局的资金、校园、产业优势，三方办学目标一致，优势互补，以新的机制，新的模式联合创办了我国第一所相对独立的公有高校民办二级学院，使独立学院以一种高等学校的新面貌，真正走上历史舞台，并在全国其他地区得到迅速推广。

据不完全统计，2001 年全国举办使这类二级学院的本科院校达到了 230 多所，招收的学生已接近了 10 万人，其中以浙江为最，截至 2002 年底，共有 34 所。

总体来看，1999 年到 2002 年这几年间，是我国独立学院迅猛发展时期，全国有 25 个省市举办独立学院，独立学院数目达到 300 多所，在校生 40 多万人，以本科教育为主，初步形成占地约 7 万亩、校舍约 876 万平方米、教学仪器设备约 12 亿元、图书约 2000 万册高等教育资源的局面。

这段时间内，国家对独立学院采取观望和默认态度，没有出台专门针对独立学院的办学政策，部分宏观教育政策中的个别条款为独立学院的产生提供了政策依据。如《社会力量办学条例》中规定了发展民办教育的基本原则；《民办教育促进法》明确了民办教育的性质和地位等。

（二）彷徨前行：独立学院快速发展期（2003—2007 年）

2003 年 4 月 23 日，教育部颁发了《关于规范并加强普通高校以新的机制和模式试办独立学院管理的若干意见》，对独立学院应具备的必要办学条件和申报程序等做了相关规定。严格设置标准，努力缩小办学条件存在的明显差距，这无疑提高了独立学院的门槛。以前那种无序的状态正在规范，没有雄厚实力的单位和个人不能轻易办学。一些不符合条件的二级学院也被停办或停招，同时也出现了一些新办的独立学院。随着扩招深化，原有的办学资源已经严重饱和，许多省市便把独立学院作为实现高等教育大众化的主要捷径。据统计，2003 年上半年，全国 25 个省、自治区、直辖市举办了 249 所民办二级学院，在校生达 40 余万人。到 2004 年底，全国教育部认可的独立学院有 217 所（见表 5-1），在校生 68.7 万人（见表 5-2），招生人数 30.7 万人（见表 5-3）。2005 年 1 月，接受专项检查的 249 所独立学院中 70%多的独立学院具备独立法人资格，80%的独立学院实现了财务独立，拥有独立校园，98%的独立学院在招生宣传中关于独立学院文凭的表述都清晰、准确，不存在误导学生的现象。到 2006 年 12 月，全国有独立学院 318 所，共招生 52.6 万人，在校生人数超过 146 万。到 2007 年 4 月 4 日，全国独立学院总数为 318 所，在校生达到了 186.1 万人，占全国普通高校本专科在校生总数的比例超过 10%，本科高校招生新增人数的 1/3 在独立学院，独立学院逐渐成为当今中国高等教育不可忽视的一个重要部分。

表 5-1　　　　　　　　　2003—2007 年独立学院数量　　　　　　　（单位：所）

时间＼名称	2003 年	2004 年	2005 年	2006 年	2007 年
独立学院数量	249	217	295	318	318

表 5-2　　　　　　　2003—2007 年独立学院在校生人数　　　　　　（单位：万人）

时间＼名称	2004 年	2005 年	2006 年	2007 年
在校生人数	68.70	107.46	146.70	186.62

表 5-3　　　　　2004—2007 年全国独立学院招生人数、毕业生数　　　　（单位：万人）

时间＼名称	2004 年	2005 年	2006 年	2007 年
招生人数	30.7	44.1	52.6	58.9
毕业生数	3.1	7.5	14.5	20.9

毋庸置疑，这一阶段国家针对独立学院的方针、政策是十分明确、坚定的，加大改革力度，规范办学，保证质量是独立学院不容回避的话题。如在《独立学院教学工作专项评估方案》（草案）中，明确要求对独立学院进行教学专项评估。重点强调三个方面：一是着力体现"六个独立"要求，即"独立的法人资格"、"独立的校园和基本办学设施"、"独立进行财务核算"、"独立进行招生"、"独立颁发文凭"和"相对独立的教学组织和管理"；二是体现培养应用型人才的目标要求，即明确独立学院定

位为教学型大学,并主要面向地方和区域培养应用型人才;三是强调以社会需求为导向的教育思想观念。凡评为"合格"的学院,将予以"通过"。其中,对于办学条件好、教育教学质量高的学院,准许日后直接申报参加"普通高等学校本科教学工作水平评估";凡评为"不合格"的学院,予以"暂缓通过",限制当年招生,限期整改并于适当时期进行复评。其中,对于办学问题严重者或因不执行国家有关法律法规规定而诱发事端、影响稳定的,将予以停办甚至严肃追究独立学院举办者、有关高校和主管部门的责任。

(三)有法可依:独立学院转型发展期(2008—2016年)

2008年4月1日,《独立学院设置与管理办法》(以下简称《办法》)正式开始实施,该文件对独立学院的设立、组织与活动、法律责任、管理监督、变更与终止等作了详细的规定,标志着我国独立学院正式进入了有法可依的规范发展阶段。独立学院在本阶段期间发展具有以下特点:

一是办学规模稳中有进。2008—2013年,由于部分独立学院转设为独立设置的民办高校或回归母体,全国独立学院在数量上有所下降,由322所减少至292所(见表5-4),但是,招生人数、在校生人数均有提升,独立学院事业整体呈稳步发展态势。独立学院在校生人数从2008年214.9万人增至2013年的275.3万人(见表5-5),增幅28.4%,其中本科生260.7万人,占全国本科生总数的18%;招生人数从2008年65.0万人增至2013年68.7万人(见表5-6),上升6%。

表5-4　　　　　2008—2016年独立学院数量　　　　　(单位:所)

年份 名称	2008	2009	2010	2011	2012	2013	2014	2015	2016
独立学院数量	322	322	323	309	303	292	283	275	266

表5-5　　　　2008—2013年独立学院在校生人数　　　　(单位:万人)

年份 名称	2008	2009	2010	2011	2012	2013	2014	2015	2016
在校生人数(万人)	214.9	237.0	259.7	311.0	278.4	275.3	269.06	259.42	246.74

表 5-6　　　　2008—2013 年独立学院招生人数和毕业生数　　（单位：万人）

年份 名称	2008	2009	2010	2011	2012	2013	2014	2015	2016
招生人数	65.0	68.7	75.5	74.6	75.7	68.7	65.12	63.3	61.75
毕业生数	33.1	43.9	51.6	54.3	58.5	59.2	62.57	64.3	63.09

二是办学条件有所改善。《办法》要求独立学院根据核定的办学规模充实办学条件，符合普通本科高校条件指标。过渡期内，独立学院基础设施条件不断得到改善。从 2013 年全国教育事业统计来看，独立学院平均占地面积 575 亩，比 2008 年增加了 319 亩，其中有 164 所学校超过 500 亩，较 2008 年增加 55 所。独立学院校均仪器设备和图书分别达到 5101 万元和 72 万册，比 2008 年分别增加 2032 万元和 33 万册。

三是内涵建设明显增强。提高质量是国家对高等教育的总体要求，也是独立学院建设的主要目标。五年过渡期内，独立学院对内涵建设更加重视，在国家精品课程、国家教学成果奖、省部级科研立项、省级重点专业等方面都有所突破。为迎接评估验收，独立学院普遍加强师资队伍建设，教职工从 2008 年的 14.67 万人增至 2014 年 18.33 万人，增幅 24.9%；专任教师数从 2008 年的 10.38 万人增至 2014 年 13.63 万人，增长 31.3%（见表 5-7）；专任教师中具有高级职称人数的比例，2008 年为 36.86%，2010 年为 36.80%，2011 年为 37.08%，2012 年为 37.49%，基本平稳，略有提升。

表 5-7　　　2008—2014 年全国独立学院教职工、专任教师数　　（单位：万人）

年份 名称	2008	2009	2010	2011	2012	2013	2014	2015	2016
专任教师	10.38	11.62	12.67	13.27	13.97	13.88	13.63	13.21	12.34
教职工	14.67	16.26	17.53	18.1	18.92	18.63	18.33	17.67	16.44

四是规范办学不断加强。首先是自授学位。在转型发展期内，全国大部分独立学院通过自评、专家组评审、网上公示等环节，实现自授学士学位。在 2012 年具有招生资格的 298 所独立学院中，有 290 所根据《办法》要求取得学士学位授予资格，比例高达 97.3%。其次是加强招生管理。教育部对基本教学设施和师资力量达不到国家规定要求的独立学院实行限制招生（黄牌）或暂停招生（红牌）制度，加大了对独立学院招生的管

理力度。三是加强内部监管。在转型发展期内，全国各地加强对独立学院的资产管理与财务监督，建立学费收入信息管理系统和学费专户监管制度，规范财务行为，实行年检，部分省份派出督导专员，加强对独立学院办学状态的有效监管。

政策层面也对独立学院的发展遇到的问题进行了回应，提出了独立学院改革发展的总体思路与目标举措，对独立学院的设立、组织与活动、法律责任、管理监督、变更与终止等作了详细的规定，并对其基本办学条件、师资队伍建设、专业设置与教育教学管理等提出了严格的规定。在《办法》的"附则"中，明确要求此前设立的独立学院以5年为限，按照《办法》的规定进行调整，充实办学条件，完成有关工作。在《关于〈独立学院设置与管理办法〉的工作说明》中进一步明确：积极做好现有独立学院的规范和办学许可证的发放工作。考虑到独立学院的复杂性和实际情况，国家对已设独立学院给予了五年的过渡期，并明确了相关政策：

（1）基本符合《办法》要求的，由省级教育行政部门向教育部提出考察验收申请，教育部组织考察验收，并对考察验收合格的独立学院核发办学许可证。

（2）符合普通本科高等学校设置标准的，可申请转设为民办高等学校，颁发民办教育办学许可证。

（3）既不申请考察验收，也不申请转设民办高等学校的，可继续教育教学活动，但必须按照《办法》的要求，规范体制机制，充实办学条件，在保证教育质量的前提下，有序地做好报请验收或申请转设工作，过渡期结束后，严格按照《办法》的要求办理。其核心精神是通过严格评估优胜劣汰。一方面鼓励合格的独立学院从母体学校中独立出来，自主发展；另一方面给不合格的独立学院亮红黄牌，建立有序的退出机制。

《办法》的出台，包括以《办法》为核心衍生出来的《关于审批独立学院为学士学位授予单位工作的通知》和《关于编报省级<独立学院五年过渡期工作方案>的通知》等文件的印发，标志着独立学院进入了新的发展阶段，进入向民办普通高校过渡的"转设"期。在这个新的阶段，教育行政部门强调了"积极鼓励、大力支持、正确引导、依法管理"的态度，要求根据独立学院的现状和特点进行分类指导。2009年2月，教育部办公厅下发《关于编报省级独立学院五年过渡期方案的通知》，明确规定独立学院可以转设为民办本科和专科院校。2011年，《教育部关于"十二五"期间普通高等学校设置工作的意见》专门对独立学院转设时间制定了优惠政策:"2014年以前每年均可按照高等学校设置工作要求开展独立学院转设的审批工作。"部分省市也出台了相应的配套政策,如江苏省下发《省政府办公厅关于进一步促进民办教育发展的意见》《江苏省教育厅关于加强独立学院教学工作提高教学质量的若干意见》等文件,决定对该省独立学院开展专业建设抽检工作。

在此阶段,独立学院的总体办学质量稳步提升,人才培养质量得到政府主管部门、社会各界以及用人单位的充分肯定和高度赞誉,出现了一批办学理念先进、条件较好、资金雄厚、质量上乘的优秀独立学院。独立学院的工作重点转移到内涵建设上来,开始由规模扩张、校园建设向稳定规模、提高质量和注重特色的发展阶段转变,总体呈现出规模、结构、质量、效益协调发展的良好态势。与此同时,有十余所独立学院转设为民办高校,开始新的发展阶段。如江苏大学京江学院在"十一五"发展规划中,确立了"优化结构、强化应用、错位发展、形成特色"的发展战略,制定了《本科教学质量标准纲要》,健全了教学过程管理业绩考核评价体系,通过坚持"全面质量管理",强化教学质量保障与监控,精心构筑学生成长成才服务体系,大力实施创新人才培养工程,有效实现了学生的差异化与个性化培养,办学优势和特色逐步彰显。

(四)迈向规范:独立学院调适与深化期(2017年至今)

2016年11月7日,全国人大常委会审议通过《关于修改〈中华人民共和国民办教育促进法〉的决定》,2016年12月,教育部等部门颁布《民办学校分类登记实施细则》《营利性民办学校监督管理实施细则》,强调要建立营利性和非营利性民办学校分类登记、分类管理制度。分类管理制度及新《民办教育促进法》,对独立学院是否转设起关键性作用,由此开启了独立学院转型新时期。以浙江、江苏两省为代表的独立学院办学正在出现一些新的转型发展动向,其中"转设办学"与"迁址办学"成为独立学院两类不同的转型发展模式。"迁址办学"主要通过迁建到新校区办学,以满足"26号令"对独立学院考察验收的条件要求。尤其是《中华人民共和国民办教育促进法实施条例》(送审稿)第七条规定:"公办学校不得举办或者参与举办营利性民办学校。公办学校举办或者参与举办非营利性民办学校的,应当经主管部门批准,并不得利用国家财政性经费，不得影响公办学校教学活动，不得以品牌输出方式获得收益。"先"转"后"选"成为当前我国独立学院发展路径的必经之路。江苏省为了促进独立学院达标验收，鼓励支持独立学院从高校集中的南京等地外迁到高教资源相对匮乏的苏北苏中地区。《江苏省"十三五"教育发展规划》提出，"大力发展苏北地区高等教育，探索独立学院到苏中、苏北市县办学的多种形式，使每个省辖市至少拥有1所普通本科高校。"

根据统计，2016—2018年，江苏、浙江共有12所独立学院重新建设新校区，迁址到周边县市区办学。其中，江苏省有南京师范大学中北学院等5所独立学院从南京、常州、镇江等地外迁至丹阳、无锡等地办学。浙江省有杭州电子科技大学信息工程学院等8所独立学院从杭州、宁波等中心城市搬迁至临安、桐庐等县市区办学（见表5-8）。

表5-8　　　　江苏、浙江两省独立学院迁址办学一览

省份	序号	独立学院名称	旧址	新址	迁址时间
江苏	1	南京师范大学中北学院	南京	丹阳市	2017
	2	江苏大学京江学院	镇江	镇江新校区	2017
	3	南京工业大学浦江学院	南京	南京新校区	2017
	4	扬州大学广陵学院	扬州	扬州新校区	2017
	5	南京信息工程大学滨江学院	南京	无锡	2018
浙江	6	杭州电子科技大学信息工程学院	杭州	临安市	2016
	7	浙江工商大学杭州商学院	杭州	桐庐县	2016
	8	浙江理工大学科技与艺术学院	杭州	上虞区	2016
	9	浙江师范大学行知学院	金华	兰溪市	2017
	10	温州医科大学仁济学院	温州	洞头县	2017
	11	中国计量大学现代科技学院	杭州	桐庐县	2017
	12	宁波大学科学技术学院	宁波	慈溪	2018
	13	浙江工业大学之江学院	杭州	柯桥	2016
	14	浙江农林大学暨阳学院	临安	诸暨	2017

2018年12月，教育部印发了《教育部办公厅关于做好2018年度高等学校设置工作的通知》（教发厅函〔2018〕215号），扫清了独立学院转设申报时间的羁绊，标志着我国独立学院转设正式驶入了"快车道"，我国独立学院数量开始呈下降趋势（见表5-9）。各区域、各省独立学院

转设情况也存在较大差异（见表 5-10、表 5-11）。

表 5-9　　　　　　　　2016—2019 年独立学院数量　　　　　（单位：所）

时间＼名称	2016 年	2017 年	2018 年	2019 年
独立学院数量	266	265	265	257

表 5-10　　　　　　　2019 年全国独立学院分布状况　　　　　（单位：所）

地区＼数量	北京	天津	河北	山西	内蒙古	辽宁	吉林	黑龙江	上海	江苏	浙江	安徽	福建	江西	山东	河南	湖北	湖南	广东	广西	重庆	四川	贵州	云南	陕西	甘肃	宁夏	新疆
数量	5	10	15	8	2	10	5	2	2	25	21	8	6	12	11	6	17	15	16	9	6	9	8	7	11	5	2	4

表 5-11　　　　　　2019 年全国独立学院三大区域分布情况　　　　（单位：所）

区域＼数量	东部地区	中部地区	西部地区
数量	130	75	52

2016 年，全国人大常委会审议通过《关于修改〈中华人民共和国民办教育促进法〉的决定》，随后《国务院关于鼓励社会力量兴办教育促进民办教育健康发展的若干意见》《关于加强民办学校党的建设工作的意见（试行）》《民办学校分类登记实施细则》《营利性民办学校监督管理实施细则》等配套文件颁布，由此开启了民办高等教育非营利性、营利性分类管理的新时代。2018 年 8 月 10 日，司法部公布了国务院《民办教育促进法实施条例》（以下简称《实施条例》）草案的征求意见稿，虽然还没有正式颁布，但是主要政策内容、法律规定已经呈现。尤其是《实施条例（征求意见稿）》第七条规定："公办学校不得举办或者参与举办营利性民办学校。"公办学校不得参与举办营利性的民办学校，这对于现行独立学院的影响很大。如果独立学院选择了举办营利性学校，参与举办的公办学校就必须退出；如果独立学院选择了举办非营利性学校，公办学校就不能够获利营利。"公办学校举办或者参与举办非营利性民办学校，不得利用国家财政性经费，不得影响公办学校教学活动，不得以品牌输出方式参与办学，也不得以管理费等方式取得或者变相取得办学收益，并应当经其主管部门批准。"这意味着，举办独立学院，公办学校也不能以举办

者身份从独立学院收入当中获得收益，包括不得取得挂牌收益。同时，第二款规定："公办学校举办或者参与举办的民办学校应当具有独立的法人资格，具有与公办学校相分离的校园、基本教育教学设施和独立的专任教师队伍，实行独立的财务会计制度，独立招生，独立颁发学业证书。"这基本上还是独立学院应当独立的要求。也可以认为是分类管理后为独立学院量身定做的条款。

2018年6月，民办教育工作部际联席会议2018年工作要点明确提出，修订《独立学院设置与管理办法》。2018年12月，《教育部办公厅关于做好2018年度高等学校设置工作的通知》中明确提出：鼓励支持独立学院转设。坚持把独立学院转设摆在高校设置工作的首要位置，各地要逐一梳理、系统分析本地区每所独立学院的办学实际情况，坚持分类施策，制定独立学院转设的时间表和路线图，积极推动独立学院能转快转、能转尽转。列入"十三五"高校设置规划的独立学院转设优先申报；未列入规划的，中期调整时优先支持列入规划。独立学院转设申报不受年度申报计划限制，成熟一所、转设一所。2019年3月，《民办教育工作部际联席会议2019年工作要点通知》中明确提出：制定独立学院规范改革方案。全面摸清独立学院发展情况，深入分析各类举办和发展模式，研制《深化独立学院改革发展的指导意见》，明晰独立学院发展的路径和政策，深化独立学院体制改革，促进健康发展。政策的导向明显偏重于加快步伐的转设。

二　独立学院应用型人才培养现状

人才培养是高校的本质职能。"培养什么样的人、如何培养人、为谁培养人"和"办什么样大学、怎样办好大学"是高等教育的根本性问题。2008年教育部26号令《独立学院设置与管理办法》实施，明确规定2008级起"独立学院按照国家有关规定申请取得学士学位授予资格"，独立学院全面开始从"校中校"的二级学院向"独立"的办学主体转变，围绕立德树人根本任务、积极提升人才培养能力和培养质量，争取发展主动权。2009年，教育部发布《普通高等学校独立学院教育工作合格评估指标体系》，明确独立学院应确立"培养具有创新精神和实践能力的应用型人才的目标定位"，"应用型人才培养"成为独立学院办学的基本定位。由此出发，独立学院或主动出击、野蛮生长，或不情不愿、亦步亦趋，全面开启了应用型人才培养的探索实践。

进入新时代，一方面，人才需求呼唤高等教育供给侧改革。近年来国家大力倡导应用型本科高校建设，引导转型发展、支持产教融合的政策频出，为独立学院带来了巨大的挑战与契机。地方层面，各地教育主管部门积极推动应用型高校建设，将独立学院列入转型改革范畴，为满足时代需求、准确自身定位、契合转设政策，"应用型"成为所有独立学院的战略选择。另一方面，高等教育改革呼唤内涵发展、优质发展。深化高等教育改革要求高校落实立德树人根本任务，坚持以本为本，推进四个回归，从"教"为中心向"学"为中心的范式转型，从以学校发展规模和速度为核心的外延式发展向以教育教学质量为核心的内涵式发展。高校创新创业教育改革、本科专业类教学质量国家标准、推动"四新"专业建设、教师队伍建设、高水平本科教育建设等相关文件出台，更加明确了提高专业建设水平和人才培养能力的总体思路、目标要求、改革任务和重点举措。与此同时，针对独立学院的规范发展，浙江、江苏等地出台相关政策，鼓励独立学院以多种形式、多种渠道开展办学，实施规范验收、年检、专业综合评估等举措，引导独立学院规范发展、转型发展、创新发展、建设成高水平应用型高校。

在此背景下，尽管面临内外诸多困难与压力，独立学院主动或被动走上以质量提升为核心的内涵式发展道路。因发展步调参差不齐，独立学院应用型人才培养成效也不尽相同，存在差异和不足，但总体上取得了长足进步。

（一）人才培养定位清晰化地方化

人才培养定位是办学的出发点与落脚点。独立学院伴生于高等教育跨越式发展，面临与母体学校错位发展、分类发展、转设、自身资源条件限制等现实问题，适逢新时代新形势新要求，科学准确的人才培养定位至关重要。

1. 明确应用型，定位清晰

对独立学院而言，将建设应用型院校、培养应用型人才作为办学定位既顺应社会经济发展趋势、符合国家政策导向，也契合高等教育范式转变、高等教育系统进一步分化的时代背景，更是重新明确自身定位、谋求自主发展的明智之选。

如：浏览全国各个独立学院网站上的概况简介可知，应用型院校和应用型人才培养定位现已成为独立学院办学目标定位的普遍选择。在各个省份的相关专业项目申报评审中，独立学院均归类为应用型。在民间各类排行榜上，独立学院除被单列的独立学院外均被归为应用型。

在关于应用型定位的具体表述上，各个独立学院存在一定差异，有对于应用型程度的追求，如高水平、有特色等；有对于应用型细分类别的界定，如应用技术型大学等；有对于特质的说明，如高素质、复合型、创新型、开放性等。不同学校、专业发展程度的差异决定了"应用型"共识的确定是经过一个争论过程的，"应用型"帽子之下、形实之间的具体定位及其落实程度是差异化的。总体来说，"应用型"已成为共识，普遍认为应用型的定位即培养应用型本科人才而非研究型人才或技工，其培养方案和课程体系以社会需求为导向、以应用能力培养为任务，强调专业性、实用性，区别于大多数母体研究型大学的方向选择，更为明确清晰。

2. 立足地方性，面向准确

独立学院无论是为转设做准备、还是迁建办学，扎根地方办学、服务地方社会经济需求是转型发展的必然举措，应用型人才培养体系要求并体现出了较强的地方性特征。

2016 年独立学院迎来了迁址办学的高峰。据不完全的统计，全国 266 所独立学院已迁址办学或做好规划准备迁址办学的有 91 所，占独立学院总数的 34.9%，其中同城、异城迁址办学分别占 64.8%、35.2%，江浙二省的学校约占总数的 1/3。校地关系受到地方政府发展及对独立学院重视程度、母体学校办学理念、独立学院认识及资源投入等多方面因素影响。异城迁址远离母体及其中心城市带来招生吸引力下降、师资流失等问题的同时，也促进了地方资源投入的增加和校企合作的增强，能更加有针对性的满足地方发展需求，深化专业内涵和特色。江浙地区部分先期异城迁址的独立学院针对地方产业，打造专业集群、行业/产业学院，实现了校、企、师、生多赢。

这方面的例子很多，如：（1）吉林大学珠海学院广东省及珠海市各类服务、研发、创新平台等合作建有 59 个各类各级科研平台和 2 个具有独立法人的新型研发机构；与广东省海洋与渔业厅等政府部门合作，推动珠海海洋产业转型升级持续发展，提升科技服务社会能力。（2）电子科技大学中山学院作为"省市共建"高校，建有7个省级、8个市级工程技术研究中心和7个地方民间智库等；成立了公共服务创新平台，组建了一批新型研发机构、30多个服务中山经济社会的学术团队、一支科技特派员队伍，引入企业科研项目超百项，带动企业新增产值超10亿元，到校经费超亿元。（3）浙江农林大学暨阳学院迁址后，与诸暨市政府合作共建诸暨发展研究院、陶朱商学院、大唐产学研基地、中国大唐袜艺学院等校地合作平台，实现了专业与企业、专业群与产业链的有机对接。

（二）学科专业建设深入化特色化

高校人才培养能力以内涵发展水平为基础，专业是本科院校、特别是独立学院内涵发展的龙头、抓手和突破口。统筹依托协调好母体学校及自身学科专业建设资源，实施专业学科一体化策略，引领深化专业建设、办出特色、办出水平是独立学院发展的关键。

1. 合理设置布局，结构优化

独立院校的形成渊源决定了其学科源头及基础主要在母体学校，专业设置最初多为照搬母体，以投入少、招生热、就业好的专业为主，存在与母体学校同质化优势不足、热门专业重复化特色不足等问题。转型发展下，独立学院的专业设置调整在继续依托母体学校学科专业资源的同时，更注重面向市场人才需求，将地方性、新兴产业所急需的应用型专业学科作为学校特色发展、跨越发展的优先选项。通过推动专业、专业集群与地方产业对接，主动建立人才需求预测与专业设置动态调整机制，及时增设新专业、新学科，改造调整传统专业，专业学科布局趋于合理，结构持续优化。

如：（1）中山大学新华学院面向区域合理设置专业46个（见表5-12），因匹配度高、形成了办学优势。如其听力与言语康复学、康复治疗学等4个专业是广东省独立学院中唯一开设的，填补了公办医学院和高职院校因受限主客观条件而不能针对满足社会需求的欠缺；公共管理学科和医学技术学科在2017年分获省级特色重点学科和省级重点培育学科。（2）北京师范大学珠海分校设有14个学院（部），涵盖8大学科门类的61个本科专业，形成了以经济类、管理类及工科类等应用型学科为主体，教育类学科为特色，文学、艺术、法律、理学等传统学科协调发展的综合性学科布局，如其运动休闲学院等就是契合当地产业发展需求优化建设的典型代表。（3）在制订"十二五""十三五"发展规划等时点上，不少独立学院结合自身实际审视并规划调整了专业设置布局，对源自母体学校但已不适应新形势的专业进行淘汰、调整、改造；根据新业态、新产业需求，设置新专业，如在 2018 年获批"数据科学与大数据技术"专业的 203 所高校中 21 所为独立学院；在此基础上，根据新业态和地方产业需求，整合专业、建设专业集群或行业/产业学院，深化专业交叉、产教融合，提高应用型人才培养综合效益。

表 5-12　　　　　　　中山大学新华学院专业设置一览

学院（直属系）名称	专业名称
中国语言文学系	汉语言文学（文秘）
法学院	法学
艺术与传媒学院	艺术设计学（服装设计、服装工程）、服装与服饰设计
管理学院	工商管理、市场营销、电子商务、旅游管理、物流管理
经济与贸易学院	国际经济与贸易、经济学（应用经济学、会展经济与管理、低碳经济）、税收学（税收政策与税务管理、企业纳税管理与税收筹划）、经济统计学、金融工程、投资学、应用统计学
会计学院	财务管理（公司财务、投资理财）、会计学、审计学
信息科学学院	电子信息科学与技术、计算机科学与技术、软件工程、数字媒体技术、电气工程及其自动化
资源与城乡规划系	人文地理与城乡规划、自然地理与资源环境
资讯管理系	信息资源管理（医学）、健康服务与管理
公共管理学院	人力资源管理、公共关系、行政管理
生物医学工程学院	生物医学工程、医学影像技术
护理学院	护理学
药学院	药学
康复医学系	康复治疗学
听力与言语科学系	听力与言语康复学

2. 提升专业内涵，特色增强

外部环境的变化、地方政策如年检、专业综合评估和各类学科专业建设项目评选如各省市重点专业、特色专业项目等，既是独立学院专业发展的压力来源，更是动力所在，起到了汰弱留强、激励引领作用，促进了独立学院专业建设，提升了其专业内涵和声誉。在质量提升、结构优化的发展路途上，独立学院专业布局稳中优化，逐渐形成一批特色鲜明、优势突出，能为地方产业和经济、社会发展做出贡献的学科专业，在人才培养、科学研究和社会服务等方面发挥了良好的示范作用，获得了地方政府的支持和认可，进一步形成了一批与地方经济社会发展和战略性新兴产业发展需求契合度高的学科专业群。

如：（1）浙江大学城市学院现有省一流学科 3 个、重点学科 4 个、省重点专业 1 个、省新兴特色专业 4 个、省"十三五"特色专业建设项目 4 个、省实验教学示范中心 3 个、省工程实验室 1 个、市重中之重学科 2 个、市重点学科 11 个、市重中之重实验室 3 个、市重点实验室 9 个、市重点（特色）专业 9 个、市哲学社会科学重点研究基地 6 个。（2）北京理工大学珠海学院开设 61 个本科专业，继承母体理工特色、理工科专业占 55.73%；优势和特色专业基本对接粤港澳大湾区重点发展的支柱产业，形成了工学类专业集成度高、专业体系与产业链关联度高、专业布局与珠三角主导产业吻合度高的应用型特色明显的专业体系；现有 8 个省级综合改革试点专业，1 个省级应用型人才培养示范专业，1 个省级战略新兴产业特色专业，2 个省级特色专业，5 个通过 IEET 工程及科技教育认证专业；1 个省级特色重点学科，2 个省级重点培育学科，3 个市级优势学科。（3）2019 年江苏高校一流本科专业申报评选向独立学院开放，获评的 501 个一流本科专业中有 22 所（江苏共 24 所独立学院）独立学院的 56 个专业，彰显了独立学院学科专业实力、特色水平的进步与增强（见表 5-13）。

表 5-13　2019 年江苏省一流本科专业评审中独立学院获评数量一览

序号	学校	一流专业数量
1	东南大学成贤学院	5
2	南京大学金陵学院	4
3	南京理工大学紫金学院	4
4	南京理工大学泰州科技学院	4
5	南京邮电大学通达学院	4
6	常州大学怀德学院	3
7	苏州科技大学天平学院	3

续表

序号	学校	一流专业数量
8	南通大学杏林学院	3
9	南京信息工程大学滨江学院	3
10	中国传媒大学南广学院	2
11	中国矿业大学徐海学院	2
12	扬州大学广陵学院	2
13	苏州大学文正学院	2
14	南京师范大学泰州学院	2
15	南京师范大学中北学院	2
16	南京审计大学金审学院	2
17	江苏师范大学科文学院	2
18	南京财经大学红山学院	2
19	南京航天航空大学金城学院	1
20	苏州大学应用技术学院	1
21	南京医科大学康达学院	1
22	江苏科技大学苏州理工学院	1
23	江苏大学京江学院	1
24	南京中医药大学翰林学院	0
25	南京工业大学浦江学院	0

（三）人才培养模式多样化适切化

人才培养是本，本科教育是根。对于自诞生即为本科层次教育、主要任务为人才培养的独立学院来说，本就是"以本为本"，但在人才培养中照搬、改造、降格等模式都存在于具体实践中。随着办学定位的明晰，独立学院实施应用型人才培养模式，通过科学设置培养规格、课程体系、评价标准、保障措施以及制定培养目标，专业方向市场化、课程设置应用化、教学内容模块化、产学合作多元化，人才培养模式更加多样、适当。

1. 培养应用能力，模式多样

应用型人才培养模式强调体系市场性、应用性、实践性。践行应用型人才培养模式的独立学院，具体举措包括：培养目标和规格上，结合地方及新兴产业需求，细分人才规格进而精准培养规格；面向市场需求调整改造专业或设置专业方向，明确实践应用及服务领域进而对接行业、岗位需求。课程设置和教学内容上，在人才培养方案中引入职业资格标准、产业行业标准，在培养过程中引入各类社会机构及其资源参与，强化应用能力培养。课程体系和评价标准建设上，加大应用型课程及实践环节比重，加强课外实践环节，探索结果考核向过程考核、单一考核方式向多种考核方式的转变。

整体性的应用型人才培养模式主要体现为：（1）基于产教融合、协同育人的人才培养模式。具体如：第一，"3+1"产学合作模式。让学生一至三年级在校学习理论知识，进行必要的实践锻炼，四年级到企业顶岗实习一年，并在学校指导教师和企业工程技术人员的双重指导下进行毕业设计，将毕业设计与生产实践紧密结合，完成理论知识向生产实践的转化。如天津理工大学中环信息学院实施"一体两翼、2+1+X"应用技术型人才培养模式，"2+1+X"指在四年本科学习中，"2"即前2年学习理论基础知识；"1"即第三年全面开展专业课程同时，加强实践课程比重，使企业融入课程教学中，培养学生掌握该领域通用的生产技术技能并取得职业资格技能证书；"X"即第四年开展专业对口的校企联合教学模块，学生通过自主报名选择赴企业进行为期一年（或从大三后暑假开始）的岗位实习，并由校企双方教师共同指导、在企业中完成毕业设计（论文），根据其一年的表现与个人意愿、可留在企业就业。第二，订单式人才培养模式。以虚拟订单的形式反映市场行业对岗位的需求，培养学生广泛的适应性、灵活的应变能力以及可持续发展的职业能力。如华南理工大学广州学院通过合作项目造就、商圈定制、专院定制、班级冠名等方式探索了订单式人才培养模式，增设相关专业及方向并实施分阶段培养、为花都区定制培养涉外人才、建有云峰班、中兴通讯3G学院等，促进了应用型人才培养目标的实现和多方共赢。这两种模式在独立学院广为使用，相较于国外如德国双元制、新加坡"教学工厂"模式等和职业教育中的相应模式，独立学院根据自身资源条件、办学定位、专业特性等展开了探索，不同院校形成了一些特色化的方案、模式，如"3+0.5+0.5"，"2.5+1.5"，"2+2"模式等。第三，嵌入式人才培养模式。针对服务外包类专业人才培养，由教育主管部门以项目方式为校企搭建合作平台，建立行业企业深度参与专业建设和人才培养新机制。典型的如江苏省教育厅自2015年组织开展服务外包类专业嵌入式人才培养项目，为独立学院探索校企合作、培养应用型人才提供了有力支撑。（2）基于国际交流合作的联合培养模式。即为适应学生出国留学需要，采取"2+2"，"4+1"等方式与国外高校联合培养学生。如苏州大学文正学院自2005年率先成立国际合作交流处、2012年成立国际交流学院，与全球10多个国家和地区近50多所大学建立了友好合作关系，每年参与交流项目的学生达300多人。

2. 尊重个性选择，满足社会需求

与很多不同层次、类型的高校一样，独立学院面临人才培养路径单一、课程体系与培养规格不匹配、专业选择与学生选择能力不同步、专业建设中学生处于被动接受地位等共性问题。在深化高等教育改革、发展方式转型背景下，独立学院结合自身生源及体制机制灵活的特点，开展以"学"为中心、以生为本的教育教学系统性改革，对接多元需求。

如：（1）南京大学金陵学院自2011年承担江苏实施国家教育体制改革试点"全面学分制改革"项目，借鉴母体"三三制"本科教学改革经验，共建共享优质课程资源，实现学生个性化发展；实施"专业+"行动计划，创新打造一体两翼的产学研深度融合人才培养模式，探索"新闻无人机"、"装配式建筑"等跨学科交叉融合、校企合作协同育人机制。（2）云南师范大学商学院以全面实施学分制学籍管理为突破口，推进以"学生、学习和学习效果"为中心的"新三中心"教学理念的改革，落实个性化培养；开设45个本科专业60多个专业方向，实施"3+1*N"的模式设计人才培养方案，满足学生发展需求和市场变化；配备专业项目导师提供语言教学、硕士申请、留学签证、校际对接等全方位服务，满足学生高层次学习的个性化需求。（3）南京理工大学紫金学院全面实施应用型人才培养改革，将培养过程分为大类、专业核心、分类培养三个阶段，结合学生本专业、跨专业发展、升学深造、报考公务员四条发展路径，改革培养模式；按照培养方案制订的七原则十规程，制订推行"应用能力+个性发展"人才培养方案；建设综合教育、专业教育、通识教育三大平台涵盖11个课程模块，构建"通专并重+多样发展"课程体系（见图5-1）；被江苏省教育厅选取为民办高校内涵发展创新案例。

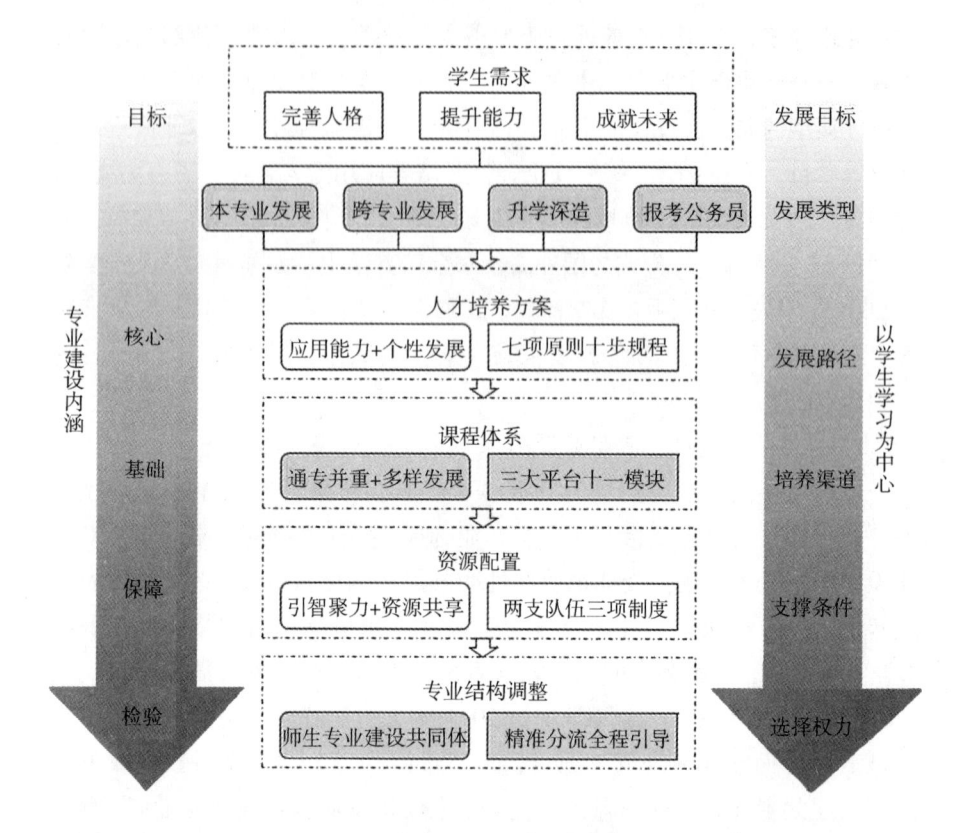

图 5-1　南京理工大学紫金学院应用型人才培养改革"紫金方案"

（四）课程建设改革常态化成果化

课程是直接连接人才培养、解决教育问题、体现培养成效的关键一环。自独立学院以来，始终坚持以教学为中心，不断深化改革，强化实践，教研教改趋于常态，教学质量稳步提高。

1. 着力课程建设，不断深化教改

随着办学时间的累积，独立学院教学管理更加规范科学，大多在校级层面有配套支持教育教学改革、教师教学发展的政策，如设置教育教学改革专项、教学奖励专项、对教师教学培训发展予以配套支持等。从网上搜索独立学院教育教学相关文献可知，独立学院教育教学实践、改革的研究已覆盖了育人各环节、各方面：在课程教学、实践教学、专业建设、人才培养模式的实践及研究居多；课程建设方面，线上线下混合、理实一体、参与式、互动式、探究式等不同教学理念、方法被普遍运用；实践教学方面、实验、实践、实训的基地平台建设、模式方法运用等被广为重视；在各地教育教学改革立项、教师教学能力竞赛、教材项目、精品课程项目等评选中，独立学院已频频崭露头角，其中不乏突出成绩的独立学院。

如：(1) 东南大学成贤学院积极推进学分制改革，不断加大转专业自由度，并设置辅修专业制度；对重要的基础课实行分级分层教学，为不同学业基础、不同发展方向的学生提供足够的发展空间；积极探索"做学结合""案例教学""项目驱动""现场教学"等多样化教学方法和"优才优育""校企合作""国际合作"等培养模式，对接社会需求。(2) 浙江工业大学之江学院以校园第三空间为依托，打造现代书院制；确定80门精品在线课程（优秀课程）建设项目，其中2门省级精品课程；主编各类教材93部，其中省级重点教材6部，新形态教材3部；开设四年一贯制"职业规划与就业指导"课程，设立学生课外科技基金，开办创业实验班和"致知"精英班；荣获浙江省教学成果一等奖。(3) 南京理工大学泰州科技学院实施构建了以能力培养为主线、理论与实践并重、专业教育与创新创业教育融合、全面培养和个性发展兼顾的"平台+模块"课程体系，及以项目驱动为主线，包含"基础训练—专业训练—工程训练—创新创业训练"能力进阶的实践教学体系；实施"行业（技术）学院""嵌入式（订单式）""项目+工作室""双证书""双学历"等多元协同育人模式。

2. 提升教学质量，成果不断涌现

在继承母体学校教学质量规范保障的基础上，独立学院从上级部门的要求和自身的实际需要出发，构建适合独立学院发展的教学质量监测与保障体系，教学质量管理闭环基本成形，地方需求、用人单位需求、学生需求均被纳入质量追踪体系，作为循证改进的依据；一流本科专业标准、应用型专业标准、工程教育认证标准等已成为不少独立学院对照进一步发展的目标。近年来发展势头好的独立学院，均是致力于应用型人才培养目标的达成，学生在技能认证、学科竞赛、实践创新、就业升学、社会实践等方面表现优异，有的甚至不逊色于母体学校、公办院校，毕业生得到社会认可，各方满意度和独立学院口碑不断提升。自各省市面向独立学院开放各类教学建设及评奖项目以来，独立学院从无到有、从少到多，逐步积累起来，有的学校已取得突出成果，其中不乏省级教学成果奖等重要荣誉。

如：(1) 燕山大学里仁学院探索适应性分层教学模式，把师生更好地联系在一起，有效进行"双边教学"，通过针对不同状况的学生因材施教，争取提升每个人的成绩、进而大面积提高教学质量；通过分层次配备老中青教师梯队，实现教学全过程的"以老带新"，提高青年教师的教学质量，进而达到提高师资整体素质的效果。（2）江苏大学京江学院建立督导团、质量监控委员会、教学委员会、质量管理办公室、教学质量科五大督教组织，紧扣课堂、实践、不及格率、毕业及学位授予率四个监控环节，构建了"常规评价+绩效评价+水平评价"三个评价方法，实施"教监委"监督制、教学管联动制、学生联络员制、院领导定期巡视制、辅导员随堂听课制、学生学习质量预警制、教学日志周报制七大监控机制。（3）厦门大学嘉庚学院全力营造因材施教、因势利导、尊重个性、激发潜能的教育环境，为社会培养合格适用的人才。学生在国际性、全国性、区域性、全省性赛事获奖分别达 155 项、1006 项、160 项、1558 项，学生受到用人单位的普遍欢迎。福建省本科高校毕业生竞争力相关调查报告显示，其毕业生平均月薪和晋升总监级高管人员占比分别为福建省综合性大学的第四、第二。

（五）就业创业发展全程化深入化

现今，大学生创新创业问题越来越受到社会各界的密切关注，我国大学生就业创业总体态势良好，初次就业率连续 13 年保持在 70%以上，创业人数逐年增加，明显增长。独立学院的就业质量是其办学质量的重要指标，是其招生吸引力的前提保障，实施有效的创新创业教育，有助于形成差异化的竞争优势，增强核心竞争力。

1. 关注就业发展，势头良好

毕业生就业率和就业质量是独立学院生存与发展的生命线。独立学院发挥其灵活的体制，通过构建招生、培养、就业三位一体机制，就业导向、招就联动、就业前移，将各专业毕业生就业情况作为每年招生专业投放和计划编制的依据，将创新创业教育嵌入专业教学过程，将就业指导服务贯穿人才培养全程，将校企合作育人延伸到合作就业，产学研用全面提高独立学院毕业生就业竞争力。

如：（1）广西大学行健文理学院每年举办多场专场招聘会和秋、冬、夏三季毕业生大型双向选择洽谈会；建立"1+4"就业信息发布平台，实现就业信息对应届毕业生"点对点"全覆盖；对建档立卡贫困家庭毕业生，实施"1+1"专项帮扶；荣获"广西普通高校毕业生就业创业工作突出单位"。(2)《广东 2018 民办高等教育发展报告》显示，该省独立学院学生就业表现突出，一是就业率方面，初次就业率上，最高的前三位分别是吉林大学珠海学院（97.94%）、北京师范大学珠海分校（97.91%）、广东工业大学华立学院（97.66%）；总体就业率上，最高的前两位分别为广东培正学院（99.92%）和华南理工大学广州学院（99.62%）；独立学院就业率基本都在平均就业率之上（见表5-14）。二是就业质量方面，就业薪酬上，初次就业薪酬最高的前三位分别是吉林大学珠海学院（5096 元/月）、北京理工大学珠海学院（4675 元/月）、东莞理工大学城市学院（4612 元/月）。三是专业对口率方面，我国高校毕业生工作与专业相关度为 65% 左右，2017 年广东省本科院校毕业生的专业对口率为 73.31%。独立学院大多高于平均水平，专业对口率最高的前二位是广东工业大学华立学院（89.76%）和东莞理工学院城市学院（87.30%）。

表 5-14　　广东省民办本科院校 2017 届毕业生就业率

院校名称	初次就业率（%）	总体就业率（%）	院校名称	初次就业率（%）	总体就业率（%）
吉林大学珠海学院	97.94	—	广州工商学院	93.35	—
北京师范大学珠海分校	97.91	—	广东海洋大学寸金学院	92.86	
广东工业大学华立学院	97.66	—	广州商学院	89.27	
广东财经大学华商学院	97.4	—	广东培正学院	—	99.92
广州大学松田学院	95.55	—	广东科技学院		99.73
北京理工大学珠海学院	95.09	—	东莞理工学院城市学院		99.62
广东技术师范学院天河学院	95.03	—	华商农业大学珠江学院		99.42
广东白云学院	94.88	—	广东外语外贸大学南国商学院		99.09
中山大学新华学院	94.73	—	广东东软学院		98.49
华南理工大学广州学院	94.55	99.62	电子科技大学中山学院		97.11
广州大学华软软件学院	93.73	97.66	广东理工学院		
中山大学南方学院	93.65	—			

2. 实施双创教育，成效斐然

独立学院围绕人才培养具有较强创新意识和应用型人才培养目标，按照创业教育、创业实训、创业孵化、市场转化四个阶段，紧扣区域经济发展中人才需求现状，结合办学资源，把握学生定位，大力实施双创教育，取得了斐然成绩。

如：（1）云南大学滇池学院实施"4321工程"创新创业教育改革，在中国"互联网+"大学生创新创业大赛中斩获国家级、省级多项奖项，创业园建立以来孵化项目70余项、产值超过千余万元、带动500多名大学生就业。（2）集美大学诚毅学院实施"开门办学"和"内孵外化"模式。率先引企入校，把工厂搬到校园，把课堂搬到企业；引进企业工作室入驻，学生做真实的项目、接受市场的检验。建设扩大创业孵化园规模，设立校外创业基地，规范完善管理，为创业大学生提供政策、资金、技术等支持，创新创业成绩抢眼。（3）各有各招、八仙过海。如同济大学浙江学院创业学院聘请行界精英担任创新创业导师，首次面向全校二年级以上学生推出了14门由业界精英担纲主讲的创新创业类公共选修课。四川大学锦城学院自2005年提出"三创教育"，率先设置创业学分、将创业教育纳入必修课，打造"全覆盖、融合式、浸泡式、开放式"的"三创教育生态系统"，相关课程获评省级精品资源共享课、创新创业教育示范课程、全国民办高校创新创业课程建设奖。广州大学华软软件学院"大创项目"共计有国家级20项，省级177项，院级223项。因双创教育成效突出，西安交通大学城市学院获评"2016年全国民办高校创新创业成果孵化奖"，北京邮电大学世纪学院获评"2016年全国民办高校创新创业教育示范学校文化建设奖"。

三 独立学院发展中的瓶颈问题

自1999年至今的20年间，独立学院这一特殊的高等教育组织形式，已经成为中国民办高等教育的中坚力量。凭借其在运行机制上的特殊优势，独立学院广泛吸纳了非财政渠道资金投入，在短期内有效拓展了高等教育规模，满足了人民群众日益增长的高等教育需求。但随着国家明确"公、民两条线"的发展趋势，独立学院作为高等教育大众化阶段的一种过渡形式，已经不能适应高等教育形式发展的需要。自 2018 年起，教育部针对独立学院采取"应转即转，能转快转"的指导意见，独立学院成熟一所、转设一所，使独立学院的发展进入新的"转型期"。

从教育部发布的《2018 年全国教育事业发展统计公报》来看：全国共有普通高等学校 2663 所，其中，独立学院 265 所，约占全国普通高校数的 10%，占全国民办高校数（750 所）的 35%；全国普通本专科在校生数约 2831 万人，其中，民办高校在校生约 649 万人，独立学院在校生规模约占全国普通本专科在校生数的 9%以上，占全国民办高校在校生数的 39.2%。2019 年 5 月，教育部发布《关于 2019 年拟批准设置高等学校的公示》，共涉及高校 11 所，其中还有 4 所独立学院转设为独立设置本科学校。也就是说，截至 2019 年 7 月，已转设的独立学院达到 68 所。

过去 20 年，尽管独立学院的发展取得了显著成绩，但在办学体制、运行和管理机制等方面仍存在诸多发展问题，面临诸多挑战，独立学院在转设评估、分类管理、体制机制、质量提升方面仍存在办学发展的瓶颈。

（一）规范转设的瓶颈

当前，教育部鼓励独立学院"应转即转，能转快转"，但是，在转设问题上，独立学院仍面临瓶颈。

1. 办学形态多元，转设环境复杂

目前，全国独立学院仍存在多种办学形态，主要有五种：一是"民资举办"，即民营资本出资建设的独立学院，全国一半以上的独立学院为此种办学形态，如：四川大学锦城学院、云南大学滇池学院等；二是"国有举办"，主要是政府、国有资产单位等为举办方的办学形态，如：原浙江大学城市学院（现转为公办普通本科高校）、成都理工大学工程技术学院（国有事业法人单位）；三是"中外联姻"，即由港澳台或海外侨胞出资举办的独立学院，如：华侨大学福建音乐学院（由爱国华侨、国际著名音乐家蔡继琨兴办）、广东海洋大学寸金学院（由泰国华人青年商会副会长李敏创办的湛江寸金教育集团投资举办）等；四是"校中校"，即目前仍是母体学校独家举办，且资产均为母体学校或其基金会所有，如：南京大学金陵学院、江苏大学京江学院等；五是"混合所有"，即国资、民资混合或政企校混合模式的独立学院，如：北京航空航天大学北海学院（北海市政府无偿划拨地，北京航空航天大学以无形资产占学院

30%股权,民营企业以资金投入占学院70%股权)、同济大学浙江学院(民企以资金投入占股55%,国企以土地和资金出资占股45%,公办高校不占股)等。

多元的办学形态和多样的产权关系,使全国独立学院的转设环境极为复杂,转设进程十分缓慢。

2. 利益相关者博弈,延缓转设进程

当前,独立学院主要涉及三个利益主体相关者:投资方、举办高校和独立学院,三者在独立学院转设问题上的利益诉求不一,导致各方意见不一、立场不一、认识不一,使得转设工作难以"朝一个方向努力",各方难以"拧成一股绳发力"。

如:许多母体高校将独立学院视为开辟经费来源、增强社会影响的重要依托,考虑到巨额"管理费"收益和机会成本,不愿放弃继续举办独立学院;部分投资方鉴于同公办高校的长期契约,不希望失去母体高校这块"金字招牌",故不愿意贸然选择转设;有的独立学院在引入新投资方时,许多上市公司要求选择营利性,但是举办高校不允许选择营利性,教育厅备案审查也通不过,导致转设与合作搁置;有的独立学院为了实现真正的"民独优",想转设但分手协议无法达成而转不了;有的独立学院难以"独立行走",一直想在"母体庇护"中求生存……总之,各方博弈使得独立学院转设进程一拖再拖。

3. 增值资产归属不明晰,引发转设产权争议

有的举办高校与投资方的合作协议只规定合作期间的利润分配,而对合作办学期满后独立学院财产归属只字不提。独立学院在滚动发展过程中,办学规模和资产总值不断扩大,积累的资产由几千万元增至数亿元,对于增值资产归属尚无明确的规定,一些独立学院在转设时,母体高校与投资方对产权问题争论激烈。

4. 分手费+过户费,使转设难上加难

独立学院只要提出转设,举办高校往往提出巨额"分手费"的要求,有的高达数亿元。合作双方在转设一事上很难达成共识。不交"分手费",就没有"分手协议",没有"分手协议",按现行政策,就不可能"转"。这给独立学院转设增加了障碍。"转设分手费"本身就是教育行业内的一种"潜规则"。《民办教育促进法》新法颁布后,按照依法治国的基本精神,"分手费"的做法是否合法可行还不明确。

此外，按照转设和民办学校分类管理的要求，为保障民办学校的法人财产权，资产过户（即土地和校舍等资产由投资方名下过户至学校名下）是必不可少的环节。但是，经测算，现有独立学院资产过户税费大约占资产总值的2%—3%，不少学校过户费用可能达数千万元，这增加了其转设的资金成本，给转设雪上加霜。民办学校投资方已经投入大量资金办公益教育，其资产由"左兜"掏向"右兜"，还须上缴高额税费，不合情理。据了解，目前，仅黑龙江、宁夏等少数省区在转设资产过户方面实现了"零规费"。

5. 缺少可落地的配套政策，转设推动力度不大

目前来看，独立学院转设进度主要看各省政策推行的力度。如黑龙江早期通过给予独立学院转设后增加招生计划、质量工程建设立项和配套资金支持、地方立法出台《黑龙江省民办教育促进条例》、"零规费"过户等政策推动转设工作。目前，东北三省、湖北省的独立学院转设进程较快。但是，要进一步加快推进独立学院转设工作，仍需要在国家层面出台更加明确且可落地的有关政策来突破瓶颈。

6. 转设评估程序复杂，不利于独立学院"应转即转"

目前，独立学院转设除了准备《申请报告》《论证报告》和其他各类证明材料外，还需《举办高校同意独立学院转设的正式文件》《举办高校与独立学院关于转设后的责权利关系的正式协议》等。如前文所述，若举办高校不放手独立学院转设或"分手费"未谈判妥当，独立学院就无法转。即使谈判成功，从申请转设、准备评审、专家进校、政府通过等，完成各项复杂程序，至少需要一年（通常各校转设筹备都在三年左右）。加之分类管理在即，并不利于独立学院"应转即转，能转快转"。

（二）分类管理的瓶颈

1. 独立学院不转设，就无法自主分类选择

按照现行国家对民办学校分类管理的基本要求，独立学院的处境相对尴尬。一是按照《民办教育促进法实施条例（修订草案）（征求意见稿）》的有关规定，若独立学院的母体学校不退出独立学院，独立学院则无法进行自主选择。二是独立学院这种混合主体组建的形式，若主体选择诉求不一，则无法与其他普通民办高校在分类管理的同一条起跑线上进行选择。因此，独立学院不及时转设，就无法自主选择分类管理，将阻碍

分类管理政策的实施，如：依据四川省的政策，所有民办学校须在2020年9月前进行分类选择，现有9所独立学院均已纳入"十三五院校设置规划"的转设范围，但实际操作中，9所独立学院很难在2020年9月前完成转设。

2. 资本与政策的矛盾螺旋，影响独立学院分类管理

从2019年2月中国新华教育中标南京财经大学红山学院举办者，到7月中国春来中标苏州科技大学天平学院举办者，还有7月25日中教控股收购四川外国语大学重庆南方翻译学院举办者权益。还有新闻未报出的一些独立学院在近一两年也都实现了"易主"。资本市场快速收购独立学院，大部分都将在未来的分类管理中，通过选择营利性来实现长远的资本收益，但这与中央分类管理的本愿背道而驰。按照《民办教育促进法实施条例（征求意见稿）》的有关规定，"公办学校不得举办或者参与举办营利性民办学校"，这实际上明确了独立学院须为非营利性民办学校。资本与政策的矛盾螺旋，一定程度上影响了独立学院的分类管理。

3. 分类选择过渡期内的税收问题，有损政策公平

据调研，四川省国税局要求，现有民办学校在未选择营利与非营利之前，均应按照学费收入缴纳企业所得税，缴税比例为25%。据悉，2017—2018年，该省民办高校（含独立学院）均接到国税局相关通知，须按规定缴纳企业所得税，各校实际缴税数额、比例不等。虽然是个案，却显现出独立学院办学的窘境。

按照财税〔2014〕39号文件规定："对学校经批准收取并纳入财政预算管理的或财政预算外资金专户管理的收费，不征收企业所得税；对学校取得的财政拨款，从主观部门和上级单位取得的用于事业发展的专项补助收入，不征收企业所得税。"也就是说公办学校不征税，民办学校未经免税认定的均须收税。因此，该省民办学校（含独立学院）均不同程度地缴纳了企业所得税。

（三）体制机制的瓶颈

从内部管理来看独立学院，仍存在体制机制不顺、治理结构方面的问题。

1. 办学主体地位未落实

尽管"26号令"提出独立学院作为单独的普通高校计算，但是许多

地方没有独立的"户口",现实中,因为管理体制不清晰,独立学院往往陷入公办民办"两不靠"和尴尬的"夹心层",不能享受同等法律地位和待遇。

一是身份不明。独立学院"似公似民",又"非民非公",身份不伦不类。独立学院在办学过程中,存在公办高校"卖牌子"、投资方"买牌子"、双方"拿票子"乱象,权力寻租、利益输出、攫取利益现象屡见不鲜。由于身份不清晰,管理体制不明确,独立学院无法真正享受与普通本科高校同等办学主体地位,很难独立办学。

二是无法享受民办教育扶持政策。26号令规定,独立学院依法享有《民办教育促进法》《民办教育促进法实施条例》规定的各项奖励与扶持政策,但现实中并未落实。例如,陕西省"十二五"期间每年设立3亿元民办高等教育专项资金,但是未转设的独立学院却不在奖励范畴内。

三是管理体制上被视为高校二级学院。省级教育主管部门没有明确独立学院的具体管理体制,多数母体高校把"校中校"型独立学院作为一个二级学院来对待,财权、人事权等办学自主权集中在母体高校,独立学院常被视作母体高校的附属体。

2. 体制机制优势丧失

独立学院诞生之初,本身拥有体制机制的优势,如:公办高校"扶独立学院上马",办学起点高、办学基本质量有保障;吸引社会力量投资办学,解决财政经费支出负担;明确其民办性质,一定程度上可以发挥更灵活的机制优势。

但是现在看来,运转20年的独立学院之所以模式千差万别、资产错综复杂、乱象问题丛生,归根结底在于其体制机制的优势已经丧失,或者说不能再适应当前高等教育新的发展形势。主要问题体现在:

一是独立学院法人财产权落实不到位。按照法律法规,"民办高校要落实法人财产权",但现实中独立学院投资方担心资产过户后不能抵押和贷款,且过户需缴纳高额税费,加之有的独立学院由国有企业举办,过户涉及国有资产流失,诸多原因致使独立学院法人财产权落实缓慢,所有权主体虚置。

二是举办双方办学目标不一致。公办高校注重教育规律,追求社会效益;社会力量投资方注重市场规律,追求经济效益。民间资本与国有资本两股力量有时会相互矛盾,资本的逐利性与教育的公益性出现冲突。浙江省"国有民办"独立学院盛行，就是因为母体高校认为与其和投资方合作，将办学结余交给他们，不如通过银行贷款，向银行支付贷款利息。上海财经大学浙江学院2010年发生投资方撤资事件。

三是举办双方经营风险不对称。母体高校与投资者的权责不对称导致一系列办学风险，包括抽逃资金、民事纠纷、变更混乱等乱象丛生。一方面，母体高校虽然只从独立学院提取一定的管理费，不承担债务连带关系，但是仍然要对独立学院的教学稳定、学生安置负责，承担无限的法律责任；另一方面，投资方鉴于产权的模糊和收益权的不明确，往往会降低持续投入的动力，出现追求短期回报、急功近利的现象。

3. 治理结构存在问题

独立学院采取混合式的办学模式，办学中存在冲突，内部治理结构难以理顺。

一是办学者与投资者存在矛盾。以院长为代表的办学者群体与以董事长为代表的投资者群体站在不同立场，在投资与回报的关系上存在利益博弈。有的独立学院，办学者希望增加教育投入，改善教师福利，而投资者急于追求回报，忽视内涵建设；有的独立学院董事会和院长职责权限不清晰，出现"越位""错位"或"缺位"现象。

二是制衡与监督机制缺失。不少独立学院董事会运行程序不够规范，董事会机构虚设、职能虚化，教工代表和社会贤达偏少。监事会制度不健全，缺乏对办学的有效监督。教职工话语权缺失，难以参与学校民主管理。许多独立学院教职工自身权益缺乏保障，媒体报道兰州交通大学博文学院开除身患癌症教师就是印证。此外，投资方内部发生矛盾，股东之间有时出现经济纠纷，北京邮电大学世纪学院曾发生投资者争夺学院控制权事件。

(四) 质量提升的瓶颈

1. 经费困境，影响质量提升

过去，独立学院长期由母体高校和投资方"两根管子抽血"，特别是全国母体高校多年以来收取的"管理费"比例大约在10%—40%不等。《民办教育促进法》新法出台后，投资方不能再拿走"合理回报"，但目前全国多数独立学院向母体高校上交的"管理费"仍在执行。这既有悖于《民办教育促进法》和即将出台的《实施条例（征求意见稿）》精神，也不利于独立学院完全自主自立发展和质量提升。

随着信息公开的程度越来越高，独立学院学生缴纳的学费用于公办学校"锦上添花"，迟早会引发学生不满和风险。目前，公办高校生均培养费已逾2.3万（1.6万财政拨款+0.5万学费+0.2万杂费），独立学院生均培养费不足1万（1.5万学费扣除数千元管理费），对提升办学质量、培养高质量应用型人才无益。

2. 师资困境，影响质量提升

独立学院或者说民办高校的共性问题是师资。独立学院专职教师主体往往是招聘应届硕、博士生，以及公办高校的退休教师，缺乏优秀的中青年骨干教师。由于独立学院的教师属"民办"身份，尚未享有公办高校教师的"国民待遇"，在退休待遇、科研立项、培训进修、评优表彰、国际交流等方面差距较大，使其出现了"招不进，留不下"的局面。一方面，办学经费紧张，不可能提供与公办高校同等水平的薪酬和福利待遇以吸引高层次人才；另一方面，学校多年来花大力气培养起来的一些优秀青年教师，在其学历和职称获得提升、教学经验丰富后，一旦有机会就会流向公办高校，民办高校成为公办高校的"师资人才培养基地"。师资队伍是限制学校高质量发展的关键要素。

3. 依赖困境，影响质量提升

不得不承认，当前全国还有很大一批独立学院仍属于"校中校"或者说"内生型"的一种发展模式，即由母体高校举办，办学缺乏自主性，没有实现真正的独立，仍旧存在对母体高校的"路径依赖"（新制度经济学中的一个概念，又称路径依赖性，特定含义是指人类社会中的技术演进或制度变迁有类似物理学中的惯性，即一旦进入某一路径，不论是"好"还是"坏"，都可能对这种路径产生依赖）的问题。这部分独立学院未来如何发展，如何提升质量都是问题。

4. 评价困境，影响质量提升

尽管独立学院问世已经20年，但是部分社会公众对独立学院的认知仍不清晰，如2018年浙江新高考志愿填报和招生录取的"乌龙事件"，就说明了公众对独立学院仍存在"认知盲区"；独立学院"公民两不靠"的"畸形、怪胎存在"也是公众甚至业内人士的一种评价；部分媒体对独立学院的报道也常常凸出负面指责而少于正面引导，不利于独立学院品牌和声誉建立。因此，评价困境也是遏制独立学院发展和质量提升的一个影响因素。

综上来看，为破解独立学院的发展瓶颈，支持、推动、加快独立学院转设，是教育部的英明之举。但这需要各方联动，政策先行，学校配合，这样才能真正加快转设进程，进一步促进中国民办高等教育的健康发展。

四　独立学院改革发展的制度保障

（一）建立并完善省级政府统筹协调机制

要破解独立学院改革发展中存在的诸多问题，必须更加注重改革的系统性、整体性、协同性，通过健全内部沟通协调机制、跨部门统筹协调机制、省级政府教育统筹工作机制，强化分类管理、因地制宜，合理确定独立学院发展目标、发展步骤和政策措施。

落实独立学院的法人财产权，完善独立学院办学条件，推进独立学院转设和发展，涉及发改、国资、自然资源、财政、税务、人社等诸多部门，必须充分发挥省级政府的教育统筹权，创新省级政府支持独立学院改革发展的体制机制，建立政府统筹协调、各部门联动的工作体制，打破条块分割，形成改革合力。浙江、上海、江西、四川等省市已经按照国务院办公厅《民办教育工作部际联席会议制度》（国办函〔2017〕78号）的精神，建立了民办教育联席会议制度。通过民办教育联席会议制度，主要可以推进解决独立学院改革发展过程中以下几方面问题：

一是保障合理用地需求。针对独立学院校园占地面积普遍不足的情况，各地应将独立学院新增建设用地统一纳入土地使用总体规划和年度新增用地计划，鼓励优先盘活使用现有建设用地。独立学院转设时，登记为非营利性民办高校的独立学院享受公办高校同等用地政策，以划拨等方式给予用地优惠；登记为营利性民办高校的独立学院按照国家相应的政策供给土地，只有一个意向用地者的，可按照协议方式供地。鼓励地方创新供地方式。

二是落实税费优惠政策。独立学院用电、用水、用气、用热，执行与公办学校相同的价格政策，依法依规享受与公办高校同等的税收、建设规划及其他优惠政策。借鉴重庆、上海、黑龙江等省市做法，独立学院出资者为落实独立学院法人财产权将土地房屋等资产以原值过户到学校名下时，按规定享受税费优惠政策。企业、个人和社会组织向符合条件的独立学院的捐赠支出，按现行法规、政策等，准予税前列支。母体高校在独立学院转设时不得以无形资产增值的名义收取高额"分手费"。

三是支持师资队伍建设。各地应落实独立学院教师在职称评审、人才支持项目、评先评优、业务培训等方面与其他普通高校教师享受同等待遇。鼓励公办高校派遣教师、管理人员到独立学院任教或任职，经所在高校同意，人员身份和档案关系不变。独立学院要依法为教职工交纳有关社会保险，登记为事业单位的独立学院教职工可参加事业单位养老、医疗、工伤、失业等社会保险。鼓励支持独立学院通过建立企业年金制度等办法吸引和稳定优秀人才，提高教师队伍整体素质。独立学院要在学费收入中安排一定比例资金用于教师培训。独立学院教师可以享受当地公办学校同等的人才引进政策。

四是适当扩大收费自主权。独立学院要树立完全成本理念，规范成本核算。允许独立学院根据办学条件、专业特色、办学质量、社会需求、生均培养成本、家庭承受能力等因素，遵循市场调节、优质优价原则，一定范围内自主制定具体学费标准，报省物价、教育主管部门备案后由学校公示执行。

五是积极推动独立学院转设。将独立学院转设摆在首要位置，教育部将该项工作落实情况纳入省级人民政府履行教育职责评价体系，确保转设工作有序推进；各地将推进独立学院转设作为省级政府教育统筹综合改革的重要内容，精心组织、统筹协调，结合本地实际，科学制定推进独立学院转设的政策措施，精准施策；省级教育行政部门要切实发挥好组织领导职能，积极协调独立学院各举办方统一目标，推进转设。

（二）完善独立学院领导管理体制

推进独立学院改革发展，必须完善独立学院领导管理体制，落实独立学院的办学主体地位，加强对独立学院的规范管理和指导，依法保障独立学院办学自主权。

从外部而言，省级教育行政部门加强对独立学院的规范管理，统筹指导本地区独立学院发展；母体高校要对独立学院的教学和管理工作予以指导。近年来，浙江、江苏等省先后出台支持独立学院规范发展的政策文件，启动独立学院规范设置省级验收工作，加强对独立学院的督查和年检，明确独立学院所在地政府要把促进独立学院发展作为本级政府的重要职责，积极支持独立学院发展与各项建设。两省文件均规定对完成规范设置省级验收的独立学院，参照民办普通本科高校，纳入统一管理。浙江省明确独立学院"原则上以母体高校隶属关系为依据确定管理归属，即独立学院随母体高校分别对应由省教育厅主管或由设区市人民政府主管，省外高校在浙江省举办的独立学院由学校所在地设区市人民政府主管"。江苏省则在落实独立学院平等办学地位方面进一步明确"在发展规划、教学改革与建设、学科专业建设、科学研究、教学科研成果奖励、科技平台建设、人才培养工程、评奖评优、接收文件、参加会议等方面与普通本科院校享受同等待遇"；两省文件均表示"政府部门安排的学科专业等竞争性项目对独立学院完全开放"。除相关政府部门加强管理举措外，独立学院与母体高校应依法建立良性互动机制。独立学院与母体高校应通过协议方式明确相关责任和利益关系，母体高校应按照合作办学协议和国家有关规定参与决策独立学院改革发展重大事宜，帮助独立学院建立健全内部治理结构，支持帮助独立学院发展；母体高校重点对独立学院的教学和管理工作予以指导，特别是对独立学院人才培养方案完善、招生计划核定、自有师资队伍建设加以指导和支持。

从内部而言，独立学院要遵守国家法律法规，落实国家政策精神，在母体高校的指导下加强现代大学制度建设，依法完善学校办学章程，全面加强党的建设，依法设立董（理）事会和监事（会），规范其成员构成、议事规则和运行程序，落实董（理）事会领导下、监事（会）监督下的校长负责制，完善学术委员会、教代会、学代会等制度，推进教授治学、民主管理。

一是要完善独立学院章程。落实章程作为校内"根本大法"的地位，在章程中进一步明确学校的内部治理结构和组织框架，明确各层次职能权力边界。通过章程将学校的办学理念、思路、目标等制度化、法定化。章程修订后，以章程为准则，全面清理学校的各项规章制度，在全校普遍开展章程教育，真正做到"用制度管人、按规章办事"。

二是全面加强独立学院党建工作，确保党组织的政治核心和监督保障作用。落实中共中央办公厅《关于加强民办学校党的建设工作的意见（试行）》（中办发〔2016〕78号）精神，充分发挥独立学院党组织在保证政治方向、凝聚师生员工、推动学校发展、引领校园文化、参与人事管理和服务、加强自身建设等方面的政治核心作用。江苏等省份已落实包括所有独立学院在内的民办高校"将党组织建设有关内容纳入学校章程，明确党组织在学校法人治理结构中的地位，保证党组织在重大事项决策、监督、执行各环节有效发挥作用"。

三是按照"董（理）事会领导、监事（会）监督、校长行政、党委保证、教授治学、民主管理"的现代大学制度要求，完善学校决策机构、监督机构、管理机构组成和运行规则，建立科学合理的内部治理体系。独立学院要健全董（理）事会和监事（会）制度，董（理）事会和监事（会）成员依据学校章程规定的权限和程序共同参与学校的办学和管理。董（理）事会应当优化人员构成，由举办者或者其代表、校长、党组织负责人、教职工代表等共同组成；建立健全监事（会）制度，监事（会）中应当有党组织领导班子成员，探索实行独立董（理）事、监事制度，真正发挥监事（会）的监督作用；严格实行董（理）事会领导下、监事（会）监督下的院长负责制，依法保障院长独立行使职权；强化党组织对学校重要决策实施的监督，建立健全党组织与学校董（理）事会、监事（会）日常沟通协商制度，完善董（理）事会、党委会、党政联席会议事规则，建立健全董（理）事会、行政班子、党委三方成员"双向进入"、"交叉任职"机制，形成决策、行政、监督保证各司其事又相互制约的格局；完善学术委员会议事规则，理清学术权力、行政权力的关系，明确权力边界，为学术自由、学术民主、教师主导地位等提供制度保障；完善教代会、学代会等会议制度，进一步积极探索动员师生员工参与学校民主管理、民主监督，提升学校治理能力现代化水平。

（三）健全独立学院办学风险防范机制

建立健全独立学院办学风险防范机制，主要从以下几方面入手：

一是加强独立学院党的建设。独立学院要切实加强党的领导，充分发挥党组织的政治核心作用，保证学校坚持正确的社会主义办学方向，要引导独立学院牢记教育的公益属性，切实把社会效益摆在首位，在学校党建、思想政治工作和德育工作中发挥领导作用，在学校依法办学、规范办学中起监督作用。在独立学院转设过程中，党组织要密切关注师生动态，引导社情民意，做好思想工作。

二是要确保国有资产安全。各地要积极探索独立学院国有资产的管理办法，公办学校以自身品牌、土地、房屋、仪器设备等国有资产参与举办独立学院的，要按照国有资产管理相关规定确认权益，健全国有资产监督管理责任制，防止国有资产流失，独立学院承担占有、使用国有资产的具体管理职责，要建立完善具体制度，确保责任落实到人。独立学院中的国有资产部分单独记账核算，独立学院转设涉及国有资产处置或使用的，要按照国有资产评估相关规定，由教育行政部门牵头聘请具有国有资产评估资质的第三方机构对拟处置国有资产进行评估，评估结果向社会公示。要按照规定履行备案程序。独立学院国有资产整体或者部分进行转让的，原则上要通过拍卖等市场竞价方式公开处置，转让价格不能低于国有资产评估价格，并按规定程序履行报批报备手续后方可转让，收益依法依规处理。

三是落实法人财产权，完善财务管理制度。独立学院举办者要依法履行出资义务，将出资用于办学的土地、校舍和其他资产足额过户到学校名下。独立学院要理清产权归属，将举办者投入的资产、国有资产、受赠的财产、政府补助、办学积累等各类资产分类登记入账，存续期间所有资产由独立学院依法管理和使用，任何组织和个人不得侵占。学费收入、财政补助等资金应存入民办院校学费及财政补助资金专用账户管理，任何个人和组织不得侵占学校资产、抽逃办学资金、挪用办学经费。各地要依法保护独立学院法人财产权，因学校重大事项变更或者转设等涉及学校法人财产变化的，各地要对变化情况跟踪监督，必要时可以采取审计等方式予以监督。要建立适合独立学院实际的会计制度和成本核算体系，创新内部控制和监督机制，加强对独立学院财务风险的管控，特别对独立学院筹融资、投资、预算风险的控制。鼓励社会力量捐资，引入公益融资机制，鼓励金融机构开发适合独立学院特点的筹融资产品，扩大独立学院的筹融资渠道，为独立学院筹集资金提供服务。

四是加强招生和收费行为监管。独立学院要建立招生领导小组和专门机构，健全各项规章制度，有关招生、收费等重大事宜，必须严格执行国家有关规定，并需事先征得申办学校的同意。各地要加强对独立学院招生行为的监督检查，建立违规招生的彻查机制和追责机制，对于招生存在重大问题的独立学院，实行年检一票否决。独立学院要加强教育收费管理，建立健全收费管理制度，严格执行教育收费公示制度，自觉规范收费行为，严禁以各种名目变相提高收费标准或收取其他费用。物价、教育主管部门要加强对学校收费政策执行情况和收费行为的监督管理,加强对学校收费的指导,及时发现纠正不合理收费,严肃查处各种乱收费行为。

五是加强对转设或终止办学时不确定因素的风险防范。各地教育行政部门要高度重视独立学院转设过程中的风险防范,指导制定相关预案,加强转设过程监管,切实履行管理职责。举办高校要将独立学院转设列为"三重一大"事项,集体决策;要切实加强廉政风险防控,主动接受纪检监察部门和社会的监督。合作举办方要切实履行相关义务,共同做好安全稳定保障工作。转设后的学校应本着"老生老办法,新生新办法"的原则,维护学生的合法权益。独立学院终止办学的,举办方应当依法进行财务清算和财产清偿,妥善安置在校学生,终止时仍未毕业的在校学生由举办高校托管,学籍管理按原独立学院相关办法执行,依法做好教职工分流安置、合理补偿等善后工作。2019年4月教育部批复的北京师范大学珠海校区计划在北京师范大学珠海分校基础上建设发展,因两者定位、目标不同,所以北京师范大学针对珠海分校的在校学生、教职工、校友等一系列工作都进行了周到的考虑和妥善的安置,规避掉各类不确定因素可能造成的稳定风险。

(四) 健全独立学院质量保障机制

独立学院作为民办高等教育的重要组成部分,同样肩负着培养社会主义建设者和接班人的使命和任务。贯彻落实全国教育大会精神,推动独立学院改革发展,提高办学质量是首要前提。根据教育部《关于加快建设高水平本科教育全面提高人才培养能力的意见》,要积极健全独立学院的人才培养质量保障机制。

一是完善外部评价机制。加强独立学院办学行为监管,强化年度检查和督导制度,检查结果向社会公布,并将结果作为政策扶持和规范管理的重要依据。健全财务专项审计制度,每个会计年度结束时,由具有资质、信誉良好的会计师事务所,对独立学院年度会计报表进行审计并出具审计报告,作为年检结论的重要依据。借鉴江苏省开展的独立学院专业建设抽检和专业建设评估工作,各地应建立完善专业建设综合评估制度,开展面向独立学院的专业建设综合评估工作,并将评估结果向社会公布,构建教学质量动态监测及评估体系。定期发布独立学院本科教学质量报告、毕业生就业质量报告等,完善市场机制,引入社会监督,敦促独立学院重视人才培养质量。探索建立政府部门、专家学者、高校师生、行业企业、用人单位、学生家长和社会中介组织等多方参与的民办高等教育质量分类评价机制，并将评估结果向社会公布。

二是完善学校内部质量保障体系。独立学院大都依托母体专业优势，立足自身基础，依据地方经济社会发展需求，构建紧密对接行业产业链的专业体系，探索特色突出的应用型人才培养模式，培养实践能力强的一线应用型人才。独立学院要积极应对外部质量评估，以教学质量的持续改进和提高为目标，以科学的质量标准为依据，以教学信息采集和反馈机制建设为基础，建立各环节教学质量标准并严格执行，坚持考核评估与监督检查相结合，学校、教师和学生共同参与，努力构建具有学校自身特色的内部质量保障机制和质量监控体系，形成不断提高教学质量的长效机制，立足地方应用型本科院校办学定位，培养服务地方经济社会发展的应用型人才，构建完善应用型人才培养质量保障体系，走质量提升的内涵式发展道路。

建立完善的内部质量保障机制，要高度重视质量保障组织机构建设，构建学校、学院、系部三级纵向质保组织体系，强化质量管理队伍建设，配备专人负责质量保障专项工作。学校要完善各部门把关各教学环节的质量标准，强化主动作为的责任意识，加强相关部门协调配合，与质量管理部门形成横向合力，有效落实质量保障各项措施。学校要形成自上而下的质量保障合力，共建全员参与、全程管理的质量保障机制。

健全质量监控机制，要建立完善符合学校特色的教学管理规章制度，强化教学质量监控机制。一是加强各环节过程性质量监控，重点监控实践教学过程等薄弱环节。二是加强信息收集、分析及反馈。三是加强评价与评估，围绕学生中心设置教师评教、学生评学指标体系，以客观科学的评价达到"以评促教、以评促学"的目的。

教学质量监控与保障体系是一个相对封闭的循环，是循序渐进的优化过程。独立学院应结合学校实际，加强 PDCA 循环管理法与质量监控与保障体系的融合，运用闭环管理原理及时解决质保体系运行中出现的问题，采取有效措施，实现体系的持续改进。

（五）完善独立学院退出机制

独立学院是在一定历史背景下产生的办学模式，其存续和发展与外部形势变化及其自身条件完善有着直接关系。针对条件薄弱、无法达到评估验收与转设标准或者无意愿转设的独立学院，应在地方政府相关条件允许的条件下，探索其合理有序退出的机制，通过回归母体高校、合并至其他高校等形式，逐年减少招生，直至终止办学，退出独立学院的历史舞台。这也是贯彻落实中央关于社会组织"培育发展与监督管理并重"精神的重要举措，是维护民办高校登记管理秩序的必然要求，是增强民办高校活力的重要推力，是促进民办高校健康有序发展的有效途径。

独立学院退出的法定途径应包括独立学院主动申请注销登记和登记管理机关依法对独立学院撤销登记两种。前者以北京师范大学珠海分校向北京师范大学珠海校区转设为代表，是独立学院通过回归母体高校实现主动退出的一种形式；后者以复旦大学太平洋金融学院被教育部撤销建制为代表，该校从2008年起因"办学条件不达标"被取消了普通高等学历教育招生资格，于2011年被教育部正式撤销建制，属于独立学院被动退出、终止办学。

独立学院在退出过程中主要做好清产核资和人员安置工作。清产核资方面，捐资举办的学校终止办学，剩余资产应继续用于公益性教育事业；出资举办不要求取得合理回报的学校终止办学，按投入额度取得补偿后，其余剩余资产用于公益性教育事业；出资举办要求取得合理回报的学校终止办学，剩余资产按有关法律、行政法规的规定处理；举办者、出资者变更，原始出资额需按原值计算；要确保独立学院中国有资产不出现违规流失的情况；师生安置方面，要妥善安置在校师生，保护师生的合法权益；做好校友工作，减小因学校停办造成的群众反应和不良社会影响；退出过渡期结束后，独立学院的权利和义务由母体高校完成全部承接，清算和安置方案报审批机关确认后实施。

第六章

民办高校创办者群体特征研究报告

改革开放后,我国民办高等教育应时而生。创办者是民办高校的掌舵者,在民办高校的发展中发挥着关键性作用,他们甚至决定着我国民办高校的发展方向、发展模式和发展路径,进而决定着我国民办高校的发展成就和发展高度。改革开放以来我国民办高等教育的发展历史,从某种程度上说,就是民办高校创办者这一群体勇于实践、不断探索的奋斗史。也可以说,没有民办高校创办者,就没有我国民办高等教育的今天。一些民办高校的创办者已经产生了较大的社会影响,如胡大白、黄藤等,但是更多的创办者不为人知。对民办高校创办者群体的个体特征进行研究,包括性别、年龄、教育和学科背景、职业生涯轨迹、政治面貌和政治身份等,有利于描绘出民办高校创办者群体的立体图像,进而了解和理解我国民办高校发展的规律。

Hambrick 和 Mason(1984)认为,要研究企业家的认知基础和价值观,就必须要研究企业家的背景特征(background characteristic),如年龄、性别、种族、社会经济背景、职业背景、教育、组织任期、团队异质性等。因为企业家的认知基础都是从他的经验(包括背景和训练)中演化而来的,因而背景特征是企业家品质的指示器(Indicator)。[①] 根据我国的实际情况,考虑到资料收集的成本和不同创办者之间比较的可能性,同时考虑到各种特征与本报告的相关性,本报告主要从创办者的人口学特征、教育和学科背景、职业背景、政治面貌与政治身份等几个方面分析创办者的特征,并将通过国际比较和历史比较的方式,研究国外私立高校和我国民国时期私立高校创办者的群体。通过这种跨越时空的比较,研究分

---

① Donald C. Hambrick, Phyllis A. Manson, Upper Echelon: The Organization as a Reflection of Its Top Managers, *Academy of Management Review*, 1984(2).

析不同的社会、经济和政治对高等教育的深刻影响。

　　本报告所研究的创办者，指自然人而非社会组织。当民办高校为个人举办时，举办者即该自然人。当民办高校为多人举办时，本报告的创办者指在学校治理中发挥最重要作用的人。当学校为某社会组织举办时，创办者指该组织的实际决策者，即实际控制人。比如，在本报告中，北京吉利学院的创办者被认定为李书福。之所以将组织的实际决策者当作是民办高校的创办者，有如下原因：第一，组织的决策是由人做出的，特别是在特定条件下，决策者个人对组织的发展会产生更大的作用，将分析单位定位于自然人，使分析更有针对性和深入性。第二，自然人在举办民办高校时，为了便于获得土地的使用权，也便于对学校的控制，一般会先成立一个教育投资公司或者其他类似的投资公司，以公司的名义购置土地、筹办学校，而实际的决策者依然为自然人。所以，即使是自然人创办的民办高校也往往有一个投资公司作为"壳"。第三，很多民办高校的投资公司除了运营民办高校之外，并没有其他的业务，即使有其他的经营业务，其业务量也微不足道。第四，在访谈很多民办高校的教职工时，当问到"谁是学校的举办者或创办者"，受访者一般不会说是某个公司，而是直接说该组织实际负责人的名字。将创办者界定为自然人的方式也符合管理学的研究方式。管理学认为，终极股东一定是具有实际控制权的自然人。上市公司披露的控制性股东无论是企业法人还是其他经济组织实体，都有一个相对具有控制影响力的自然人，他在代表个人及某个组织执行上市公司的控制权力。[①]

　　为了获得民办高校创办者的群体特征，本报告建立了"中国民办高校举办者基本信息数据库"。数据来源既包括新闻媒体的报道、学术期刊中的相关信息、民办高校官网的报道等，也包括笔者与民办高校举办者、管理者和师生员工的访谈。该数据库全面收集了我国民办高校举办者的基本信息，包括姓名、性别、年龄、学历、学科背景、职业生涯轨迹、政治面貌、政治身份（如是否全国人大代表）等基本信息，从而为全面准确地勾勒民办高校举办者的群像奠定了数据基础。这一数据库不仅为理论研究提供了基础，而且蕴含着一定的史料价值和文献价值。本报告后面的分

---

① 高闯、郭斌、赵晶：《上市公司终极股东双重控制链的生成及其演化机制——基于组织惯例演化视角的分析框架》，《管理世界》2012 年第 11 期。

析都基于该数据库。

一 民办高校创办者群体的人口学特征

本报告从性别和年龄两个维度来刻画创办者的人口学特征,并分析这两个人口学特征对我国民办高等教育的影响。张应强等学者在对大学校长的研究中,还研究了大学校长的籍贯、民族等人口学特征。[①] 目前校长的籍贯和民族等人口学特征对于大学的发展没有显著影响,故本报告不分析这些特征。

(一) 创办者的性别特征

世界上多数地区在历史的绝大多数发展时期都是男权社会,男性在经济、政治、文化中占有更重要的职务,发挥更重要的作用。部分国家和地区的女性仅仅有资格参与家庭事务,参与管理的机会很少。但是,近年来,女性在政治、经济乃至广泛的社会领域彰显的领导力为世人所瞩目,这也被认为是时代文明进步的表现。[②]

经济领域中女性企业家发挥了越来越重要的作用。很多学者的研究发现,女性企业家所表现出"关怀导向"的领导风格以及她们较强的风险控制能力,在应对经济周期波动中显示出了比男性更大的优势。[③] 杨静、王重鸣对41位创办并经营企业的企业家调查发现,女性创业型领导不仅体现出创业型领导的核心内涵——即应对外界复杂多变环境,鼓励员工实施变革与创新活动,还凸显了女性创业者和企业家的典型社会性别特征——即女性特有的"亲和感召"和"母性关怀"。[④] 正是因为女性企业家所具有的包容心、分享权力、善于培养下属、乐于帮助人、善于合作、

[①] 张应强、索凯峰:《谁在做中国本科高校校长》,《高等教育研究》2016年第6期。

[②] 陈至立:《文化与教育的包容性发展及女性赋权——在第五届世界大学女校长论坛上的致辞》,《现代传播》(中国传媒大学学报) 2011年第12期。

[③] 史清琪主编:《2009中国女企业家发展报告:走出危机 踏上可持续发展之路》,地质出版社2010年版。

[④] 杨静、王重鸣:《女性创业型领导:多维度结构与多水平影响效应》,《管理世界》2013年第9期。

具有同情心等特质。随着女性创业在全球范围内蓬勃兴起，女性创业者和企业家已经成为推动经济与社会发展的重要力量，一些国家和地区的女性企业家对于推进当地女性平等和社会进步发挥了不可或缺的作用。[1] 女性在政治领域也发挥着越来越重要的作用。万明研究发现，女性领导人不仅在国内享有崇高的权力和威望，在世界舞台上的地位也越来越重要。她们在国际政治沟通理念建构、公共议程设置、公众形象传播、政治说服等方面区别于传统男性政治，甚至导致国际政治话语显现出不同以往的柔性化特征。[2]

教育领域是女性具备"比较优势"的行业，女性在教育领域的优势比在经济领域和政治领域中的优势更加明显。从高等教育来看，美国大学中女性校长的比例较高。郭俊、马万华的研究发现，美国女性大学校长的比例1986年为9.5%，2006年增长到23%，2011年达到26.4%。[3] 笔者对2016年上海交通大学全球大学学术排行榜中前100强大学中的美国大学校长性别进行了调查。该排行榜中前100强大学中共有50所美国大学，其中公办大学26所，私立大学24所。调查发现，26所公办大学中有2所大学的校长是女性，比例为7.7%，24所私立大学中有5所大学的校长是女性，比例为20.8%，私立大学女性校长的比例高于公立大学女性校长的比例。李培元认为，大学女校长作为最为耀眼的女性教育领导者，在世界高等教育发展中扮演着重要的角色。女校长们的风采与魅力、睿智与魄力是世界各国高等教育发展的宝贵经验和丰厚财富。[4]

相比之下，我国大学女性校长的比例较低。张光进等学者在2007年对我国103所211大学校长的研究发现（部分211大学的校长信息缺失），我国"211"大学中仅有3位女性校长，占比2%，"985"大学中一位女

---

[1] Donna J. Kelley, Candida G. Brush, Patricia G. Greene and Yana Litovsky, Global Entrepreneurship monitor-2010 Women's Report, Babson College and the Global Entrepreneurship Research Association, (GERA), 2011, pp.1-47.

[2] 万明：《女性视角下的国际政治沟通理念与实践——以女性领导人为例》，《国际观察》2013年第6期。

[3] 郭俊、马万华：《美国大学校长群体特征的实证研究——基于履历背景的视角》，《比较教育研究》2013年第1期。

[4] 《世界大学女校长论坛精彩发言：谁说女子不如男》，2011年11月5日，http://www.jyb.cn/world/gjsx/201111/t20111105_462071.html。

性校长也没有。① 张应强等学者在 2015 年对我国 759 所公办普通本科高校的研究发现，女性校长的比例只有 3.7%，其中 985 高校的校长皆为男性，211 高校中女性校长的比例只有 1.8%，女性校长主要分布在除了 985 高校和 211 高校之外的本科高校，尤其是新建本科高校的女性校长比例较高。

本报告共获得了 344 位创办者的性别信息，其中男性 304 位，占 88.4%，女性 40 位，占 11.6%。很显然，民办高校中女性创办者的比例较高，这提升了我国高等教育中女性领导的整体比例。需要指出的是，未来我国民办高等教育领域中女性领导的比例会进一步提高，因为很多民办高校的二代接班者都是女性，这会进一步改变我国高校女性领导比例偏低的状况。

刘继南认为，女性人文素养为女校长以温柔的力量追求办学的成功提供了特殊的有利条件，女性是改造世界的温柔力量。② 2015 年我国普通本专科女学生数占在校生总数的 51.35%，研究生（包括硕士和博士）中女生的比例达 48.98%，普通高校中女教师占教师总数的 47.28%。③ 中国女科技工作者共 1400 多万人，占全国科技工作者总量的 40%，在具有高级专业技术职务的科技工作者中女性占 1/3。在高校中女性学生、女性教师和女性科技工作者比例不断提高的背景下，适当提高高等教育中女性领导的比例有利于促进我国高等教育的健康发展。李卫红指出，鉴于现实生活中女性领导力的匮乏不足，除了正规教育体系应予以特别关注和重视外，应该大力开拓非政府组织的女性领导力培育空间。④

一些民办高校的创办者也认识到自身的性别优势对于大学发展的积极作用。上海震旦学院的创办者张惠莉在接受采访时表示，"作为女性，我特别注重在集团发展和管理过程中遵循情理相融、软硬兼施和动静相济的

---

① 张光进、王鑫：《中美大学校长群体特征的比较分析及启示》，《复旦教育论坛》2007 年第 5 期。
② 陈雅芳：《论成功女校长的素质特征》，《教育研究》2007 年第 2 期。
③ 《各级各类学校女学生数》，2014 年 11 月 28 日，http://www.moe.gov.cn/publicfiles/business/htmlfiles/moe/s7567/201309/156890.html。
④ 龙小农：《教育与女性领导力的提升：第六届世界大学女校长论坛综述》，《现代传播》（中国传媒大学学报）2014 年第 11 期。

原则。"① 正是由于女性在教育领域的相对优势,部分女性"掌舵者"带领民办高校取得了不俗的成绩,她们所领导的民办高校成为我国较为知名的民办高校。

(二) 创办者的年龄特征

年龄代表着人的阅历,进而影响人的世界观和行为选择。国外学者关于年龄与认知关系的研究表明,随着年龄的增长,企业家的认知能力会下降、知识结构会老化、变通能力会降低、抵制变革的倾向会增加,因而,年老的企业家的决策质量会下降。② 但有关学者对中国企业进行研究后发现,年长的企业家拥有更多的资源特别是社会关系资源。因此,年长的企业家会有更高的决策质量。陈传明等学者认为企业家年龄与企业多元化程度呈"∩"形关系,年轻企业家的人力资本(如管理经验)、物质资本以及社会关系资源的不足限制了企业的多元化扩张,而处于中年(年龄拐点为51岁)的企业家在管理经验、社会关系资源和精力等方面都具有优势,因此具有较高的决策质量。当企业家年龄老化之后,由于健康逐渐变差等原因,其决策质量会逐渐下降。③

我国相关法律对高校的领导班子年龄有明确要求。《中共教育部党组关于进一步加强直属高等学校领导班子建设的若干意见》(教党〔2013〕39号):"列入中央管理的党委书记和校长初任时,属提拔任职的年龄一般不超过58岁","党政领导班子实行任期制,每届任期5年,任期届满应及时换届"。

教育部的相关文件对民办高校校长的年龄也有规定。《民办高等学校办学管理若干规定》(教育部令第25号)规定民办高校校长应当具有10年以上从事高等教育管理经历,年龄不超过70岁。校长报审批机关核准后,方可行使《民办教育促进法》及其《实施条例》规定的职权。《教育部关于废止和修改部分规章的决定》(教育部令第38号)修改了教育部

---

① 本刊记者:《一个永远的创业者——记震旦教育集团管委会主任张惠莉》,《教育发展研究》2005年第3期。

② Hambrick, D. C. & Mason, P. A. Upper Echelons: The Organization as a Reflection of Its Top Managers, *Academy of Management Review*, 1984 (2): 193-206.

③ 陈传明、孙俊华:《企业家人口背景特征与多元化战略选择——基于中国上市公司面板数据的实证研究》,《管理世界》2008年第5期。

令第 25 号的规定，民办高校校长不再需要审核机关核准，但是仍然需要具有 10 年以上从事高等教育管理经历，年龄不超过 70 岁，任期原则上为 4 年。

由于举办者大多担任董事长，也有举办者担任党委书记的情况，而国家对民办高校董事长没有年龄要求，也没有出台文件规定民办高校党委书记的年龄。所以，国家关于民办高校校长的年龄要求对举办者基本上起不到约束和限制作用，我国民办高校举办者的年龄普遍偏大。截至 2015 年 12 月，本报告共获得 212 位创办者的年龄信息。年龄最小者为 33 岁，最高者 99 岁，平均年龄 58 岁。年龄在 39 岁以下的比例只有 2%；40—49 岁的比例为 25%；50—59 岁的举办者最多，共有 73 位，比例为 38%；60—69 岁的比例为 18%；70—79 岁的比例为 9%；80 岁以上的比例为 8%。进行简单计算可知，60 岁及以上的创办者共有 68 位，占 35.6%，也就是说，1/3 以上的民办高校创办者年龄超过了 60 岁。

创办大学既需要较高的文化基础、经济基础和管理素养，更需要社会资本，而社会资本的积累与人的社会阅历息息相关，所以，极少民办高校是由初出茅庐的年轻人所创办的，大部分民办高校是由中年人或已经退休的干部、教师等群体举办的。而且，创办者一开始往往以培训班、专修学院等形式办学，经过多年的滚动发展之后才逐渐升格为高职院校或本科院校。所以，我国民办高校创办者的年龄普遍偏高。

虽然民办高校的创办者可以终身担任学校的董事（理事）长，在法律上并没有障碍。但是，管理一所大学需要健康的身体和充沛的体力、精力，年纪太大的创办者一定会力不从心。所以，随着创办者年龄的逐渐增加，尤其是到了 70 岁以后，选择接班人问题就摆在他们的面前。由于我国 1/3 的创办者年龄超过了 60 岁，所以今后 10 年内，民办高校创办者退出领导岗位以及随之发生的领导权更替问题，将是影响我国民办高校可持续发展的重要问题之一。

二　民办高校创办者的教育背景

一个人的正式教育背景包含了丰富的信息，它能较为准确地衡量一个人的知识和技能基础。受教育程度反映个体的认知能力以及对新知识搜集、处理和分析的能力。受过更高教育的人更愿意接受新思想和新事物，能够更好地适应新的变化并搜集自身所需要的信息。管理学领域的学者研究发现，企业家的社会认知复杂程度与学历正相关，企业家的社会认知越复杂，就越容易在复杂多元化的经营环境中准确定位，因此学历越高的企业家越容易发生战略变革。[1] 胡荣研究发现，学历越高的社会主体参与社会交往的频率和程度越高，社会交往对象的层次也越高。因此，高学历企业家的社会网络在网络规模和网络成员层次上具有显著优势，其通过社会关系运作获得的资源或支持更多。[2]

民办高校既有商业组织的属性，更有教育组织的属性，因此，创办者的教育和学历背景会对其所创办的民办高校产生显著影响。本报告共获得190位创办者的教育背景信息，见表6-1。从表6-1可见，民办高校的创办者是一个典型的高知群体，他们具有良好的教育背景，知识水平高，文化素质好。民办高校创办者群体的教育背景和其他产业创办者群体的教育背景形成了鲜明的对比。据全国工商联在2009年的调查，全国私营企业主低学历段（含文盲、小学、初中、普高、职高）的比例为76%，而高学历段（含中专、大专、大学本科和研究生）的比例只有24.1%。[3] 可以认为，民办高等教育领域是一个"选择性排斥"的领域，低学历者进入民办高等教育会遇到较大的困难，如果创办者本人没有接受高等教育的经验和成功体验，他可能既没有兴趣也没有能力创办一所大学。

表6-1　　　　　　　　　　民办高校创办者学历层次

学历层次	频率	有效百分比（%）	累计百分比（%）
博士	51	25.6	25.6
硕士	73	36.7	62.3
本科	45	22.6	84.9
专科	16	8.0	92.9
专科以下	14	7.0	100

---

[1] Karen A. Bantel, Top Management Team Demography and Corporate Strategic Change. *Academy of Management Journal*, 1992（1）: 91-121.

[2] 胡荣：《社会经济地位与网络资源》，《社会学研究》2003年第5期。

[3] 杨轶清：《企业家能力来源及其生成机制——基于浙商"低学历高效率"创业现象的实证分析》，《浙江社会科学》2009年第11期。

三 民办高校创办者的职业背景

职业背景是指创办者在创办民办高校之前的主要职业经历。管理学的研究表明，是否具有丰富的其他企业或其他职业任职经历会显著影响企业家的战略选择。职业经历单一的战略决策者，其工作经验的积累可能会有助于很好地完成例行性任务，却有战略视角狭窄的缺陷，因为他们只能对外部环境进行有限的搜索。反之，如果企业家在多个企业任过职，具有多种职业经历，则应对多元化经营中出现的复杂问题和突发事件的能力越强。[1] 此外，在多个企业任过职的企业家，社会关系网络的规模更大，领导的企业实施多元化战略的可能性越高。

本报告获得了159位创办者的职业背景，民办高校创办者的职业背景显示了这一群体的精英性质，教师、退休干部、专家和企业家是我国民办高校的主要创办者。赵树凯在1999年调查北京市114所打工子弟学校创办者时发现，79所学校的创办者当过教师，其余的则是半路出家，从包工头、小贩、厨师、菜农、建筑工、清洁工、保姆等形形色色的行业走上了办学道路。[2] 很显然，低层次的打工子弟学校的创办者和民办高校的创办者的群体特征存在显著的差异。

首先是"教师办学"。117所民办高校的创办者具有学校工作经历，占创办者总数的59.7%，其中79人具有大学工作经历，占创办者总数的49.7%。教师办学具体包括以下几种情况：第一种是退休教师办学，如三江学院、杉达学院的创办者。第二种是教师辞职办学，如上海建桥学院的创办者。有一些教师离开学校后直接创办学校，通过滚动发展的方式使学校从小到大，如黄河科技学院的创办者胡大白，也有一些教师先在其他行业摸爬滚打积累了创业经验和财富之后，再以"投资办学"的方式创办民办高校，如银川能源学院的创办者孙珩超。学校工作的经历使他们热爱教育，熟悉教育，这是他们创办民办高校的重要动力，而且创办者在学校工作中积累的经验也是他们带领学校发展的重要力量源泉。

---

[1] March, J. G. & Simon, H. A., *Organizations*, New York: Wiley. 1958.
[2] 赵树凯：《农民的新命》，商务印书馆2012年版，第199页。

其次是"老领导办学"。在样本群体中22位创办者有政府工作背景,占创办者总数的13.8%,他们有的从政府机构退休后举办民办高校,有的在尚未退休之际便"下海"办学。一些创办者在退休之前还曾担任省部级领导。政府官员拥有重要的社会资本,官员所有的行政级别会给官员带来更多社会交往优势。比如,他们有机会认识政府中更高行政级别的官员,在各种社会活动场合中也会被给予更多的尊敬。[1] 尤其在我国民办高等教育发展早期,举办民办高校带有一定的政治风险因而很难获得批准,担任过政府官员的举办者无疑会有巨大的优势。

再次是"专家办学"。很多创办者长久钻研某个领域,对于某些领域具有强烈的兴趣,他们创办民办高校受到自己兴趣的强烈驱使,并希望培养这些领域的青年人才。某些创办者是在某个领域内做出较大成绩、取得较大社会影响的学者、专家,这类民办高校是典型的"专家办学",这些创办者所创办民办高校的"拳头专业"与他们自身的专长往往是一致的,比如刘积仁所创办的三所软件学院、甄忠义所创办的河北美术学院、刘宝山所创办的嵩山少林武术职业学院等。

最后是"企业家办学"。我国很多民办高校是由企业举办的,部分企业家是位于各类富豪榜上的著名富豪。部分企业家希望创办民办高校来为自己的企业提供人才,如湖南三一工业职业技术学院主要"根据三一集团各事业部、子公司的用人需求,对学生进行定向培养",工程机械类专业是学校的主要专业类型,学院着力打造"工学交替""项目导向""顶岗实习"等特色教学模式,努力实现学习与岗位的"零距离"无缝对接。[2] 也有一些企业家捐资办学、回馈社会,如王雪红夫妇在贵州惠水县创办盛华职业技术学院,章程明确规定举办者永远不分红和公益办学不求经济回报,致力于帮助优秀贫困学生"零成本"完成学业并找到一份工作。

房地产领域的企业家是我国民办高校创办者的重要组成部分。《中国青年报》曾报道,我国70%的独立学院由"房地产及各类投资公司、企业"所举办,这个报道凸显了房地产对我国民办高等教育领

---

[1] 朱旭峰:《中国政策精英群体的社会资本:基于结构主义视角的分析》,《社会学研究》2006年第4期。

[2] 学院简介,http://www.sanyedu.com/xygk/list.asp? D_ CataID=A0001。

域的强烈渗透。① 这一报道虽然没有具体分析独立学院举办方中房地产和其他投资公司的比例，但是笔者估计，主营业务属于房地产的公司或者有房地产背景的公司可能占我国独立学院举办方的 50% 左右。笔者对独立设置的民办高校（不包括独立学院）的举办者调查表明，至少有 58 位民办高校创办者拥有房地产行业背景，约占独立设置的民办高校总数的22%。这些创办者大部分都是在房地产行业积累了资金之后开始创办民办高校，他们在成功创办民办高校后一般还在继续经营着房地产企业；也有一些创办者在举办民办高校的同时兴办房地产；也有一些创办者举办民办高校的主要目的在于以办学为借口，通过较低的土地成本从政府中获得土地的使用权。房地产行业是高风险的行业，房地产行业对民办教育的潜在风险应该引起关注。郭娜等学者指出，近年来我国房地产市场周期的波动幅度剧增，且受到宏观经济因素和政策因素的影响，国家政策或经济形势发生变化，房地产业会发生强烈震动。② 由于我国大部分民办高校尚未建立与投资方的风险分割机制，所以，一旦作为民办高校投资方的房地产公司出现风险，就可能给民办高校带来灾难性影响。近几年比较有影响的案例有"湖南涉外经济学院投资方资金链断裂"和"安徽文达信息工程学院投资方资金链断裂"事件，这些事件的起因大都是因为举办方投资于房地产的资金无法收回，举办者减少对学校的投资或者挪用学校的资金，导致学校资金出现困难，给学校带来风险。

四 民办高校创办者的政治面貌和政治身份

我国是一个有着数千年"官本位"传统的国家，"大社会小政府"的改革目标尚未实现，政府依然掌握着资源分配的重要权力。张建君等学者指出，对于民营企业而言，其政治行为、政治选择和政治战略对于企业的竞争优势和生存发展有着极其重要的影响。政府环境构成了民营企业外在环境的重要部分，对企业的生存和发展发挥着至关重要的作用。如何应对政府环境、处

---

① 李剑平：《近七成独立学院由房地产等投资资本掌控》，《中国青年报》2014 年 4 月 15 日。
② 郭娜、梁琪：《我国房地产市场周期与金融稳定——基于随机游走滤波的分析》，《南开经济研究》2011 年第 4 期。

理与政府的关系是民营企业战略决策和经营行为的重要方面。[①]

与企业相比,民办高校作为提供精神产品、维护国家意识形态的教育组织,其和政府之间的关系比企业和政府之间的关系更为密切,民办高校受到政府的影响比企业受到政府的影响更深远。政府所掌握的权力和资源较多,土地划拨、招生指标分配、财政扶持、评优评奖等重要权力都掌握在政府手中,政府手中的资源往往并不是平等地投向所有民办高校,办学水平高的民办高校以及举办者拥有较高政治身份的民办高校更容易获得优惠政策。民办高校创办者的政治面貌和政治身份反映这一群体努力争取权力的现实以及他们在向政治权力靠拢的过程中所取得的成就,创办者政治地位的上升也为他们争取各方面的办学资源提供了便利。

除了帮助民办高校获得优惠政策和政府的财力支持之外,举办者的政治地位还具有如下作用:第一,创办者的政治地位是很好的名片,有利于提高社会知名度。民办高校往往在官网以及其他重要场所宣传举办者的政治地位。第二,如果学校遇到麻烦,创办者可以利用自己的政治地位来"摆平"这些麻烦。比如,当学校出现某些负面新闻导致媒体介入时,具有较高政治地位的举办者可以利用自己的政治影响,阻止媒体对负面新闻的报道。

(一) 创办者的政治面貌

本报告的政治面貌特指举办者所属的党派。本报告共获得了 157 位创办者的政治面貌信息(见表 6-2)。可以看出,民办高校创办者属于中共党员的比例很高。我国的各类社会精英加入到中共的比例,远远高于一般社会群众加入到中共的比例,民办高校创办者作为我国社会精英的组成部分,党员的比例也较高。我国相关的教育政策一直强调民办高校要坚持社会主义办学方向,相当比例的创办者属于中共党员,在客观上有利于保证民办高校正确的办学方向。

表 6-2　　　　　　　　　民办高校创办者政治面貌

政治面貌	中共	民盟	民进	民革	九三学社	民建	农工党	致公党	群众
频率	106	12	10	7	6	5	4	3	4
有效比(%)	67.5	7.6	6.4	4.5	3.8	3.2	2.5	1.9	2.5

[①] 张建君、张志学:《中国民营企业家的政治战略》,《管理世界》2005 年第 7 期。

从表6-2也可以看出，各民主党派成员是我国民办高校的重要创办力量。我国有几所民办高校主要是由民主党派的基层组织而非民办党派成员创办起来的，如民盟绍兴市委是浙江越秀外国语学院的创办者和目前的举办者之一，民革广西区委是南宁学院（原邕江大学）的主要举办方，民革浙江省委员会是浙江长征职业技术学院的举办方之一。之所以很多民主党派举办了民办高校，与国家早期的民办教育政策有关。1987年7月原国家教委发布的《关于社会力量办学的若干暂行规定》中，把社会力量界定为"具有法人资格的国家企业事业组织、民主党派、人民团体、集体经济组织、社会团体、学术团体，以及经国家批准的私人办学者"。

除了民主党派的基层组织作为民办高校的创办者之外，很多民主党派的成员直接创办了民办高校。在我国的8个民主党派中，除了台湾民主自治同盟之外，其他7个民主党派都有成员创办民办高校。其中，民盟成员创办民办高校的比例最高。民办高校创办者中来自民主党派的人数较多，是由两种情况造成的。第一种情况是"先办学后加入民主党派"。各民主党派一般倾向于从社会地位高、社会成绩突出且没有加入共产党的社会成员中发展成员，所以民办高校的创办者成为各民主党派争相发展的对象。第二种情况是"先加入民主党派再办学"。各民主党派的成员往往有较高的文化水平，且有通过办教育来奉献社会的良好愿望。在办学的过程中，各民主党派的成员可以获得本党派其他成员以及民主党派组织的支持、帮助和指导，这大大提高了他们办学成功的可能性。

（二）创办者的政治身份

本报告将创办者的政治身份界定为曾经或者正在担任各级党代表、人大代表或政协委员的情况。本报告共获得了115位创办者的政治身份信息，见表6-3。这115位创办者均拥有各种政治身份，假定没有获得信息的其他创办者均不拥有这些政治身份，拥有各类政治身份的创办者占全部创办者的比例也达到了17%左右。

可以看出，民办高校创办者群体是一支具有较高政治身份的队伍，有一些创办者往往同时拥有多个政治身份，比如武汉东湖学院董事长周宝生是中国共产党十六大、十七大代表，第七、第八、第九、第十、第十一届全国人大代表。拥有全国党代表、全国人大代表、全国政协委员等政治身份的民办高校举办者见表 6-4。

少部分民办高校的创办者在办学之前就获得了较高的政治身份，如企业家鲁冠球、李书福、周宝生等，他们在办学之前都是著名的企业家，并被遴选为全国人大代表或全国政协委员。高等教育是一个准入门槛相对较高的行业，没有足够的经济实力、社会资本和政治身份是很难进入的，拥有较高政治身份的人具有进入该领域的相对优势。[①] 但是大部分民办高校的创办者是在办学成功之后，由于社会成绩突出，社会影响广泛，而被遴选为各级党代表、人大代表或政协委员，如黄藤、翟志海、张剑波等。第十二届全国政协委员共有 2237 人，其中"教育界"共 108 人，民办高等教育领域中有许景期、任芳、李学春、杨文 4 位委员。北京吉利大学举办者李书福和辽宁何氏医学院举办者何伟也是第十二届全国政协委员，在全国政协的界别统计中，分别被归入到"经济界"和"医学界"中。此外，北京工业大学耿丹学院的举办者俞敏洪、北京邮电大学世纪学院举办者张杰庭也是全国政协委员，因为是独立学院的举办者，所以不在本报告范围统计之内。如此高比例的举办者被遴选为全国党代表、全国人大代表和全国政协委员，说明了民办高等教育在我国教育系统中的地位，也说明了国家对民办高等教育的高度重视。

表 6-3　　　　　　　　115 位民办高校创办者政治身份

政治身份	频率	有效百分比（%）	累计百分比（%）
全国党代表	4	3.5	3.5
全国人大代表	18	15.7	19.2
全国政协委员	9	7.8	27.0
省人大代表	10	8.7	35.7
省政协委员	40	34.8	70.5
市人大代表	17	14.8	85.3
市政协委员	10	8.7	94.0
其他级别的人大代表或政协委员	7	6.1	100.1

---

① 周国平：《社会资本与民办高校资源整合研究》，广东高等教育出版社 2012 年版，第 87 页。

表 6-4　部分全国党代表、人大代表和政协委员所创办的民办高校

民办高校	创办者姓名	创办时间	创办者的政治身份	创办者校内担任的职务
北京城市学院	付正泰、陈宝瑜	1984	现任党委书记、校长刘林是中国共产党第十八大代表*	2009年起刘林担任党委书记、院长，两位创办者退出学校领导岗位
三亚航空旅游职业学院	陈峰	2005	十六次全国党代表，十八大代表，也是全国政协委员	2013年陈峰不再担任董事会长、院长，张晓帆担任新一届董事长、院长
武汉东湖学院	周宝生	2000	中国共产党十六大、十七大代表，第七、第八、第九、第十、第十一届全国人大代表	周宝生任该校董事长
广东新安职业技术学院	王屏山	1998	中共十二大代表，第三届全国人大代表，第六、第七届省人大代表	王屏山2006年去世。现由何荣贵担任院长
辽宁财贸学院	郭立新	2005	中国共产党第十八大代表	郭立新任该校董事长、党委书记
安徽三联学院	金会庆	1997	九、十、十一、十二届全国人大代表	金会庆任该校校长
阜阳科技职业学院	张贺林	1984	九届全国人大代表	张贺林任阜阳科技职业学院院长
成都艺术职业学院	余开源	2002	第十二届全国人大代表	余开源任该校董事长、院长
西安外事学院、大连装备制造职业技术学院	黄藤	1992 2009	第十届、十一届全国人大代表	黄藤任两校董事长
沈阳北软信息职业技术学院	张桂平	2011	第十届、十一届全国人大代表	张桂平任该校校长
北京师范大学—香港浸会大学联合国际学院	许嘉璐	2005	第七届、第八届全国人大代表、全国人大常委会委员、九届全国人大常委会副委员长	许嘉璐任该校董会主席
河北传媒学院	翟志海	2000	第十二届全国人大代表	翟志海任精英集团董事长及总裁
湖南涉外经济学院	张剑波	1997	第十一届全国人大代表	张剑波任该校董事长
湖南软件职业学院	任玉奇	2001	第十、十一届全国人大代表	任玉奇任该校董事长
长沙医学院	何彬生	2005	第十二届全国人大代表	何斌生任该校执行校长

续表

民办高校	创办者姓名	创办时间	创办者的政治身份	创办者校内担任的职务
黄河科技大学	胡大白	1984	第十届全国人大代表	胡大白任该校董事长
	杨雪梅	1984	第十二届全国人大代表	胡大白之女；黄河科技大学院长
周口科技职业学院	李海燕	1981	第十、十一届全国人大代表	李海燕任该校校长
江西科技学院	于果	1994	第九、十、十一届全国人大代表	于果任该校董事长
江西泰豪动漫职业学院	黄代放	2008	第十一届全国政协常委，第十届、十二届全国人大代表	黄代放任该校董事长
杭州万向职业技术学院	鲁冠球	1950	中共十三大、十四大代表和九届全国人大代表	鲁冠球任该校董事长
浙江广厦建设职业技术学院	楼忠福	1985	第十届全国人大代表	楼忠福曾任该校董事长，其子楼明现为学院董事长
烟台南山学院	宋作文	1991	第十、十一、十二届全国人大代表	宋作文任该校董事长
三亚学院、湖南吉利汽车职业技术学院、北京吉利学院等	李书福	2005 2010 2012 2000	第十二届全国政协委员	李书福任上述四校董事长
山东英才学院	杨文	1998	第十二届全国政协委员	杨文任该校董事长
银川能源学院	孙珩超	1999	第十一届全国政协委员	孙珩超任该校校长
吉林华桥外国语学院	秦和	1995	第十二届全国政协委员	秦和任该校院长
湖北开放职业学院	游清泉	1984	第九届全国政协委员	游清泉任该校校长
广东培正学院	梁尚立	1993	中国人民政治协商会议第三、四、五届全国委员会委员，第六、七、八、九届全国委员会常务委员	梁尚立2010年逝世。其子梁普建现任学院董事长
广州松田职业学院	马云珍	2007		马云珍为执行校长
广东东软学院、大连东软信息学院、成都东软学院	刘积仁	2002 2000 2002	第十届全国政协委员	刘积仁任上述学校董事长
闽南理工学院	许景期	1998	第十二届全国政协委员	许景期任该学院董事长
辽宁何氏医学院	何伟	1999	第十二届全国政协委员	何伟任该学院院长

续表

民办高校	创办者姓名	创办时间	创办者的政治身份	创办者校内担任的职务
重庆人文科技学院	李学春	2000	第十一届、十二届全国政协委员	李学春任该学院董事长
西京学院	任芳**		第十二届全国政协委员	院长
四川应用技术职业学院	苏华		第十二届全国政协委员	该校董事长

说明：*刘林是该校现任校长、党委书记，不是该校的创办者；**任芳是该校创办者的第二代接班者，现任该校院长。

民办高校创办者所拥有的政治身份使得这一群体能对国家和区域性教育政策的制定和实施产生很大的影响。他们会通过提交提案等方式从政策源头上形成对民办高校有利的政策，在政策的执行和实施阶段，创办者也能够利用自己的社会地位和政治地位，对政策执行施加影响。我国重大民办教育政策一般由国务院或教育部制定，而政策的实施则主要依靠省级教育行政部门，民办高校的创办者会利用自己在省内的政治身份和社会关系影响政策的实施。

赵军在研究我国民办高等教育制度变迁中，将民办高等教育的投资者以及办学者视为民办高等教育制度变迁的第一行动集团，在民办高等教育制度变迁过程中起到了第一位的作用，"他们最先捕捉到既有制度安排中潜在的利润，并以制度变迁主体的身份提出了实现潜在利润的制度需求。"[①] 从民办高校举办者所拥有的政治身份来看，举办者不仅是民办教育制度变迁的"制度需求者"，也在一定程度上发挥"制度供给者"的功能，他们本身也是制度和政策的供给者之一。民办教育政策取决于举办者和其他政策制定者以及政策参与者的博弈。只有对举办者的政治身份和政治影响力进行深入的了解，才能了解举办者影响政策制定和实施的过程，才能更好地理解我国民办高等教育的制度变迁过程。

---

① 赵军：《民办高等教育制度变迁中的政府行为研究》，中国海洋大学出版社2014年版，第27页。

五 民办高校创办者的办学动机

动机是激发行为的直接原因，举办者的办学动机决定其行为，而其行为又直接影响到民办高校的发展。一方面，举办者或其家族成员牢固地掌握了学校的控制权，对学校发展产生巨大影响；另一方面，由于我国民办高校内部治理的关键信息不透明不公开，外界很难对这类民办高校进行有效的监督，特别是很难进行有效的财务监督。导致这类民办高校类似于一个"黑匣"。在这两个约束条件下，控制者所具有的办学动机就成为学校发展中非常重要的问题：如果举办者的办学动机就是"赚钱"，那么举办者完全有机会通过各种方式逐渐"掏空"学校；如果举办者的理想就是"办百年名校"，则民办高校有更大的可能实现可持续发展。

借由观察行动者的言行来推测其行为动机是社会科学研究的应有之意，关键在于归纳和推理的过程应当符合逻辑和正常的因果规律。韦伯指出，对行动的正确因果诠释意味着行动的外在过程及动机可以被如实地把握，并可以理解相关联的行动。[1] 在以前的研究中，很多学者从不同角度回答了举办者的办学动机问题。比如，郝瑜、王冠分析了丁祖诒（西安翻译学院）、黄藤（西安外事学院）、任万钧（西京学院）、胡建波（西安欧亚学院）四位民办高校创办者各自的办学动机。[2] 邬大光认为我国80%民办高校属于"投资办学"，大部分举办者都有获得"合理回报"的动机。[3] 文东茅认为举办者很重要的目的是获得控制权。[4] 阎凤桥等通过"商业性市民社会"的概念来论证我国民办高校举办者的投资属性。[5] 但是总体来看，对于举办者办学动机问题而言，我们的研究还是较为平面化

---

[1] Weber, Max. Economy and Society: An outline of Interprtive sociology, edited by Guenther Roth and Claus Wittich, Berkeley: University of California Press, 1978, p. 352.

[2] 郝瑜、王冠：《陕西民办高校群落的成因分析》，《陕西师范大学学报》（哲学社会科学版）2004年第1期。

[3] 邬大光：《我国民办教育的特殊性与基本特征》，《教育研究》2007年第1期。

[4] 文东茅：《走向公共教育：教育民营化的超越》，北京大学出版社2011年版，第55、114页。

[5] 阎凤桥等：《商业性的市民社会：一种阐释中国民办高等教育特征的视角》，《教育研究》2012年第4期。

的，缺乏专门的研究，缺乏立体性和足够的深度。

通过采用访谈和问卷的方式来分析举办者的办学动机，借鉴经济人假设、社会人假设、自我实现人假设和复杂人假设等人性动机理论，笔者将民办高校举办者的办学动机归纳为三类。

（一）谋求经济回报

举办民办高校是可以获得经济回报的。北京邮电大学世纪学院原举办者、董事长张杰庭直言，"搞教育来讲，某种意义来说，是一种暴利行业，超过我们房地产行业的平均利润。"[①] 媒体的一些披露也说明了民办高校是可以获得回报的。四川外国语学院成都学院是 2004 年由四川外国语学院与德瑞企业创办的独立学院，双方合作协议约定，以国家计划招生 3000 人规模计算，学费收入扣除不超过 40% 的学校运行成本后，按照四川外国语学院占 35%、德瑞占 65% 的比例进行利润分配。超出此规模的人数，按四川外国语学院占 15%、德瑞占 85% 的比例进行分配。2007 年底和 2008 年底，川外成都学院经审计的扣除税项及非经常项目前后的净溢利分别为 3203.9 万元和 5193.4 万元。《证券日报》记者援引业内人士的评价说，这种投资的收益水平较高。[②] 目前我国已有多家主要业务收入来自高等教育的公司登录新三板或者在港股上市，包括湖南三一工学院股份有限公司[③]、民生教育集团有限公司（目前拥有和运营四所高校，即重庆人文科技学院、重庆工商大学派斯学院、重庆应用技术职业学院和内蒙古丰州职业学院）[④]、中国新高教集团有限公司（目前运营云南工商学院和贵州工商学院）[⑤] 和中国宇华教育集团有限公司（目前运营郑州工商学

[①] 张杰庭：《教育很赚钱不要过度强调其公益性》，http：//edu.qq.com/a/20100303/000270.htm。

[②] 袁玉立：《川外成都学院获注资 2.6 亿教育资产叩上市大门》，《证券日报》2009 年 6 月 11 日，http：//finance.sina.com.cn/stock/newstock/zxdt/20090611/01526332188.shtml。

[③] 《"高等职业院校第一股"上市破除高校盈利性争议》，http：//news.cnfol.com/chanye-jingji/20170222/24328791.shtml。

[④] 《三所重庆高校 H 股上市民生教育老板身家 31 亿》，http：//news.sina.com.cn/c/2017-04-21/doc-ifyepsra4942030.shtml。

[⑤] 《新高教集团成功上市首控集团誓打造特色金融服务》，http：//www.huaxia.com/tslj/flsj/wh/2017/04/5286162.html。

院和 24 所 K12 学校)①等。民办高校分类管理以后，不仅营利性民办高校可以上市，非营利性民办高校也可能继续通过 VIE 结构上市。

举办者获得经济回报的办学动机被很多学者的调查和研究所证实。比如，邬大光认为我国 80% 民办高校属于"投资办学"，大部分举办者都有获得"合理回报"的动机。②张铁明对广东省民办学校调查发现，超过 90% 的民办学校举办者都希望获得经济回报并希望拥有学校的产权（所有权）。③刘林在支持民办学校分类管理的一篇论文中指出，"尽管法律严禁民办学校举办者营利，但由于政府监管不到位，许多表面风光的民办学校，实际已面临被掏空之虞，一旦生源锐减，马上可能引发社会性事件。一些举办者之所以敢置法不顾，公然把学校做'提款机'主要是看清了政府的'软肋'"④。

2002 年的《民办教育促进法》规定民办学校的举办者可以获得合理回报，但是获得合理回报需要遵循必要的程序，也需要满足一定的条件，还需要在学校章程中注明要求获得合理回报。现实中几乎没有举办者通过法律所规定的程序提取合理回报，而且大多数举办者都在学校章程中注明不要求获得合理回报。但是现实中，在获得了学校的控制权特别是财务和人事的控制权之后，举办者可以通过开发房地产、压缩办学成本、计提折旧、关联交易、转让学校控制权等方式利用国家监管的漏洞获得经济回报。

第一，通过开发房地产获得收入。一些民办高校的举办者可以利用办学过程中积累的物质基础和政府资源获得极其紧张的房地产用地指标，许多民办高校的举办者或家人开发的楼盘已经成为地方明楼，收益不可估量。其次，一些用地指标不太紧张的二线城市或县级市的地方政府为了吸引民办高校前来建校，在给民办高校教育用地指标之外，顺便将高校附近的土地使用权转让给民办高校的举办者，举办者将这些土地用于商业地产。一些民办高校的举办者还违规占用教学用地开发房地产。《南方周

---

① 《宇华教育申请香港上市老板 29 岁女儿任总裁》，http://stock.qq.com/a/20160914/054301.htm。
② 邬大光：《我国民办教育的特殊性与基本特征》，《教育研究》2007 年第 1 期。
③ 《中国民办教育的财政贡献》调研组：《信心回归：破解难题给举办者一个良好的成长环境——举办者信心丧失是民办教育发展的最深层危机》，《当代教育论坛》2015 年第 5 期。
④ 刘林：《分类管理安民兴教》，《人民政协报》2011 年 6 月 1 日。

末》曾以"校园里栽楼"为题报道过海南某民办高校违规占用教学用地开发房地产的事实。[①] 用教学用地开发的房地产没有产权证，即所谓的"小产权房"，虽然价格低于市场上的房地产价格，但是依然可以在一定范围内交易或出租，收益巨大。

第二，通过压缩办学成本来获得收入。一些民办高校在招生中投入大量精力和成本，不惜通过"虚假宣传"来招生，在培养学生的过程中则千方百计压缩办学成本。教育行业高度依赖人力资本，是典型的人力密集型行业，人力资本的工资收入是学校开支的主要方面。所以，压缩办学成本的主要方式是降低工资支出。民办高校压缩人力资本开支的方式包括：首先，招聘成本较低的教学型教师。大部分民办高校主要招聘硕士毕业生或本科毕业生，博士的比例很低。因为博士毕业生的成本远远高于硕士和本科毕业生。还有一种现象是一些民办高校主动提高教师的辞职率。一些民办高校在与试用期满的教师签订用工合同时故意提出各种苛刻的条件，逼迫老师离开学校，这样学校就可以再招聘成本更低的新入职教师。其次，提高教师的工作量，让"一人干多人的活"。华东某省一所由独立学院转设而来的民办本科高校的英语系共有6位老师，后来1位老师辞职、1位老师休产假，剩下的4个老师要负责8个班的教学工作，每个班级30个人，每位老师平均每周上6天课，每天6节课。而且教师在暑假期间还要参与招生和迎新工作（包括打扫新生宿舍）。这些学校中，举办者是"老板"，教师是"员工"，学生则是"顾客"。最后，维持较低的工资水平。大部分民办高校的教师工资远远低于公办高校的工资待遇。民办高校教师待遇偏低，一方面与国家财政不足有关，但是也与举办者过于追求经济回报有关。访谈的教师都知道民办高校所有收入都来自学费的事实，但是老师们认为他们的工资收入与学校的收入不成比例。很多民办高校的教师认为他们的举办者办学就是为了"赚钱"，所以他们多以"老板"而非"董事长"或"院长"来称呼举办者。

第三，计提折旧获得收入。很多举办者属于投资办学，向学校投入大笔资金，但是这些资金往往通过计提折旧的方式被举办者回收，而且还获得更多的回报。华东某民办院校原校长在接受笔者的访谈时说，举办者控

[①] 王瑞峰：《校园里栽楼，海南工商职业学院占教学用地开发房产》，《南方周末》2015年7月30日。

制着经营权，每年对学校计提折旧，逐渐收回自己的投资。

第四，通过关联交易获得收入。举办者建立房地产公司和建筑公司等经济实体，这些经济实体将名下的房产出租给民办高校或向民办高校提供其他服务，民办高校再向这些实体交付房租或者其他费用，从而获得大量收入。一些民办高校举办者获得的收入主要来自于民办高校向自己控制的房地产交付的租赁费。教育部"25号令"要求"民办高校的资产必须于批准设立之日起1年内过户到学校名下"，各省对民办高校执行此规定的要求不同，一些省严格执行了此规定，但是也有一些省没有严格执行该项规定。目前大多数民办高校的学生宿舍、食堂等房产都不在民办高校的名下而是在投资方的名下，学校需要向投资方缴纳租赁费。

目前很多民办高校通过VIE结构上市，VIE结构也是一种典型的关联交易行为。VIE结构是一个变通结构，是由投资者（自然人或法人）成立一个离岸公司，再由该离岸公司在中国境内设立一家公司，最常见的是技术咨询服务公司，技术咨询服务公司对境内的运营公司提供实际出资、共负盈亏，并通过合同关系拥有控制权和利润的分配权。以宇华教育为例，宇华教育的VIE框架大体思路为：宇华教育在海外注册作为上市主体，又通过其在香港的子公司，在中国境内注册"外商独资企业"西藏元培信息科技管理有限公司。后通过协议安排，将旗下民办学校的利润，以服务费的方式，支付给西藏元培，从而间接流入宇华教育，实现股东分红。根据目前我国法律法规，合约安排支付服务费不被视为分派回报或利润。与宇华教育类似，睿见教育也安排了相应的VIE结构。[1]

第五，转让学校举办权以获得收入。2002年和2016年的《民促法》都允许"举办者变更"。"举办者变更"在多数情况下是学校控制权及控制权收益的主动交易行为。周红卫的研究发现，几个案例学院的"控制权价值从几百万元人民币到数亿甚至十几亿元人民币不等。在民办高校控制权交易中，交易双方对交易价格达成共识，交易就能成功。"[2] 哈尔滨广厦学院的"举办权"经过了三次变更，举办方内部的股权也发生过变更，每一次变更都伴随着价格的增加，而学校举办权或股权的价格增加往

---

[1] 袁建胜：《新民促法为教育机构"营利性"画圈，K12教育市场继续洗牌》，《财经》2017年第7期。

[2] 周红卫：《民办高校控制权私利研究》，博士学位论文，北京大学，2012年。

往是以损害学校的资源为代价的。①

由于举办民办高校可以获得丰厚的回报,所以目前很多投资者大量买卖民办高校,全国已涌现出一批专门从事民办高校或独立学院投融资的教育集团和上市公司,例如,北京北方投资公司投资了北京化工大学北方学院、首都师范大学科德学院、重庆大学城市科技学院等7所独立学院;河南春来教育集团投资举办了河南师范大学华豫学院、安阳师范学院人文管理学院、天津师范大学津沽学院等4所独立学院;广东珠江投资集团有限公司投资创办了中山大学南方学院、北京科技大学天津学院、天津财经大学珠江学院;湖北美联地产创办了华中科技大学文华学院、武汉科大城市学院。这些教育集团办学的出发点之一就是把投资教育作为民营经济新的增长点,甚至有一些投资办学者把独立学院与企业一起打包上市,作为企业融资的一张招牌,获取资本效益的最大化。这种教育投资集团和美国的营利性教育集团具有很大的相似性。

举办者在创办民办高校的不同阶段对经济回报有不同的看法。一些民办高校举办者白手起家创办民办高校,他们创办学校时并没有巨额财富,他们办学的目的就是获得稳定的收入、养活自己和家人。一位创办者大学毕业后"误打误撞"进入了民办教育领域,当时他"并没有崇高的想法,就是工作,要生存下来"。他举办民办教育机构的动机,和其他领域的创业者创办小规模企业不无一致,就是通过办学来赚钱好养活自己和家庭。俞敏洪创办新东方也是这样的,"最初成立新东方,只是为了使自己能够活下去,为了每天能多挣一点钱"②。一些举办者一开始并没有希望从办学中获得经济回报,他们本希望通过办学来为自己的产业提供人力资源或提高自己的社会知名度,但是随着学校规模的扩大发现学校所带来的收入竟然丝毫不少于其他产业所带来的收入。

当民办高校达到一定的规模进入良性发展之后,举办者以工资、津贴、在职消费等方式获得的收入已衣食无忧,但是经济回报依然是非常重要的追求。一位举办者表示,"商业和教育其实不冲突。老师也可以富裕,需要得到尊重","你的事业做得足够好的话,社会就该体现你的价

---

① 王瑞锋、梁嘉莹:《买卖民办高校 产权"一团乱麻"》,《南方周末》2015年11月19日。

② 申华:《俞敏洪传奇》,中国经济出版社2009年版,第56页。

值，你会过得更富足"。一些民办高校的举办者在其他领域举办了企业，民办高校往往起到为其他产业提供资金和稳定资金链的作用。特别是当其他产业遇到经营风险、资金链出现断裂可能时，举办者便会从学校提取资金以帮助其他产业应对困难，这种情况有时会引发民办高校的办学风险，如安徽文达信息工程学院。极个别民办高校的举办者甚至养成了赌博等恶习，媒体报道某民办高校的举办者"嗜赌成性"，在海外赌博输掉几亿元，为学校发展带来巨大风险。

与艰苦创业、一心办学的举办者相比，接班后的举办者子女的办学动机和管理资金的能力更让人担心。我国出现过这样的案例：某民办高校的创办者倾心办学，但是去世后接班的子女违背了举办者的办学初衷，挪用学校办学经费为自己所用，最后引发学校巨大风险。

个人的选择受到外部环境的影响和制约，我国民办高校创办者对经济回报的追求受到我国经济和文化环境的深刻影响。从经济发展来看，改革开放之前我国实行计划经济体制，呈"平均主义的贫困状态"，居民家庭积累的财富很少。改革开放之后大部分办学者是退休的老领导和老教授，当时我国的收入结构呈现"脑体倒挂"的状态，知识分子的收入并不多，知识分子也需要通过办学来为自己和家庭成员积累更多的财富。从文化环境来看，我国缺少和美国相似的宗教环境和社会捐赠环境。从国家监管来看，国家对民办高校的监督存在很多盲点，民办高校内部制度设计不完善，这些都为举办者获得经济回报提供了可乘之机。

2016年，我国新修订的《民促法》对民办高校进行分类管理。根据我们的调研，大多数民办高校都会选择成为非营利性民办高校而不是营利性民办高校。根据新的《民促法》，非营利性民办高校将不能获得合理回报。但是，由于举办者获得合理回报的动机依然存在，我国民办高等教育的基本社会和经济背景也没有发生剧烈改变，分类管理后部分民办高校的举办者依然会通过各种方式来获得经济回报。

（二）追求权力与声誉

我们可以从狭义和广义上来理解权力。狭义上的权力与国家强制力相关，权力是国家机器所分配的依附于国家强制力的影响力，一个人在国家机器中所占有的职位越高，其权力越大。西方学者一般从广义上来理解权力。韦伯说，"权力意味着在一种社会关系里哪怕是遇到反对也能贯彻自己意志的任何机会"。① 弗伦奇（French Jr）和雷文（Raven）将权力定义为权力主体（个人、一群人、一个组织或一种规范）对权力客体（个人）施加的"影响"，所谓的影响是指"引起心理的变化"。两位学者进而将权力分为奖赏权力（Reward Power）、惩罚权力（Coercive Power）、合法性权力（Legitimate Power）、参照权力（Referent Power）和专家权力（Expert Power）。② 奖赏权是权力主体对客体奖励的能力。惩罚权力是对权力客体实施惩罚的能力。合法性权力是指由于签订合同、文化认同等产生的权力，比如老年人可以享受被让座的权力。参照权指权力客体希望与权力主体达成联系从而获得某种身份，比如 A 希望成为某一家连锁企业的一员时，这家连锁企业的决策者就拥有了对 A 的权力。专家权力是权力主体因为拥有某些知识和技能所产生的影响。可以看出，这五种权力都强调权力主体对权力客体某些形式的影响力。综上所述，可以将权力界定为权力主体对权力客体的影响力和支配力，行使权力的过程就是满足权力主体需要的过程。

举办者"获得权力"的动机来自于权力欲，罗素曾说过："权力欲和荣誉欲是人类行为的两大动机。当获得适当的财富后，人们会把追求财富作为追求权力的手段，甚至可能为权力的发展而放弃财富的增加。"③ 尼采也曾说过："求生存只是最基本的要求，人的本质是权力意志，其渴望统治和扩张力量。"④ 民办高校的举办者对多个权力客体拥有多方面的权力：可以对上万名学生产生影响——决定他们的受教育机会；可以对上千名教职工产生影响——决定他们的工作机会和薪酬；可以对几十名甚至上百名管理干部产生实实在在的影响——决定他们的校内升迁和待遇。此外，举办者拥有享受合法性在职消费机会，如国内外的旅游考察、参加各种音乐会和展览会、接受重要领导人的会见以及各色人等的拜访等。

权力和声誉往往相伴而生。根据弗伦奇和雷文对权力的分析，声誉本身就是权力（特别是参照权）的来源之一，拥有权力的人一般也有较高

---

① ［英］弗兰克·帕金：《马克思·韦伯》，刘东等译，四川人民出版社 1987 年版，第 101 页。
② John R. P. French Jr. and Bertram Raven, the bases of social power, 载 Shafritz Ott Jang 等编, Classics of organization theory, Boston: Cengage Learning, 2016, p. 251。
③ ［英］伯特兰·罗素：《权力论》，吴友三译，商务印书馆 2012 年版，第 263 页。
④ ［德］尼采：《权力意志》，孙周兴译，商务印书馆 2007 年版。

的声誉。在马斯洛的需求层次理论中，获得他人尊重也是人的重要行为动机之一。民办高校的举办者可以通过多种方式为自己赢得社会声誉，获得重要政治身份和社会兼职、参加重要会议并在会议发言、施行教育理念、著书立说等。和企业家相比，作为教育家的举办者似乎有更好的名声，这往往也是一些企业家在获得了大笔财富之后创办民办高校的原因之一。

因为权力为举办者带来巨大的"效益"，所以举办者不断谋求权力最大化。举办者一般担任最重要的职务——董事长（理事长），还有很多举办者兼任院长或党委书记，虽然国家提出了"校长及关键领导岗位亲属回避"的要求，很多举办者仍然同时担任上述三大职务中的两项或三项。为了加强权力控制，很多举办者安排家属成员担任重要岗位的领导职务。一些举办者谋求对学校的长期控制，很多举办者即使年龄过大，依然不愿意交班，不愿意培养新人，更不愿意向年轻人让渡权力。

（三）自我实现和奉献社会

在中国古代，儒家提出了"修身、齐家、治国、平天下"的自我实现路径，大部分中国人也把"立德、立功、立言"作为自我实现的目标。在西方，萨特提出"存在先于本质"，认为自我从"存在"出发，通过计划、选择和行动，实现自我的创造和超越。[①] 马斯洛提出"需要层次论"，认为"自我实现"既是人的自发性动机，也是人格特征；既是最终状态，也是发展过程。[②] "自我实现"意味着举办者将他人和社会需要的满足而非自身需要的满足作为自己行为出发点。自我实现之所以会成为举办者的一种主要办学动机，是因为其有确证自我价值和社会价值的需要，举办者希望从办学中获得胜任感和成就感等，以此能够完成自我的认识、自我的发展和自我的完善。

改革开放后诞生的第一批民办高校，其创办者往往是退休的老教授、老干部，他们中的一部分希望通过办学来进一步改善自己和家人的物质需要，但是更多人的办学动机是非功利性的。改革开放早期，公办高校的招生名额有限，高校门槛太高，高等教育的供给远远满足不了需求。一些退

---

① 吴倬:《人的社会责任与自我实现——论自我实现的动力机制和实现形式》，《清华大学学报》（哲学社会科学版）2000 年第 1 期。

② Daniels M., The development of the concept of self-actualization in the writings of Abraham Maslow. Current Psychological Review, 1982 (2): 61-76.

休的老干部和老教师在法律允许的条件下创办了民办大学，为落榜青年提供读大学的机会，他们借此发挥余热奉献社会。在我国民办高等教育早期发展历史中，涌现出许多无私奉献的创办者。许多创办者在物质上倾尽私囊，为学校发展贡献了全部的精力。刘莉莉评价说，中国民办高校的第一代创办者，他们不是在办学校，而是在建设自己的精神家园，用的不仅是力更是心，力所不能及，心能感天地。① 比如，中国农业大学第一任校长乐天宇 1979 年退休后回到条件异常艰苦的湖南宁远九嶷山，创办了九嶷山大学（湖南九嶷职业技术学院的前身）。当时九嶷山不通电、不通车。乐天宇将舜帝陵庙简陋的厢房作为教室，把土墩、石块当桌椅，把"文化大革命"后国家补发的 5 万元全部用作学校开办的经费。后来，他还把每个月的 350 元离休工资也当作了学校的运转经费。② 再比如，老革命家于陆琳退休后于 1982 年创办了中华社会大学（北京经贸职业学院的前身）。虽然当时的《宪法》已经允许社会力量办学，但是创办民办高校仍然面临重重困难。为了办学校，于陆琳四处奔走，八方求援，付出了巨大的心血。于陆琳长期坚持不拿工资，并于 1986 年设立了"于陆琳教育基金"，以资助"思想好、学习好、经济上有困难"的学生。③ 黑龙江东方学院创办者孟新等人把自己比喻为"化缘建庙的和尚"。很多民办高校的举办者希望明晰学校的产权，希望自己的所有权能够得到政策的认可，但是孟新等人拒绝将学校产权量化到个人，"我们当年办学就像老和尚化缘，建起来的庙不能说是个人的"，使学校走上了公益发展的道路。④

随着我国经济的发展，一些商界领袖也开始投资教育。他们并不希望从办学中获得回报，而希望以捐资的方式举办民办高校。根据马斯洛的需求层次理论，当较低级的物质需求得到满足以后，人类就会追求尊重和自我实现等高层次的需求。武汉学院创办人陈一丹，陈一丹系腾讯公司主要创始人、腾讯公益慈善基金会发起人兼荣誉理事长，热忱于公益和教育事业，被誉为"中国互联网公益教父"、"互联网公益第一人"。以"办学不

---

① 刘莉莉：《中国民办高等教育发展模式研究》，吉林人民出版社 2012 年版。
② 湖南民办教育协会的材料。
③ 张博树、王桂兰：《重建中国私立大学：理念、现实与前景》，教育科学出版社 2003 年版，第 65 页。
④ 《资产属于谁？一所民办高校的公益性选择》，《新华每日电讯》2009 年 7 月 20 日第 7 版，http://news.xinhuanet.com/mrdx/2009-07/20/content_ 11738173.htm。

取回报"的方式，投资举办武汉学院，开启国内非营利性民办公益大学的先河。陈一丹说："教育是百年大计，是一项无比神圣的事业。大讲关系到国家之未来，小讲关系到每个学生的前途和命运。""办教育是一件利国利民的善事，也是一件有着社会责任的难事。要按事物发展的客观规律，用心投入，积极创新。""办教育是不求回报的公益事业，更是带着信仰与使命的志业。"① 贵州盛华职业学院是华人商界领袖、台湾爱国企业家王雪红陈文琦夫妇捐赠举办的一所公益性慈善大学。② 该校举办者为威盛信望爱公益基金会。威盛信望爱公益基金会根据民政部《关于威盛信望爱公益基金会设立登记的批复（民函〔2009〕45号）》于2009年2月正式设立登记。基金会由威盛电子发起成立，以"关怀弱势群体，改善贫困及偏远地区之环境和灾区重建，为其提供教育、医疗、科技等服务，参与社会公益活动，促进社会安定和谐，发扬信望爱之精神"为宗旨，在中国积极开展针对各类慈善事业及爱心公益活动的捐赠、赞助工作。基金会业务范围为"捐赠、救助社会弱势群体，社区关怀、福利工作，为扶贫、赈灾等目的提供教育、医疗、科技服务及筹建学校、安置用房等慈善、公益活动"。③

很多民办高校的举办者在办学初期是希望获得办学回报的，但是当学校发展到一定程度之后，经济回报不再是他们主要的办学追求。云南工商学院李孝轩认为，"教育事业既可以教育别人，也可以教育自己"，"我觉得做其他的商业没有做教育有价值，价值不一定体现在钱上，我们做的这个事情能让自己觉得被需要，有崇高感，觉得自己很神圣。培养那么多小孩，本身就是很难得的一种幸福体验。我很有成就感，等老了以后，可以桃李满天下"。

我们看到，我国民办高校举办者的办学动机是复杂的。首先，同一个举办者往往同时追求不同的动机，举办者往往既希望获得一定的经济回报，同时又有其他的追求，比如追求权力、社会声誉以及自我实现等。其次，不同民办高校的举办者所追求的重点不同，有些举办者办学动机的目标函数中，物质回报是最主要的，而在其他一些举办者的目标函数中，其

---

① 陈一丹：《明德创新、解行并进，办一所受人尊敬的大学！》，http://www.whxy.edu.cn/list/1/630.htm。

② 贵州盛华职业学院，http://www.forerunnercollege.com/Menus.aspx?id=34。

③ 举办者介绍，http://www.forerunnercollege.com/Menus.aspx?id=35。

他方面的追求才是更重要的。再次,不同举办者在不同的发展阶段,其动机会发生变化。比如,在办学初期,我国大部分举办者仅仅将办学作为谋生的手段,但是随着学校进入良性循环发展阶段,举办者不再"为稻粱谋"时,更多的举办者便开始考虑如何实现自己的教育理想和人生价值,经济回报往往不再是举办者的主要目标函数。最后,外部环境往往会对举办者的办学动机产生影响。

举办者办学动机的复杂性印证了"复杂人"的人性假设。"复杂人"人性假设认为,人的需要是多种多样的,外部环境是不断变化的。人在不同的组织、不同的工作部门和岗位可以有不同的动机模式。因此,不存在一个适应任何时代、任何组织和任何个人的普遍有效的动机模式。其次,"复杂人"假设认为,人的需求是多样且因人而异、随发展条件和情况而变化的。人不仅具有复杂的需要体系,而且人的这种需要是随着人的发展和生活条件的变化而变化的,并且需要因人而异,需要的层次也不断改变。最后,就是对同一个人而言,人的需要和潜力会随着年龄的增长、知识的增加、地位的改变、环境的改变以及人与人之间关系的改变而各不相同。

第七章

民办高校上市问题研究报告

新修订的《民办教育促进法》决定对民办学校实施分类管理，意味着民办学校经营也可以沿用类企业的方法和路径。上市作为企业经营筹集资金的特殊形式，也将被部分民办学校举办者所借鉴。由于分类管理的实质性实施没有一定的过渡期，部分民办高校举办者担心政策环境发生变化，出现了民办高校"扎堆"上市的情况，引发社会关注，也推动了相关政策的研究和制订。

一 上市与民办高校上市的概念

上市，是一个证券市场的术语。广义的上市包括公司公开（不定向）发行股票和新产品或服务在市场上发布推出。狭义上的上市，又叫公开募股（Initial Public Offerings，IPO），它是指企业通过国内或国外（境外）的证券交易所对外发售股票，以期募集企业长期发展资金的过程和行为。

与上市的概念相关，上市公司是指依法公开发行股票，并在获得证券交易所审查批准后，其股票在证券交易所上市交易的股份有限公司；与此同义，上市民办高校是指依法公开发行股票，并在获得证券交易所审查批准后，其股票在证券交易所上市交易的民办高校（公司）。需要指出的是，目前许多民办高校上市采用 VIE 方式，由民办高校在国外注册公司上市，而民办高校只是作为这一上市公司的下属实体。这个问题比较复杂，后面会专门介绍。

从证券发行区域来说，上市有国内上市和境外上市。国内上市，是指企业按照中国证券法和相关规定，通过国内的上海、深圳证券交易所上市。企业通过上海证券所或者深圳证券所募集资金，发行股票。境外上市，是指中国公司直接到境外证券交易所（比如纽约证券交易所、纳斯达克证券交易所、伦敦证券交易所、香港证券交易所等）以及中国公司间接通过在海外设立离岸公司并以该离岸公司的名义在境外证券交易所上市（红筹股或 VIE）等几种方式。国内民办高校公司上市，由于制度设置的相关原因，目前还有一些障碍。所以，许多民办高校公司都在国外上市，具体的在后续展开阐述。

　　国外直接上市政策的早年提出，主要是为了服务大型国企赴海外上市融资的目标，故而有较高的财务门槛以及冗长的审批流程，这些原因使得大量民营中小企业境外上市募资成为可望而不可即的彼岸。为实现海外上市，民营企业往往会借助于间接上市的方式，后被称为红筹上市。红筹上市包括"买壳"与"造壳"两种方式，前者意味着拟上市企业需要通过换股或现金收购控制一个海外上市公司，随后将资产注入以实现上市目的。这样一来，既实现了上市，又有效地规避了繁杂的上市审批。但由于资源的稀缺性使得"壳"价格飙升，造成买壳的成本高涨，同时收购能否成功、借壳上市能否实现都带有很多不定因素，能否顺利上市还不一定，使得该模式的风险也较高，企业开始转而使用另外一种相对比较简便的方式实现海外上市，即前述两种模式下的后者——"造壳"模式。造壳，即在海外（多为开曼群岛或者百慕大群岛）注册公司，将其作为上市主体进行境外融资，并将想要实现上市的资产注入其中，而该上市公司将筹集到的资金投资于国内的公司，既变相达到国内公司上市的目的，也规避了前述买壳模式的弊端，因而成为民营企业在选择上市模式以实现海外上市时候所偏爱的宠儿。

　　VIE 模式的产生源于对红筹模式的改造。随着 2004 年红筹模式所受到的审核压力越来越大，尤其是 2006 年商务部联合证监会、国资委、国家工商总局、国家税务总局发布的《关于外国投资者并购境内企业的规定》（10 号文）与 2007 年国家发改委联合商务部发布的《外商投资产业指导性目录》出台后，VIE 模式大受欢迎。

　　VIE 模式（Variable Interest Entities，直译为"可变利益实体"），即 VIE 结构，在国内被称为"协议控制"，是指境外注册的上市实体与境内的业务运营实体相分离，境外的上市实体通过协议的方式控制境内的业务实体，业务实体就是上市实体的 VIEs（可变利益实体）。在 VIE 模式中，境外上市主体不直接收购境内经营实体，而是在境内投资设立一家外商独资企业，再通过一揽子协议，取得对境内经营实体全部股权的优先购买权、抵押权和投票表决权、经营控制权。同时，通过为国内运营实体企业提供垄断性咨询、管理等服务，将境内业务实体的所有净利润，以"服务费"的方式支付给外商独资企业，最终在完税后再将经营利润转移至境外上市主体中。简要地说，VIE模式一般由境外上市主体、外商独资企业（WOFE）和境内经营实体（外资受限业务牌照持有者，如具有办学资质的学校）三部分架构组成。其中，境外上市主体出于税收、注册便利等种种考虑，可能采取开曼公司、香港壳公司等甚至并存的多重模式。

采用VIE模式上市的中国公司，最初大多数是互联网企业，其目的是符合工信部（MIIT）和新闻出版总署（GAPP）对提供"互联网增值服务"的相关规定，比如新浪、百度。由于接受境外融资，中国互联网公司大多成为"外资公司"，但按照规定很多互联网的牌照只能由内资公司持有，所以这些公司往往成立由内地自然人控股的内资公司持有经营牌照，用另外的合约来规定持有牌照的内资公司与外资公司的关系。后来这一结构被借用延伸，成为许多非互联网公司赴美上市的重要模式。

由于法律允许营利，民办高校经营出现了类企业的状况，因此，上市作为企业经营的特殊形式，也被民办高校的举办者所借鉴。一些民办高校运用相关法律，在证券市场募集资金，向投资者发行股票，并以上市企业的运作模式经营学校，推动学校发展。

私立大学进入股票市场发行股票，在国外早已有之。世界上很多国家，如澳大利亚、南非、新加坡等都允许私立教育机构营利，可以公开上市。南非最大教育集团，拥有40个校园，覆盖多级教育，1996年上市，1998年利润600万美元。印度全国信息技术学院，是最大的教育机构，拥有400多个培训中心，年营业额7100万美元，利润1300万美元[①]。最著名的是美国私立大学的上市。1991年，戴维瑞（De-Vry）技术学院成为第一家授予学位的营利性私立高教公司。1996年，纳、纽交易所有上市教育公司70多家，其中营利性学校14家。1999年6月，40家上市教育公司综合市场资本总额达到120亿美元；1994—1999年，经30多次首次公开招股和30次随后招股，营利性学校共筹资40亿美元。阿波罗教育集团1972年由美国教育经济学家约翰·斯伯林（June G. Sperling）创办，开始是一个面向成人教育的私立营利性教育机构，其致力于通过高质量的

---

① 季明明：《教育上市公司发展趋势及教育机构上市风险分析》，中国民办教育协会网站。

教育提升学生生活质量。1976年正式成立阿波罗教育集团,1978年获得营利性高等教育机构的认证,这也是美国第一所获得此认证的营利性私立高等教育机构。1994年阿波罗教育集团上市,上市后规模迅速扩大,2009年阿波罗教育集团在校生达到44万人,总资产超过30亿美元。通过股票市场的运作与学费的积累,筹集到大量的资金用于扩大办学规模及提升教学质量,同时也获得了很高的收益。1994年在纳斯达克上市时,阿波罗教育集团每股仅为0.72美元,2004年1月1日其股价达到最高值93.31美元,市值达到159.7亿美元,一度成为美国最大的营利性大学。上市已经成为教育公司和营利性学校募集资金的重要渠道。

表7-1　美国营利性高等教育公司的财务业绩增长

公司名称	股标业绩 1994—1999	P/E 比率 1998	P/E 比率 1999	P/E/G 1998	P/E/G 1999	5年估计增长值	就业率
阿波罗集团公司	1538%	32.7	25.9	139%	109%	30%	—
德夫里公司	743%	53.1	42.6	309%	265%	20%	96%
教育管理公司	269%	42.1	35.0	245%	210%	20%	87%
ITT教育服务公司	710%	35.3	29.3	212%	176%	20%	90%
斯特拉耶教育公司	399%	27.7	22.5	—	—	20%	79%

资料来源:[美]理查德·德鲁克(Richard S. Ruch):《高等教育公司:营利性大学的崛起》,于培文译,北京大学出版社2006年版。

表7-2　阿波罗集团2007—2009年收入、利润及资产数据

(单位:千美元)

项目	2007年8月31日	2008年8月31日	增长率	2009年8月31日	增长率
总收入	2723793	3140931	15%	3974202	27%
收入成本	1237793	1370878	11%	1603701	17%
毛利润	1486302	1770053	19%	2370501	34%
营业利润	625697	749466	20%	1039460	39%
总成本及费用	2098096	2491465	19%	2934742	18%
净利润	408810	476525	17%	598319	26%
总资产	1449863	1860412	28%	3263377	75%
所有者权益合计	633840	830209	31%	1157610	39%

资料来源:梁洪坤、蔡立丰:《美国营利性大学的特征与营利》,《经济与社会发展》2007年第12期。

由于传统的教育观念、经济发展水平以及教育政策等原因,国内民办高校完全以学历教育为主体上市仍然存在法律障碍。长期以来,民办学校"不得以营利为目的"的硬性规定,从根本上阻断了民办高校上市的可能

性。尽管这样，许多上市企业投资举办了高校，例如海航集团于2005年创办三亚航空旅游职业学院、广厦集团、吉利集团、托普集团等举办了企业属民办高校，山东万杰集团举办了万杰医学院。但是由于法律规定的原因，许多民办高校本身的经营大多没有纳入上市公司的业务中。

近几年来，伴随全国人大一揽修法将教育类法律中"不得以营利为目的"的条款删除以后，尤其是2016年11月7日全国人大常委会通过《民办教育促进法》（修正案）以后，法律规定民办高校的举办者具有自主选择举办营利性或非营利性办学的权利，使得一部分原本具有投资性质举办主体的民办高校更加凸显"营利性"的追求。从法律上讲，民办高校上市的障碍已经消除。但是在证券发行方面还存在一些具体的技术问题。为此，目前民办高校上市大多仍采用VIE模式，以回避法律监管，实现境外上市融资、获得资本的投资。

采用VIE模式上市，需要绕开两个限制。首先，直接以注册在中国的公司去境外上市存在障碍。这里存在两种原因，一种原因是境外交易所如纽交所、港交所，其接受的公司注册地是不包括中国的，这导致中国国内公司无法直接到境外上市；另一种原因，即使境外交易所接受注册在中国的公司，但中国公司赴境外上市必须得到中国证券监管部门的审批同意，而现实中除了H股外，此前赴境外上市获得中国监管部门审批同意的概率非常低。规避这两个限制，就需要另外想办法在境外注册上市主体公司，通常选择避税容易且监管宽松的开曼（Cayman）等地。理论上来说，在境外注册公司后，可以直接选择外资入股的方式来控制中国境内的经营实体，但又由于许多内资公司所处行业在国家层面存在外资进入限制，因此有人专门设计出一系列的协议（VIE协议）来锁定WFOE及其境外的一系列股东们对境内公司经营权的控制，而这种控制的设计又需要符合境外交易所上市的要求。这些协议包括《股权质押协议》、《业务经营协议》、《独家咨询和服务协议》、《借款协议》等。VIE模式上市示意图见图7-1。

个人认为，从民办院校上市的概念来理解，民办高校上市有几个性质：一是上市是一种资本的市场行为。不管是企业还是民办高校，对上市的要求和法律规范都是一致的，换句话说，适合上市企业监管的法律法规也同样适合于上市民办高校，没有另类，因此上市民办高校也可以称作民办高校企业（公司）；二是上市的资本是企业资本，必然是以营利为目的的。因此，不管如何包装，不管是否承认，上市民办高校都必然是营利性民办高

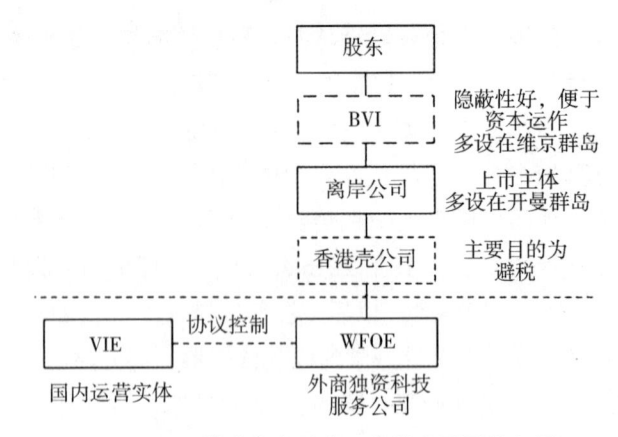

```
股东
  │
  ▼
[BVI]        隐蔽性好，便于
  │          资本运作
  │          多设在维京群岛
  ▼
离岸公司      上市主体
  │          多设在开曼群岛
  ▼
[香港壳公司]  主要目的为
  │          避税
  ▼
VIE ──协议控制── WFOE
国内运营实体    外商独资科技
                服务公司
```

图 7-1　VIE 模式上市示意（虚线表示不是必须）

校，毫无例外。现实中最近一段时间申请上市的民办高校，已经明确"营利性"学校的性质。三是上市民办高校和上市企业的业务范围不一样，除了遵守上市公司的相关法律法规以外，还需要遵守各自的业务法规和职业道德，以保证经营业务的合法合规。民办高校上市除了遵守上市公司的一般法律法规之外，还应该遵守国家教育法律法规和相关专业法规的要求。

二　民办高校上市的现状和特点

2016 年 11 月 7 日，第十二届全国人民代表大会常务委员会第二十四次会议三审通过了《中华人民共和国民办教育促进法》修订案（以下简称"新法"），决定对民办学校实施营利性和非营利性分类管理。而后，有关部门又相继出台了一系列的配套文件，如《关于加强民办学校党的建设工作的意见（试行）》、《关于鼓励社会力量兴办教育促进民办教育健康发展的若干意见》、《民办学校分类登记实施细则》、《营利性民办学校监督管理实施细则》等，以上"1+4"的文件明确了新时期我国民办教育"分类管理"的政策导向。与此同时，各省市区根据工作安排和实际需要，纷纷出台了地方政府贯彻落实《关于鼓励社会力量兴办教育促进民办教育健康发展的若干意见》的实施意见。民办高校发展开始进入新阶段。在新的形势面前，国内部分民办高校的举办者看到了商机，并抓住机遇进入资本市场，积极探索通过公开发行股票向市场募集资金，成为国内民办高等教育发展的新动向。

据初步统计，自从 2015 年以来，已有 15 家业务主体包含有学历高等教育的上市公司（见表7-3），总体上涉及国内36所民办高校。

表 7-3　　　　　上市民办高校及其母体公司基本情况

序号	高校资产	母体公司	所在地	教育层次	上市时间
1	昆明艺术职业学院	首控集团	云南昆明	专科	2015年9月*
2	新加坡莱佛士音乐学院		新加坡	本科	
3	四川外国语大学成都学院	成实外	四川成都	本/专科	2016年1月
4	湖南软件职业学院	金侨教育**	湖南湘潭	专科	2016年1月
5	郑州工商学院	宇华教育	河南郑州	本/专科	2017年2月
6	重庆人文科技学院	民生教育	重庆合川	本/专科	2017年3月
7	重庆工商大学派斯学院		重庆合川	本/专科	
8	重庆应用技术职业学院		重庆合川	专科	
9	内蒙古丰州职业学院（青城学院）		内蒙古呼和浩特	专科	
10	培根国际学院		新加坡	专科	
11	香港能仁专上学院		香港	本科	
12	云南工商学院	新高教	云南昆明	本/专科	2017年4月
13	贵州工商职业学院		贵州贵阳	专科	
14	广西英华国际职业学院		广西	专科	
15	江西科技学院（原江西蓝天）	中教控股	江西南昌	本/专科	2017年12月
16	广东白云学院		广东广州	本/专科	
17	广州白云技师学院		广东广州	专科	
18	四川文轩职业学院	新华文轩***	四川成都	专科	2007年5月
19	湖南三一职业技术学院	三一学院****	湖南长沙	专科	2017年3月
20	石家庄理工职业学院	21世纪教育	河北石家庄	专科	2018年5月
21	西南交通大学希望学院	希望教育	四川成都	本科	2018年8月
22	贵州财经大学商务学院		贵州惠水	本科	
23	山西医科大学晋祠学院		山西太原	本科	
24	四川天一学院		四川绵竹	专科	
25	四川希望汽车职业学院		四川天府新区	专科	
26	四川文化传媒职业学院		四川成都	专科	
27	贵州应用技术职业学院		贵州福泉	专科	
28	四川托普信息技术职业学院		四川成都	专科	
29	贵州大学科技学院		贵州贵阳	本科	

续表

序号	高校资产	母体公司	所在地	教育层次	上市时间
30	商丘学院	春来教育	河南商丘	本科/专科	2018 年 9 月
31	安阳学院		河南安阳	本科/专科	
32	商丘学院应用科技学院		河南开封	本科/专科	
33	广东理工学院	中国科培	广东东莞	本科	2019 年 1 月
34	银杏酒店管理学院	银杏教育	四川成都	本科	2019 年 1 月
35	浙江长征职业技术学院	嘉宏教育	浙江杭州	专科	2019 年 6 月
36	中原工学院信息商务学院		河南郑州	本科	

说明：*此日期为首控集团更改公司名称和股份简称的时间，此前首控集团的名称为"中国车辆零部件科技控股有限公司（简称：中国车辆零部件）"；**金侨教育在上市交易的同年 10 月就以"公司发展需要"等理由主动退出新三板；***新华文轩 2016 年 8 月重回 A 股，成为国内首家"A+H"出版传媒企业。但其主营业务为出版发行，四川文轩职业学院在集团业务板块中所占据份额较小，自 2016 年底以来，新华文轩逐渐剥离旗下职教业务，出售旗下四川文轩卓泰投资有限公司 48%股权及 1.2 亿债权，其中就含四川文轩职业学院等教育实体的股权投资及经营售；****"三一学院"为新三板市场上仅有的高等职业院校。

据媒体透露，还有一批民办高校在积极准备上市，多所含有民办高等教育业务的学校企业相继向港交所提交了上市申请，拟登陆主板。由于目前政府对于民办高校上市的态度不明确，政策不明朗，因此民办高校上市前都非常低调，一些筹备情况都未对外公布，信息未公开，因此有多少民办高校准备上市还不清楚。尽管这样，还是有许多民办高校准备上市的信息陆续被媒体公布于网上，如"民办教育赴港热潮持续！建桥教育拟上市，系 2019 年首家申请 IPO 教育公司"①。

民办高校上市，出现了几个特点：

一是"扎堆"上市。民办高校上市，是近几年来民办高等教育发展出现的新情况。2015 年底，《教育法》、《高等教育法》等相关法律修订案获得通过，相继删除了设立学校"不得以营利为目的"内容，为民办高校上市打开大门；2016 年底，《民办教育促进法》修订案明确民办学校（义务教育阶段除外）举办者可以自主选择设立营利性或非营利性民办学校后，更多的民办高校迈向了上市之路。民办高校上市从 2016 年开始逐渐加速。2015 年只有 1 家，2016 年有 2 家，2017 年有 6 家，2018 年虽然

---

① 见 http://www.sohu.com/a/289102563_439726。

只有 3 家，但是包括了 13 所院校！上市具有"抢机遇"的性质。

二是学校主体以职业院校和独立学院为多。在迄今为止的 36 所院校中，职业技术学院有 14 所，独立学院 11 所，两者共占上市院校的 2/3 多！

三是单体民办高校上市具有增加的趋势。一般来说上市都组织有教育企业集团的机构，银杏教育和准备上市的辰林教育、建桥教育都只有一所学校。

我国民办高校投资企业较多，且有一家企业投资多家民办高校的现象，如吉利汽车、北投集团等。我国主要民办高等院校及其投资企业如表 7-4 所示。

表 7-4　　我国民办高等院校及其投资企业一览（部分）

序号	民办大学	投资企业
1	茅台学院	茅台集团
2	浙江横店影视职业学院	横店集团
3	湖南吉利汽车职业技术学院	吉利集团
4	三亚学院	
5	北京吉利学院	
6	浙江汽车职业技术学院	
7	三亚理工职业学院	
8	燕京理工学院	北京北方投资集团投资
9	武汉工程科技学院	
10	成都文理学院	
11	温州商学院	
12	大连东软信息学院	东软集团
13	成都东软学院	
14	广东东软信息学院	
15	西安外事学院	黄藤（个人）
16	长安大学兴华学院	
17	大连装备制造职业技术学院	
18	宿迁职业技术学院	
19	江西科技学院	中国教育集团控股有限公司
20	广东白云学院	
21	广州松田职业学院	

续表

序号	民办大学	投资企业
22	郑州工商学院	宇华教育
23	湖南涉外经济学院（控股70%）	
24	河北科技学院	贺阳教育投资集团
25	保定理工学院	
26	重庆人文科技学院	重庆民生教育集团
27	重庆应用技术职业学院	
28	重庆电信职业技术学院	
29	阜远东职业技术学院	
30	内蒙古丰州职业学院（青城分院）	
31	安徽新华学院	安徽新华集团
32	西安思源学院	周延波（个人）
33	南昌理工学院	南昌航天科技集团有限公司
34	海南科技职业学院	
35	共青科技职业学院	
36	江西新能源科技职业学院	
37	云南工商学院	新高教集团
38	贵州工商职业学院	
39	四川天一学院	四川希望教育产业集团
40	四川希望汽车职业学院	
41	四川文化传媒职业学院	
42	贵州应用技术职业学院	
43	四川托普信息技术职业学院	
44	北京经济技术职业学院	北京思华文化发展有限公司
45	蚌埠经济技术职业学院	
46	安徽旅游职业学院	
47	四川应用技术职业学院	四川现代教育集团
48	广州华商职业学院	华商教育集团
49	四川西南航空职业学院	四川泛美教育投资集团
50	重庆海联职业技术学院（重庆航空职业学院）	
51	广州涉外经济职业技术学院	洪涛股份
52	四川城市职业学院	

资料来源：智研咨询整理。

表 7-5 中国主要高校投资方投资独立学院数量统计

投资集团名称	被投资独立学院数量	独立学院名称
北京北方投资集团	9	北京工商大学嘉华学院、首都师范大学科德学院、中国矿业大学银川学院、重庆大学城市科技学院、云南师范大学商学院、华南农业大学珠江学院、桂林理工大学博文管理学院、南京航空航天大学金城学院、中南林业科技大学涉外学院
河南春来教育集团	4	天津医科大学临床医学院、天津师范大学津沽学院、商丘学院应用科技学院、长江大学工程技术学院
重庆民生教育集团	3	重庆工商大学派斯学院、云南大学滇池学院（51%）、河北工业大学城市学院（联合举办人）
四川希望教育产业集团	3	山西医科大学晋祠学院、西南交通大学希望学院、贵州财经大学商务学院
安徽新华集团	2	安徽医科大学临床医学院、南京财经大学红山学院
中国教育集团控股有限公司	1	广州大学松田学院
四川现代教育集团	1	西安电子科技大学长安学院
华商教育集团	1	广东财经大学华商学院

资料来源：智研咨询整理。

初步研究，出现这几个特点的原因，正是抢抓民办高校发展政策"末班车"的机遇所致。

贯彻落实《民办教育促进法》新法，对民办学校实施分类管理，对于现有民办高校，法律规定要进行清算和办理转设手续，对现有民办高校的上市肯定会带来不确定性和复杂性。而分析现有政策和发展趋势，发现有小窗机会，一是《民办教育促进法实施条例》尚未公布，一些国家层面的政策尚不明确，监管无从下手；二是各地的落实细则尚未出齐，即使出台一般都有 3—5 年过渡期。现有上市民办高校都在把握政策窗口期，努力搭上上市的"末班车"。

《民办教育促进法实施条例》（送审稿）第十二条明确指出，实施集团化办学的机构，不得通过兼并收购、加盟连锁、协议控制等方式控制非营利性民办学校。根据这一规定，独立学院在新的实施条例生效后可能较长时间内都上不了市。因为独立学院如果想要选择营利性、遵守法规上市的话，旧法体系下学校的默认状态都是非营利的，地方教育主管部门如何批准营利性办学的程序尚不明确，等待批复的时间可能相当漫长。从法律法规适用的角度而言，单体民办高校的上市还是采用 VIE 架构，和《民办教育促进法》修订前的模式一样。这种状况下的民办高校目前是

"营"、"非"不分的。因此，如果《民办教育促进法实施条例》对非营利性民办高校上市进行限制的话，单体高校的上市也是把握了政策的窗口期，希望搭上上市的末班车。

三 民办高校上市的原因和利弊

（一）民办高校上市原因分析

1. 新法颁布背景下的政策利好

《民办教育促进法》新法删除了关于民办学校可以取得"合理回报"的有关表述，理顺了民办院校办学的性质，明确实施营利性和非营利性的分类管理办法，从法理上放开了教育机构或教育行业的营利经营，为民办院校上市扫清了法律障碍。另外，现行的政策体系并未禁止高校与企业通过关联交易的形式实现境外上市，客观上存在可以"钻空子"的政策"模糊区"。这些政策提振了投资者对教育概念股的信心，加上现有部分已上市的民办高校公司诱人的投资回报率，进一步吸引了社会资本包括风险投资在内的投资人进入相对稳健的教育股。

2. 举办动机多样、营利性办学推动

许多专家都指出，投资办学是我国民办高校办学的重要特征，甚至有专家认为是"本质特征"。无论如何判断，在民办高校举办者中存在相当多的营利性办学或者投资办学的动机是客观事实。改革开放以来，政府逐渐理清管理与市场的关系，鼓励社会力量办学，加快教育普及程度，提高社会受教育水平。但是在如何办民办教育、办什么样的民办教育等重大问题上，政府一直"摸着石头过河"。尽管法律法规一再强调"不得以营利为目的"，但是营利思维的冲动和行为屡有发生。鉴于社会呼声强烈和"穷国办大教育"的实际，政府从鼓励出发，在制订《民办教育促进法》过程中，在强调"不得以营利为目的"的同时，又同意取得"合理回报"。尽管"合理回报"缺乏具体法规的指导，但是各地监管乏力，营利动机蔓延较快。许多民办高校在不取得"合理回报"承诺的遮掩下，营利行为大量发生，社会对"分类管理"呼声高涨。《民办教育促进法》新法颁布以后，营利合法，选择自主，营利行为得到法律许可，而上市是举办营利性民办高校的较好路径。

3. 教育市场广阔，可发掘潜力大

改革开放以来，随着中国经济的发展和人民群众生活水平的提高，居民消费水平正以惊人的速度提升。在党的十九大报告中，习近平总书记指出，中国特色社会主义进入新时代，我国社会主要矛盾已经转化为人民日益增长的美好生活需要和不平衡不充分的发展之间的矛盾。对于教育需求的提升也使得资本越来越关注这个行业。根据互联网的相关数据，2018年中国教育市场规模将达到人民币2.68万亿元，至2020年民办教育的总体规模将达到3.36万亿元[①]。另一方面，在产业结构调整和科技发展推动下，国家对高素质人才的需求更加迫切。教育部2018年全国教育事业发展统计公报显示，我国高等教育毛入学率已经达到48.1%[②]，我国高等教育已经处于大众化阶段后期，并进一步向普及化阶段迈进。积极参与国家发展和建设，高等教育将由原来在国民经济和社会发展的基础性作用转变为支撑和引领性的地位和作用。而单靠公共财政支持下的公办高校，显然难以满足经济社会发展对高等教育的需求。国家建设需要发展更加类型多元、体系完备、层次合理的高等教育。

4. 教育行业现金流好、利润率高

相对来说，教育行业收入稳定，风险较小。教育行业是预付费的行业，并且采用"先交钱、后服务"的运作模式，政府对高等教育监管严、门槛高，降低了运行的风险。尽管高等教育即将跨入普及化，但是本科教育相对来说仍是稀缺资源，目前还处于卖方市场地位，国家控制招生计划，具有一定程度的垄断性，相应学费收入也有保障。相比其他传统行业，教育行业尤其是学历教育领域有关公司的纯利率要高许多，具有独特的行业优势。根据公开数据，民生教育在2013—2015年的收入分别是3.84亿元人民币、4.03亿元人民币和4.26亿元人民币。2016年上半年的收入达到2.43亿元人民币，而净利润就达到1.5亿元人民币，纯利率达到了61.6%。

5. 境外上市门槛低、筹资快

目前上市的教育企业大部分都选择在境外上市。虽然国内A股也有

---

① 易界：《2018年中国教育市场规模及前景分析》，https://www.sohu.com/a/260311503_436079。

② 国际上通常认为，高等教育毛入学率在15%以下时属于精英教育阶段，15%—50%为高等教育大众化阶段，50%以上为高等教育普及化阶段。我国自1999年开始大学扩招，高等教育毛入学率快速上升，2002年达到15%，高等教育从精英教育阶段进入大众化阶段。

部分投资教育的企业上市,但是将学校资产打包在国内证券市场上市的案例非常稀少。如前所述,由于国内 A 股市场对学历教育机构或学校上市仍存在诸多限制;同时,在包括港股在内的境外上市可能募集到更加优质的资金资源。很多教育集团通过搭建 VIE 结构在境外上市,容易快速获得融资,也从一定程度上为民办高校企业带来一定的国际影响力。

(二) 民办高校上市特点分析[①]

从目前上市的几家教育公司实际情况来看,民办高校上市表现为以下几个显著特点:

第一,主要通过 VIE 模式在境外上市。通过管理公司与民办高校签订合约的形式,规避了"非营利性高校上市"的障碍,回避了分类管理对公司上市可能存在的制约与影响。以目前在港股上市的三家单营高等教育的公司为例,民生教育集团旗下四所高校,仅有重庆人文科技学院在学校章程中明确要求"合理回报",其他高校均未明确办学属性,某种程度上可以认为是"非营利学校";新高教旗下两所高校,云南工商学院要求"合理回报",但贵州工商职业学院"不要求合理回报";中教控股旗下两所学校均"不要求合理回报"。建桥学院和长征学院在上市招股书上明确是"营利性"高校。但在目前管理层尚没有明确 VIE 结构下的民办高校不可以选择成为非营利性的情况下,依然通过各种关联交易安排从学校获得不平等收益,而且还通过协议控制方式转移学校全部结余,使得学校举办者能够以上市公司股东的身份,通过股权分红间接实现对学校办学结余的占有。例如,宇华集团的招股书里如此描述集团公司与学校实体之间的关系:"本集团并无持有中国控股公司(即我们学校的控股实体)的任何股权。我们通过合约安排维持及行使对并表附属实体(包括中国控股公司及学校)的控制权,从而获取并表附属实体的经济利益。"

第二,上市主体董事会成员中家族化现象较为普遍。根据香港交易所对外披露的信息,成实外教育集团董事会主席兼执行董事为王小英,与董事会执行董事严玉德为配偶关系;中教控股董事会成员中喻恺为于果的儿子,执行董事谢少华为谢可滔的胞姐;民生教育的初始投资中李学春占

[①] 参见王磊、王一涛《民办高校上市融资的现状、问题及对策》,《复旦教育论坛》2019 年第 2 期。

90%，其女李宁占有10%，另外公司执行董事左熠晨为李学春的女婿。以往民办高校的家族式管理主要表现在学校关键领导岗位的家族化，以及领导岗位轮替的家族化。董事会成员的家族化，抑或投资者结构的家族化，都属于集团公司领导层的家族化。虽然这一现象在全球企业里并不罕见，但就教育集团来看，家族化对其长远发展仍存在一定影响。这在一定程度上可以降低集团控制风险，同时也可能给学校治理带来负面的影响。

第三，学历教育各阶段合营的概念股优势明显。我国民办学历教育收入主要来源于学费，上市民办教育公司也不例外。从营收数据来看，大部分教育公司的收入来源于学费和住宿费，占比均高于90%。从七家港股上市企业披露的相关数据来比较，各学历教育阶段合营的上市公司市值普遍较高。其收入除学费外，还来自于科研和培训等事业收入。

表7-6　　　　　　　　部分上市民办教育集团财务数据*

代码	简称	市值** （亿元）	全年纯利*** （亿元） 2017年	2016年	全年营收**** （万元）	学费收入**** （万元）	学费收入占比（%）	业务范围
1569.HK	民生教育	59.06	2.61	2.50	346600	319577	92.2	高等教育
2001.HK	新高教	80.71	2.33	1.12	340996	310678	91.1	高等教育
0839.HK	中教控股	208.08	4.29	4.13	417976	384320	91.9	高等教育
1565.HK	成实外	151.35	—	3.02	364822	344487	94.4	K12+高等教育
6169.HK	宇华教育	138.43	3.14	3.12	781331	—	—	K12+高等教育

说明：* 本表数据是基于各公司2018年第一季度的公开数据；** 市值为2018年4月10日公开数据，*** 全年纯利为各集团公司年报中"除税后盈利"，**** 全年营收和学费收入，成实外为2015年数据，枫叶教育为2014年数据，其余均为2016年数据。数据来源均为各公司年报和公开招股书。

第四，融资成本高攀不下。尽管民办教育机构可以从投资公司融到数额不小的资金，但是资本市场的性质决定了投资公司目的就是获取高额的回报，导致上市教育公司融资成本比较高。为吸引投资者的投入和购买股票，大多数民办高校公司的毛利润都超过了50%，有的甚至达到60%以上，成为"暴利"企业，同时也说明学校上市所占用的融资成本不低。据报道，中国教育集团2014—2017年上半年的营收分别为8.219亿元、8.46亿元、8.613亿元、4.054亿元，其纯利润分别为3.094亿元、3.619亿元、4.234亿元、1.93亿元。2015—2017财年，中国科培营收分别为2.56亿元、3.50亿元、4.55亿元，纯利润分别达到1.20亿元、1.79亿元、2.31亿元。2014年，广东理工学院专升本之后，中国科培的毛利率飙升到60%以上。2018年运营江西应用科技学院的江西辰林教育集团控股有限公司（简称"辰林教育集团"）刊登招股文件，拟在香港主板上市。券商中国记者注意到，在校生仅1.5万名的江西应用科技学院，上半年收入已经超过1亿元，收入来源主要是学费、住宿费等，得益于学费的上涨，毛利率常年在60%以上。

下表列出主要民办教育机构的财务数据统计表。超高的毛利润，有人戏称毛利率、净利率和ROA比军火商还高①：（好未来以及新东方财务数据为2017财年，其他为2016年）

表7-7　　　　　主要民办教育机构的财务数据统计

类别	证券代码	证券简称	毛利率（%）	净利率（%）	ROE（%）	ROA（%）
民办高校	1569.HK	民生教育	58.11	55.66	16.77	12.00
	2001.HK	新高教集团	47.97	28.48	18.11	9.23
民办学校	6169.HK	宇华教育	51.99	39.86	41.35	17.02
	1317.HK	枫叶教育	48.42	36.93	16.05	10.79
	1565.HK	成实外教育	47.29	36.26	19.29	11.04
	6068.HK	睿见教育	47.15	21.88	20.50	9.74
教培	TAL.N	好未来	49.93	10.78	21.62	11.05
	EDU.N	新东方	58.35	15.38	17.79	12.40
	600661.SH	新南洋	42.33	13.40	20.62	11.14
	DL.N	正保远程教育	58.88	22.47	38.65	20.50
职业教育	TEDU.O	达内科技	71.75	15.31	15.97	13.53
	603377.SH	东方时尚	51.98	20.77	20.64	15.94
平均值			52.83	26.43	22.28	12.87

（三）民办高校上市的利弊分析

1. 民办高校上市的积极作用

第一，有利于拓展民办高等教育的融资渠道，扩大民办高等教育总供

---

① 《民办学校利润比卖军火还高?》，http://finance.sina.com.cn/stock/hkstock/hkstocknews/2017-11-08/doc-ifynrsrf2821037.shtml。

给。根据有关统计数据，2007年美国高等教育投入占教育总投入的比例就达到了46.5%[①]，而我国高等教育经费在2013年仅达到全国教育经费的26.93%[②]。民办高校所获得的财政性教育经费与公办高校相比更是稀少。我国民办院校的经费明显不足，民办院校经费与其所处的地位明显不相称，并导致办学质量上的失衡。

通过股票上市融资，所得到的资金是投资性质，不必在一定限期内偿还。另外，这些资金能够立即增加民办高校的资金流，增加民办院校的资金投入。此外，如果股票上市获得很大成功，还可以通过再融资、发行债券等渠道获取相对廉价的资金，还有可能今后以更好的价格增发股票，从而有利于扩大教育资源供给，为民办高校开辟了新的融资渠道，扭转长期以来民办高校办学资金不足的窘境，进而提高民办高校的质量。

第二，有利于完善我国民办院校内部治理，提升民办高校的管理水平。党的十九大对高等教育提出了"实现内涵式发展"的要求，而内部治理是民办高校内涵建设的基础。由于证券交易的规则所需，上市民办高校信息透明，对学校内部管理提出了更高的要求。从挂牌公司的交易所网站上，都能查到有关公司的相关数据信息。这些数据同时也能在集团官网"投资者关系"板块同步获得。上市公司需要完整的股东大会制度、董事会、监事会等机构建设，有一套严谨的管理制度，上市民办高校也不例外。这就要求上市民办高校逐步建立起专业化和针对性的现代学校管理体系和监督机制，建立高度透明的信息披露制度。这与《民办教育促进法》要求的信息公开是相一致的。

第三，推动了民办高校队伍建设，有利于民办院校提高人才培养质量。上市公司对专业化的专业人才和管理人才提出了要求。通过严格管理，提高管理效率与效益。民办高校的发展，归根结底要落实到人才培养质量上来。人才培养的质量影响民办院校的社会信誉，进而影响民办院校的招生，而招生是关乎民办高校生死存亡的关键问题。从这一意义上说，上市民办高校更加关注人才培养质量。除了扩大学校规模和招生规模，打造一支专业化的教学团队和管理团队是企业获得资本青睐的显性标志，也是教育企业长足发展的基本条件。

[①] 数据来源于《美国及其他G8国家教育指标比较（2011）》，具体参见美国教育科学研究院国家教育数据中心，https://nces.ed.gov/。

[②] 数据来源于《中国教育经费统计年鉴（2014）》。

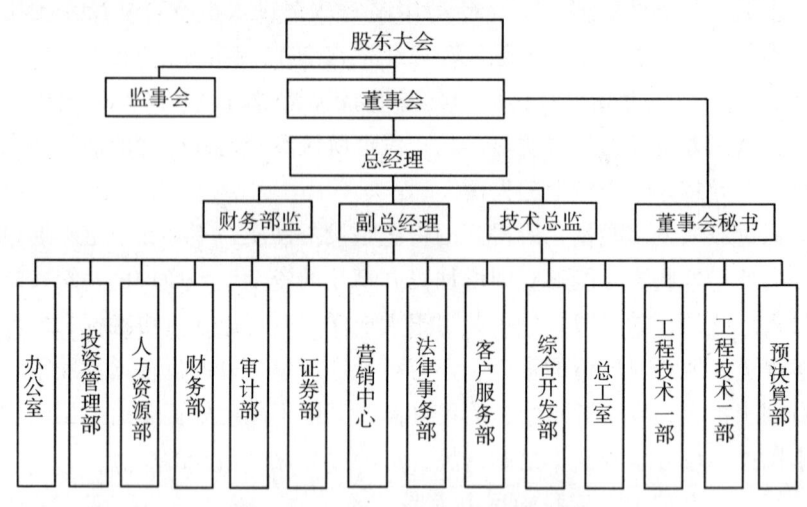

图 7-2 上市公司的治理结构架构

第四,扩大民办高校的社会影响。公开上市可以帮助民办高校提高其在社会上的知名度。通过上市公司相关新闻、信息发布会以及公司股票每日在股市上的表现,社会各界将会更加关注民办高校的运行状况。而投资者会根据民办高校的经营状况做出是否投资的决定。民办院校每天在股市中的表现,相当于为民办高校做了宣传广告,从而扩大民办高校在社会中的影响。

2. 民办高校上市的问题分析

第一,民办高校公司还不能在国内上市。目前民办高校上市以国外居多,主要是目前我国相关法律法规还存在许多障碍。

(1) 民办高校法人属性的限制

我国《民法通则》将法人分为非企业法人和企业法人,再把非企业法人又分为事业单位法人与机关法人及社会团体法人。我国民办学校的性质属于社会团体法人,而企业上市必须是股份有限公司形式,因此,我国民办教育机构非企业法人的社会属性决定了其难以成为上市的主体。

(2) 公开募股的限制

《民办教育促进法实施条例》第八条规定:"民办学校的举办者不得向学生、学生家长筹集资金举办民办学校,不得向社会公开募集资金举办民办学校"。这一规定,也成为我国民办教育机构难以在国内上市的直接障碍。

(3) 财务及税收限制

目前我国民办教育机构的财务核算方式不统一，有的采用企业财务制度，有的采用非企业法人财务制度，还有的使用事业单位财务制度。由于民办院校收费一般采用预缴制，一年费用一次缴清，在某个月的收入很高，其他月份几乎没有收入只有支出。而上市公司的经营性收入是月月都有的，因此这样的财务计量也影响到民办教育机构的上市。

(4) 教育的公益性限制

我国民办教育机构从法律来说是公益性的，非企业法人性质，这决定了其直接在境内上市具有一定的法律障碍。《中华人民共和国民办教育促进法》第三条规定："民办教育事业属于公益事业，是社会主义教育事业的组成部分"。《国家中长期教育改革和发展规划纲要（2010—2020年）》第四十二条也指出："坚持教育公益性原则"。这些规定与《首次公开发行股票并上市管理办法》第三十三条规定的"最近3个会计年度净利润均为正数且累计超过人民币3000万元，经营活动产生的现金流量净额累计超过人民币5000万元，或者最近3个会计年度营业收入累计超过人民币3亿元"等所要求的"高额营利"相矛盾。

当然，民办高校允许营利是上市的前提。资本永远是追逐利润的，没有利润资本不可能投入。而利润的存在也是吸引私人投资办学的利益动因所在，允许民办教育机构营利，能激发更多的资金流向民办教育机构，从而使民办教育机构有长期持久的资金来源。股民及投资机构不可能是慈善家，股民购买股票也是冲着分红来的，只有允许民办教育机构营利，使一些民办教育机构可以和其他普通企业一样，通过上市在资本市场进行运作，上市后股民才有购买的动力与积极性。在法律上承认民办教育机构营利的前提下，应该进一步允许其进入资本市场上市融资，鼓励有实力的营利性民办高校通过上市募集资金，增加投入。

第二，从宏观政策角度来看，民办高校的上市行为与质量提升存在一定冲突。换句话说，上市民办高校的营利性和高利润率与提高高等教育质量需要大量投入之间的矛盾调和困难。在极致洞察的《图解中国上市民办高校》一文中，作者提出"从已有排行榜来看，上市公司旗下高校并没有入围任何一个排行榜前十名，相对靠前的是重庆人文科技学院（民生教育旗下高校），在武书连2018民办高校排行榜中排名第24。尽管排行榜并非官方发布，但这从一定侧面反映出，资本力量下的高校教学质量还不尽如人意①"。这一结论虽然是不完全准确的观点,但是至少表达了一些人的担心。民办学校的办学活动处于公益和营利的冲突之中。② 民办高校企业上市后,为满足股民的追求,学校会做足利润业绩,部分学校为了做高利润率,可能会进行短期投资、减少教学投入、选择降低教学成本、减少相关投入获利。这种在经济领域较为常规的运作方式与高等教育内涵式发展的要求客观上存在冲突,应当注意克服和避免。当下我国高等教育已经从追求"数量"向追求"质量"迈进。对于民办高校来说,办学质量是实施可持续发展的根本动力。如果单纯追求利润率,照搬企业营利思路,而枉顾教育发展规律,可能会造成教学质量下降,影响民办高等教育系统整体的稳定发展。最终受到损害的当然也是上市公司的利益。

第三,过多的迁就营利动机,可能引发民办高校不规范的运作。"快资本"与"慢教育"是上市民办高校客观存在的一对矛盾体。追求短期、快速获利是部分投资者的需求,营利是上市教育机构的重要目标。为此,上市民办高校可能会采取通过规模扩张、学校兼并、关联交易或多举结合增加收入,实现利润增长。但是,教育需要稳定、办学需要投入,一味迁就办学的经济效益,可能会忽视办学质量的稳定和提升,给办学带来风险隐患。

第四,从办学实践来看,学校上市并不等于具有充裕的办学经费。如前所述,上市是资本运作现象。民办高校从证券市场募集的资金,完全具有资本的属性。VIE 形式上市,使得上市公司与民办高校之间的关系若即若离。换句话说,上市募集的资金能否全部达到民办高校,本身是不确定的。同时,通过民办高校上市的运作,上市公司肯定会从民办高校带走一部分经费。因此,对于民办高校,也不能说上市就解决了短缺的办学资金问题。一部分民办高校上市募集的资金,可能会用于民办高校的基本建设,但是就运行来说,对于大多数上市的民办高校,资金也可能会更加紧张,由此对办学质量提高带来影响。股民对利润和增长率的要求不断增多,也将给上市民办高校的管理层和学校运作持续造成很大的压力。

第五,民办高校采用 VIE 架构上市可能还存在一定的风险。目前民办高校公司通过 VIE 模式上市,这种结构在国内虽没有直接被某一具体

---

① 极致洞察:《图解中国上市民办高校》,芥末堆,https://www.jiemodui.com/N/107074。
② 柯佑祥:《非盈利在组织视角下的民办高等教育盈利》,《高等教育研究》2002 年第 23 期。

的法律条款禁止，但是也没有法律明确它的合法性。如果法律发生变化，那么对集团的后续业务的开展将会产生重大的影响。另外，VIE架构导致外资变相进入教育等限制领域。[①] 民办高校公司进入资本市场，即按市场规则进行自由交易。如若境外公司通过购买大量股票，成为上市教育机构的大股东，就可以通过控制上市公司来间接控制民办高校举办权。这种状况也可能增加民办学校上市的费用负担和海外法律风险隐患。《外商投资产业指导目录（2017年修订）》已于2017年7月施行，高等教育仍位列"限制"级别，且外商仅被允许透过中外合作办学从事高等教育，国内合作方须在合作中起主导作用。从政策角度来说，目前分类管理尚未实质性实施，因此也不可能开展资产清算和类型转设，上市的民办高校尚不明确是否选择营利，甚至有的上市民办高校还在接受政府补贴，由此存在不确定的运行风险。

四　民办高校上市的对策与建议

从1993年国家正式开始设置民办普通高校以来，经过20多年的努力，我国民办高等教育已经具有一定的规模，初步形成一定的办学实力，在办学层次上也有一些突破。但是，与公办学校相比，民办高校办学时间较短，整体实力较弱。[②] 民办高校与人民群众多样化、特色化和个性化的选择需求还很远，在国家级层面大量的质量项目中，鲜有民办高校的校名，尤其是缺乏高水平民办高校的国家队。

从行业来看，也没有占据市场大量份额的领军民办高校；民办高校分布地域广阔，难以形成规模协同效应；现有民办高校没有形成现代大学制度，普遍缺乏科学化、标准化的管理；民办高校的专业能力如招生、教学、后勤、运营等仍处于十分薄弱的层级，远远没有形成精细化、专业化的综合管理能力。再加上我国高等教育一直以来坚持"不得以营利为目的"，坚持教育的公益属性，限制外资进入，多头监管等多种因素，高教

[①] 潘奇、董圣足：《VIE架构在教育领域的应用、问题及其对策》，《教育发展研究》2018年第5期。

[②] 周海涛、刘侠：《民办高等教育发展研究报告——基于近十年全国民办高校数据统计与政策文本分析》，《中国高等教育》2016年第2期。

资产总体上证券化程度很低，大资本不敢贸然进入。民办院校缺乏充足的初始投入，长期依赖学费收入滚动发展，多年沉淀的庞大资产也难以盘活。资金匮乏正在并将长期制约民办高等教育发展。通过上市融资，可以在一定程度上突破民办高校的办学资金瓶颈，增加社会对民办高校的投入，推动民办高等教育快速健康发展。

（一）贯彻落实《民办教育促进法》新法，进一步推进分类管理

《民办教育促进法》新法已经明确允许社会力量举办营利性民办高校，在国家层面上确立了民办教育的发展方向和政策导向，各地贯彻落实新政也强调了营利性民办学校发展的相关政策，这一创举是中国几千年来教育制度的重大突破，意味着自有教育制度以来"教育不得以营利为目的"传统观念的有效突破。同时，这一巨大的政策转向意味着国家制度需要重构，而重构和重建国家教育制度和政策框架以及指导细则需要过程，不可能一蹴而就。对于允许和发展营利性民办高校，社会心理需要逐步消化接受，政府部门需要转变观念。因此，当前和今后一段时间，还需要继续深化《民办教育促进法》新法的学习宣传，逐步树立民办教育分类管理改革新理念，稳定和巩固民办教育分类管理的社会基础。非营利性民办高校是国家发展民办高校的重要导向，但是与发展适量的营利性民办高校并不矛盾。相反，适当发展一批营利性民办高校，可以体现法律的公平性，满足社会选择的需求，丰富高等教育办学体制改革的内涵，激活高等教育的竞争机制。正因为如此，全国人大常委会通过的《民办教育促进法》新法，明确允许举办营利性民办学校。

坚定不移地实施分类管理的立法精神。如前所述，本次《民办教育促进法》修法最大的亮点之一就是实施分类管理。国家立法允许举办营利性民办学校，同时实行分类扶持，分类管理。这是从我国国情和民办学校举办的现实提出的重大决策，有利于长远可持续地吸收更多的社会资源投入教育，有利于落实财政资金对民办学校的各项支持，也有利于民办学校的举办者根据自身的办学诉求和实际情况，选择适合自身定位和发展的办学道路，开辟民办学校办学新的局面。各级政府必须坚持分类管理的立法精神不动摇，转变观念，克服传统观念束缚，逐步做到让市场的归市场，让政府的归政府，让捐赠的归捐赠，让营利的归营利，并抓住机遇，加快进程，建立起产权合法清晰、办学层次各就各位的新时代民办教育办

学体系。

　　推进分类管理制度的改革，要支持营利性民办高校发展，解放思想、消除认识误区。在坚持和确保党的领导、社会主义办学方向的大前提下，无论营利与否，只要依法、规范、诚信办学，办出政府放心、社会需要、人民满意的教育，都应得到肯定和尊重。在此基础上，政府相关部门应秉持公平正义原则和市场原则，根据经济和社会发展需要以及公共服务的需求，依法制定相应政策，采取必要措施，支持营利性民办高校健康有序发展，以弥补公共教育资源的不足。可以为营利性民办高校留足合理的发展空间，并赋予其更大的办学自主权，也可以通过政府购买服务和以税收优惠等方式给予营利性民办高校相应的支持。其中，尤为重要的是，要一视同仁对待营利性学校的师生员工，确保其与非营利性学校的师生员工享有公平的政治地位和社会待遇。

　　鼓励营利性民办高校发展，既是国家法律所允许，也是相关政策所支持的。当然，现有法律和政策还不完善，还需要具体政策的配套和支撑，才能更具操作性。《国务院关于鼓励社会力量兴办教育促进民办教育健康发展的若干意见》中提出："对非营利性民办学校还可以采取政府补贴、基金奖励、捐资激励等扶持措施"，可以看出对非营利性民办学校和营利性民办学校给予扶持方式和力度有所区别。这里实际上也透露出政府鼓励和支持非营利性民办高校发展的导向和措施。

　　截至目前，仅有少量民办教育企业通过并购重组的方式曲线登陆 A 股，尚未有一家民办教育企业在 A 股实现 IPO。这既有旧有的教育法律法规框架下对民办教育的非营利性的定位带来的障碍，也在于民办高校组织机构本身所缺失的要素。实际上，过去在这方面也曾经做过一些尝试，例如启德教育（广东启行教育科技有限公司下的留学服务品牌）试图借壳神州数码 A 股上市案例中，中国证监会并购重组委否决了神州数码的发行股份购买资产并募集配套资金方案，理由之一即为"申请文件对标的资产的持续盈利能力披露不够充分，不符合《上市公司重大资产重组管理办法》（证监会令第 127 号）第四十三条有关规定"，而上述法规的第四十三条即规定了上市公司发行股份购买资产，应当符合"上市公司发行股份所购买的资产为权属清晰的经营性资产"等。A 股本身对拟上市企业合规性及财务指标的高要求，以及 A 股审核政策的多变性，也在一定程度上阻碍了民办教育企业以 IPO 的方式直接登陆 A 股。而《民办教育促进法》新法第十九条规定的"民办学校的举办者可以自主选择设立非营利性或者营利性民办学校","营利性民办学校的举办者可以取得办学收益,学校的办学结余依照公司法等有关法律、行政法规的规定处理"和"民办学校取得办学许可证后,进行法人登记,登记机关应当依法予以办理"等条款才真正承认了营利性的民办教育企业,由此为民办教育企业登陆A股带来了一线曙光。现时对于民办高校上市A股,相关政策还是空白,但是鉴于目前政府的政策导向,估计相关政策的出台也是指日可待的。

(二) 完善分类管理法规,破除民办高校公司上市的法律障碍

一方面,《民办教育促进法》新法颁布时间不长,配套政策出台缓慢。《民办教育促进法实施条例》虽经教育部、司法部多次讨论,并经国务院常务会议原则通过,但是半年多时间过去,仍未公布,说明分歧的存在并且争论非常激烈。同时,整个营利性民办高校上市的政策体系极其短缺。另一方面,对于民办高校上市及监管的专门法律法规基本空白,而对于营利性民办高校在国内上市的相关法律法规修订和完善尚鲜有人员涉猎。

上市是营利性民办高校运作的重要路径,允许举办营利性民办高校,也就不应该禁止民办高校上市。有鉴于此,政府部门应该增强工作的迫切性和重要性的认识,从贯彻落实《民办教育促进法》、深化国家办学体制改革的高度,来加快营利性民办高校的发展政策,推进民办高校上市政策的制定,加快完善分类管理的实施细则,理顺关系,完备规章,满足部分民办高校健康平稳上市的需求,降低民办高校上市的风险。一方面,在《民办教育促进法》新法的基础上支持营利性民办高校的发展;另一方面,从政策上规制和指导部分民办高校合理合法上市融资,促进更多的社会资源投入高等教育,满足社会接受高等教育的选择性和个性需求。对于民办高校境外上市,实际上也会存在成本高、监管难、风险高等问题,与其遥不可控,不如就近监管来的务实,并且由于教育的特殊性质,需要管理部门严格规制。因此,建议加快相关政策体系的制定和完善,为民办高校上市创设宽松、稳定、合法的环境。

当前上市民办高校的制度建设,首先是要明确上市民办高校的性质。上市民办高校到底是营利性质的还是非营利性质的?这个问题至今没有政

策明确，长此以往必然会酿成大问题。笔者认为，上市民办高校不论采用什么架构，都应该是营利性民办高校。但是目前许多上市民办高校还混在非营利民办高校队伍中，有的还在享受政府对非营利民办高校的补贴，甚至还有的上市民办高校将政府补贴充抵上市利润或亏损，这是很不合理的。结合国外私立大学上市的相关研究，我们认为应该尽早明确上市民办高校属于营利性民办高校。我国现有法律还不明确，需要尽快发文，明确性质。二是要尽快明确如何实施营利性民办高校设置审批问题。新修订的《民促法》除了禁止义务教育阶段新设或转设营利性民办学校外，法理上以"负面清单"方式开放了其他各级各类营利性教育的准入领域及范围，同时明确了对各级各类营利性民办学校都要实行前置许可制度。但是，原有国家教委印发的《民办高等学校设置暂行规定》已经废止，而现有民办高等学校建校设置简单套用公办院校设置标准，既不公平，也难实施。此外，不同于非营利性民办高校的监管制度已经相对比较健全，而营利性民办学校的日常管理和监督制度，目前还极不完备，亟待建立健全。三是要梳理营利性民办高校国内上市的法律关系，抓紧试点营利性民办高校国内上市问题。既然不禁止国外上市，不如规范国内上市。既可以减少上市开支，也方便与上市以后的监管。当下民办高校上市的国内法律还不完备，对于许多民办高校采用 VIE 方式在香港上市，政府既缺乏准备，也没有管制工具。尤其需要强调的是，目前上市的高校概念股并非高校直接在香港教育所挂牌上市，而是通过协议关联的香港壳公司挂牌上市，旗下高校仅通过协议与该公司关联。这种结构存在内地管理公司、香港壳公司、海外公司、离岸公司、相关投资公司等诸多关联方，但能受到国家工商部门监管的仅是其内地管理公司，而且公司并不直接提供学历教育，而仅仅提供教育管理咨询，大量资金外流。另外，最终的上市公司并非内地的管理公司，而是香港的壳公司。一方面公司本身仅负责对内地教育投资；另一方面上市公司不受内地金融证券机构监管。受到国家法律监管的只有主体高校和内地管理公司。这就要求教育主管部门需要和工商、金融、证券等部门加强联动，进一步健全法律法规对相关高校和管理公司办学经营行为的监管。只有教育、工商、金融等多部门联动协调，进一步健全法律法规对相关高校和管理公司办学经营行为的监管，才能保证民办教育新政顺利实施、维护学校办学稳定和健康发展。

（三）加强过程监管，规范上市民办高校的办学行为

制度并不能够替代监管。任何事情都有两面性，民办高校上市也是这样，既有对民办高校发展的正面作用，也可能带来负面的办学行为。社会各界既要认识到，民办高校上市在增加社会投入、筹措办学资金、增强民办高校竞争力、形成公平竞争机制、提高办学效率和效益、增强适应市场能力等方面可能带来的优势，也要实事求是地评价和合理判断民办高校上市的作用，更要注意到民办高校上市可能带来的负面效应。诸如高收费、乱收费、多招生、乱招生、高利润、低成本、重利润、轻教学等问题。民办高校上市张扬了民办高校的市场性质，但是决不能违背教育规律，降低民办高校的办学要求，这是由教育的性质决定的。

理论上讲，上市民办高校的管理比非上市民办高校更加规范和严谨，但是这里指的是民办高校的行为符合上市公司的规定而言，实际上还需要具体而定。例如，目前许多上市公司的治理，家族化更加明显。而对于上市民办高校的办学行为，诸如人才培养质量、科研和学科建设、师生的权益保障等问题，本身就不属于证券法律法规管制的范围，实际工作中就容易忽视甚至边缘化。这既是民办高校公司与一般企业公司的区别所在，也是政府监管的理由和依据。当然，对于上市民办高校的运作，政府也有监管的责任。其实，高校无论公办民办，都是为国而办，都应该自觉地贯彻落实党的教育方针，自觉地把教书育人放在首位。政府应该加强上市民办高校的质量监管和办学行为监管，使之符合教育规律和国家对教育的要求，坚持社会主义的办学方向，坚持立德树人，培养可靠的社会主义接班人和合格的社会主义现代化建设者。

当前对政府对上市民办高校的监管问题，应突出在三个方面：一是如何保障上市民办高校的教育质量问题。从国外营利性民办高校实际运营情况看，营利性民办高校与其他市场主体一样，或多或少都存在追求"短平快"和过度逐利等问题，自觉不自觉地将会导致其刻意减少教学投入，尽可能降低办学成本，以实现投资效益最大化，从而损害教育教学质量。二是如何促进营利性民办学校规范办学问题。现实中，一些营利性教育机构为了多招生、招好的学生，存在夸大招生宣传、强化应试导向、滥发学业证书乃至无证无照办学等失范现象，造成了不良社会影响。有的营利性或准营利性民办学校在办学中，更是出现了挪用学费、抽逃资金、灰色交

易等违法或违规套利行为,严重侵害了学校法人财产。上述种种问题,既有悖于社会公序良俗,也有损于教育的公益属性,都不同程度损害了广大受教育者的合法权益,亟待采取制度性措施加以有效规制。三是师生权益保护问题。由于上市民办高校公司对办学利润存在无底线的追求,引发上市民办高校不惜损害师生的正当权益。比如教职员工的工资福利待遇,有的上市学校董事长和校长(总经理)的酬金占比太高,而广大教职员工的工资和福利得不到保证;有的举办者强烈呼吁政府要给予民办高校教师与公办教师一样的公平待遇,而校内分配中民办高校教师酬金与公办高校教师之间的巨大差距却熟视无睹,视而不见,教师流失率高攀,教学秩序不稳定,教学质量从何谈起!因此,政府应该关注这些问题,做好"娘舅",主持公道,保证公平,落实好教师待遇,保证师生员工的权益不受损害。

(四) 坚持办人民满意高等教育的宗旨,努力提升教育质量

上市民办高校的办学质量,如同企业上市的产品质量。尤其我们是在社会主义条件下办民办高校,更要把办人民满意的高等教育作为办学和上市的根本,努力提升办学质量,这也是上市民办高校得以可持续发展的利益所在。

上市民办高校作为学校,首先是要尊重教育规律,把人的培养质量置于学校最高目标。学校是培养人的,不像企业生产产品。产品坏了成为次品和废品,但是如果人的培养成为次品和废品,那就会影响学生一辈子,这是不能允许的。因此,国家强调营利性学校也要坚持教育的公益性,始终把人的培养放在第一位,努力提高人才培养质量。

在上市民办高校,客观上存在利润和质量之间的矛盾。对于民办高校来说,其自身背负着上市公司的盈利压力,目前 VIE 上市公司,实际上盈利能力主要靠民办高校,深入一些说,主要靠学费收入。如若资本均投入在教学质量上,利润就会降低,回报就可能会慢,马学雷对此表示[①]:我们不否认营利性民办高校的盈利需求,但既然在做教育,那这种盈利就必须还要遵循教育规律,要加大投入提升教育质量;比如目前发展势头良

---

① 王语嫣:《资本能让民办高校教学质量腾飞吗?并非万能,尚需时间检验》,《蓝鲸财经》,2018 年 12 月 10 日。

好的民办教培机构新东方、好未来等，在教学研发上投入相当大，如大数据、云计算、双师课堂等。从年报上看，利润率一般在15%左右，如果动辄50%的利润率，这种吃"计划"饭的方法长久不了。相信，随着人口红利、城市化红利和高等教育大发展红利的逐渐消失，民办高校相应会在盈利与增质的权重上不断进行调整转型。

（五）做好服务，防范民办高校的上市风险

民办高校上市，既有较好的经济效益和社会效益，也有许多不确定的风险。同时，教育经济不是简单的经济行为，上市民办高校也不同于上市企业，学校的质量将影响人的一生，所造成的损失是无法弥补的。因此，有必要加强上市民办高校的风险检测，防范上市民办高校的办学风险。

首先，要加快治理理念的更新，探索符合我国民办高校发展规律的现代大学治理体系。一是完善和创新"董事长领导下的校长负责制"，厘清权利职责，明确办学责任。同时要根据《民办教育促进法》新法的要求，建立和健全监事会，建立完善监督机制，发挥其在重大投资及改革中的核心决策作用。完善选任制度，优选提拔校长，并给予校长独立开展日常工作的执行权。创新党委参与民办学校的管理决策机制，不断加强党委在民办高校治理体系中的政治堡垒作用。二是建立民办高校信息公开制度。民办高校信息公开包括学校的办学信息、组织结构、财务预决算等信息的公开。在证券市场上市的民办高校企业需要向投资者定期公开学校有关信息，这些信息同样需要向教职工公开，以保障教职员工对于学校运作的知情权，也便于教职员工参与学校重大事项的讨论和发表意见。三是建立民办高校企业投资风险预警机制。在学校内部设立风险决策委员会等决策咨询机构，对教育投资、企业并购、业务变更等重大活动进行风险评估，并提出有针对性的预警机制和应对方案。特别是财务风险的监控，学校要自觉接受政府和第三方的评估考查，防止股票市场动荡对学校日常教学带来不利影响。

健全办学风险预警、防范及干预机制。从政府角度来说，重点要抓好三方面工作[①]：一要建立政府部门间联动机制，加强对上市民办高校不规范办学行为的监管和治理，其中尤其要适时建立举办者变更行为的前置审

---

① 参见董圣足《营利性民办学校治理体系的构建与完善》，《教育与经济》2018年第3期。

查和事后报备制度。二要建立上市民办高校财务运行状况监测及财务风险预警机制，综合运用学费专户监管、经费预决算报备以及经济合同审计等一系列措施，统筹治理上市民办学校中可能存在的各种利益输送、关联交易和灰色套利问题。由于当前上市民办高校大多在境外上市，这些在上市公司原本不存在的问题却有可能在上市民办高校中产生和存在，需要引起重视。三要切实加大对各种失范办学行为的查处及惩戒力度，特别是针对举办者抽逃出资、挪用办学经费、侵犯教职工权益、侵害法人财产和恶意规避税收等行为，相关部门要依法严格进行查处，情节严重的要追究当事人法律责任。

（六）重视中介及行业组织建设，发挥社会多方共同监管功能

随着营利性学校规模不断扩大，特别是营利性职业培训机构数量较多、分布较广的现状，使得政府缺少相应的资源和能力进行管理，因此中介机构及行业组织便在一些国家及地区营利性学校的设置准入、过程监管、质量保障等方面，起到了不可替代的作用。譬如，美国有多个独立的非营利性教育认证机构，接受营利性学校办学质量的评估并确认营利性学校所报告情况的真实性和可信性。这些认证机构对营利性学校的评鉴管理有详细的操作规范，这些规范不仅要求教育机构自律，而且认证协会还将定期进行督导，以确认教育机构的自律是否到位。此外，一些国家及地区还通过中介组织对营利性学校实施教师资格认证制度。如在教师准入方面，美国一些州政府教育当局一般对营利性大学教师都实行资格证书制度，规定教师任职通常必须持有教师执照，且在学历学位方面有一定要求，并具体交由相关中介机构进行资格认证。

当前我国正在深化"放管服"改革，以行业协会机制促进教育行业内部的良性竞争和健康发展，也是非常值得探索的一个课题。分类管理促进了我国高等教育的多样化发展，肯定了营利性学校的合法性，也意味着这些高校将以公司形式运行，更多受到市场的影响。从国际经验看，具有高度自律性质的高等教育行业组织对这些营利性高校进行保护和规范，是替代或补充传统政府管理模式的良好机制。例如，美国高等教育认证理事会（CHEA）、美国大学协会（AAU）、美国社区学院协会（AACC）。这些机构有明确的入会门槛，通过与会员单位、社会、政府之间的良性互动，形成一种独特的机制，影响政策制定和学校治理，是美国高等教育自

治的独特优势。在新《民促法》鼓励社会力量办学的背景下，亟待建立社会性治理的新型管理体制。一方面，政府的角色由原先的主导向"指导"转变，由限制向"扶持"转变；另一方面，进一步贯彻"简政放权"的精神，赋予行业协会更大的活动空间。鼓励不同层次、不同类型的民办高校组成若干行业组织，发挥社会治理在民办高校内部治理现代化中的重要作用。以行业组织的机制实现不同民办高校，特别是民办高校企业之间的制衡，保护、约束行业组织内会员单位的良性竞争，防止因盲目并购和扩张导致行业整体的发展失衡。

第八章

贯彻落实《民办教育促进法》地方新政研究报告

2016年11月2日,全国人大常委会三审通过《民办教育促进法》(修订案)。为了更好地贯彻落实,国家层面出台了一系列法规文件,同时,相关部门根据各地民办教育发展的情况,要求各地出台相关地方政策,保证《民办教育促进法》新法的贯彻落实,地方新法由此而生。

一 地方新政制定的背景

本报告所研究的"地方新政",特指全国人大常委会审核通过《民办教育促进法》修订案以后,各省市区出台的贯彻落实《民办教育促进法》,推进实施分类管理的地方政策。

根据民办教育发展实际,为了厘清民办教育发展关系,进一步鼓励社会力量参与投入举办民办学校,扫除政策障碍,稳定投入信心,全国人大常务委员会于2015年12月和2016年11月,分别对《教育法》和《高等教育法》进行了一揽子修订,删除了这些法律中"教育不得以营利为目的"的相关内容。2016年4月18日上午,中共中央总书记、国家主席、中央军委主席、中央全面深化改革领导小组组长习近平主持召开中央全面深化改革领导小组第二十三次会议并发表重要讲话。会议审议通过了《关于加强民办学校党的建设工作的意见(试行)》和《民办学校分类登记实施细则》,标志着中央大政方针已经明确。11月7日,第十二届全国人民代表大会常务委员会第二十四次会议经过三次慎重审议,通过了《关于修改〈中华人民共和国民办教育促进法〉的决定》,允许举办营利性民办学校,实施民办学校的分类管理。至此,对于民办学校可否营利的争论告一段落,《民办教育促进法》新法正式颁布实施。

本次《民办教育促进法》修法，共有 16 项修订，修改了 15 个条文。其中，第一章增加一条，作为第九条，即"民办学校中的中国共产党基层组织，按照《中国共产党章程》的规定开展党的活动，加强党的建设"，且删除了第五十一条和第六十六条；修改后的《民办教育促进法》决定对民办学校实施分类管理，允许社会举办义务教育以外的营利性民办学校，并对营利性民办学校设立的范围、举办者管理权、举办者对剩余财产的权利、师生权利、扶持政策、非营利性民办学校的税收和用地优惠等进行了相应的说明。这些规定，一方面为营利性民办学校的发展留出了空间，营利性民办学校在义务教育阶段之外的学段取得了合法的身份，另一方面也进一步提出了支持非营利性民办学校发展的具体措施，明确政府支持非营利民办学校发展的政策导向；此外，修改后的《民办教育促进法》也对民办学校的规范办学做了进一步的说明，对于民办学校擅自分立、合并，非法颁发或者伪造学历证书以及管理混乱等行为，依法视情节轻重进行处理。情节严重，构成犯罪的，依法追究刑事责任。同时，明确此决定自 2017 年 9 月 1 日起施行。从法律上决定对民办教育实施分类管理，允许举办营利性民办学校，这一创举开辟了营利性办学在中国的合法性，颠覆了几千年来中国"教育不得以营利为目的"的传统，成为世界上少数在法律上允许社会举办营利性民办学校的国家之一。

对民办学校实施分类管理，意味着我国民办教育制度需要重建。《民办教育促进法》新法颁布以后，国家层面开始了积极的顶层设计。相关制度密集出台。

2016 年 12 月 29 日，中共中央办公厅印发了《关于加强民办学校党的建设工作的意见（试行）》（中办发〔2016〕78 号，以下简称《意见》）。《意见》强调了民办学校党建工作的重要性和紧迫性，明确了民办学校党的建设的目标、任务，要求充分发挥民办学校党组织在保证政治方向、凝聚师生员工、推动学校发展、引领校园文化、参与人事管理和服务以及加强自身建设等方面的政治核心作用；要求推动党的组织和党的工作有效覆盖；规定健全党组织参与民办学校决策和监督的机制，推进党组织成员进入学校决策层和管理层。此外，《意见》还对民办学校党员的发展及教育管理工作、思想政治教育和德育工作等作了规定。《意见》的出台，使得民办学校的党建工作进一步得到重视，对指导、规范民办学校的健康发展具有重要意义。

同日，《国务院关于鼓励社会力量兴办教育促进民办教育健康发展的若干意见》（国发〔2016〕81号）（以下简称《若干意见30条》）正式颁布。《若干意见30条》的内容包括七个方面三十条规定，明确提出要加强党对民办学校的领导，创新体制机制并完善扶持制度，同时加快现代学校制度建设。通过多方努力，做到两个提高：提高教育教学质量，提高管理服务水平。《若干意见30条》还提出对营利性和非营利性的民办学校进行分类管理并建立差别化政策体系，其中能否对学校办学结余进行分配是区分两者的一个重要方面。此外，对于两类学校的财政扶持、税收、用地、收费、学生资助、师生权益以及学校办学自主权方面都进行了更为详细的规定和区分，建立了差别化扶持体系。办学准入条件放宽、办学融资渠道拓宽以及多元主体合作办学探索等，有助于吸引社会力量兴办教育，而财政扶持、同等资助政策、税收优惠等激励政策以及差别化用地和分类收费政策等有助于社会力量参与办学。

2016年12月30日，教育部、人力资源社会保障部、民政部、中央编办、国家工商总局共同印发了《民办学校分类登记实施细则》（教发〔2016〕19号），教育部、人力资源社会保障部、国家工商总局三部门还同时印发了《营利性民办学校监督管理实施细则》。这两份配套细则的出台，使得民办学校的分类管理进一步细化、可操作化。前者共六章十八条，针对民办学校设立的依据、条件及其审批进行说明；批准设立的非营利性民办学校根据不同的条例登记为民办非企业单位或事业单位，且不同层次的非营利性和营利性民办学校分别由不同部门分类登记，指明了登记的内容以及由谁登记的问题；并对变更注销登记、现有民办学校分类登记等进行了规定。后者共九章五十八条，着重解决举办营利性民办学校的组织或个人应具备的条件以及如何设立的问题；营利性民办学校的组织机构包括董事会、监事（会）、行政机构、党组织、教职工（代表）大会和工会；且对营利性民办学校的教育教学、财务资产、信息公开、变更与终止、监督与处罚等内容进行了详细的规定。

以上文件，构成《民办教育促进法》新法为核心的1+4法规体系，体现了国家层面贯彻落实《民办教育促进法》新法、实施分类管理的顶层设计，也是地方贯彻落实《民办教育促进法》的基本依据。

地方新政是我国民办教育的重要发展内容。由于我国幅员辽阔，各地经济和教育发展不平衡，对民办教育发展的需求也不一样，因此，适当留有地方政策制定空间，鼓励各地政策创新，因地制宜发展民办教育，是我国改革开放以来国家民办教育政策的一大亮点。我国民办教育类型多样、功能定位和发展阶段区域差异性大，客观上有着政策诉求的差异性。各地颁布出台适合地方民办教育发展的政策法规，从实际出发，采取切实有效措施，推动和支持民办教育发展，收到了良好的效果，形成了民办教育发展的地方特色，如广东特色、陕西特色、浙江特色和江西特色等。因此，《民办教育促进法》新法颁布以后，有关部门就要求各省市区人民政府加紧工作，尽快制定地方政府贯彻落实《民办教育促进法》新政。

根据有关部门的工作部署和要求，截至2019年6月，距离《民办教育促进法》新法颁布已经两年半的时间，全国除新疆以外的各省市区已全部出台地方性政策。

表8–1　各省市自治区贯彻落实《民办教育促进法》新法地方行政颁布一览

序号	政策名称	出台时间	有无配套	过渡期至
1	辽宁省人民政府关于鼓励社会力量兴办教育促进民办教育健康发展的实施意见	2017-09-30	无*	无*
2	安徽省人民政府关于鼓励社会力量兴办教育促进民办教育健康发展的实施意见	2017-10-17	无	2022年底
3	甘肃省人民政府关于进一步促进民办教育健康发展的实施意见	2017-11-08	无	无
4	天津市人民政府关于鼓励社会力量兴办教育促进民办教育健康发展的实施意见	2017-11-20	无	无
5	云南省人民政府关于鼓励社会力量兴办教育促进民办教育健康发展的实施意见	2017-12-18	无	2021-11-7
6	湖北省人民政府关于鼓励社会力量兴办教育促进民办教育健康发展的实施意见	2017-12-20	无	2020-9-1
7	浙江省人民政府关于鼓励社会力量兴办教育促进民办教育健康发展的实施意见	2017-12-16	有	2022年底
8	上海市人民政府关于促进民办教育健康发展的实施意见	2017-12-26	有	2021-12-31
9	河北省人民政府关于鼓励社会力量兴办教育促进民办教育健康发展的实施意见	2017-12-31	无	2022-9-1
10	内蒙古自治区人民政府关于鼓励社会力量兴办教育促进民办教育健康发展的实施意见	2018-01-02	无	2023-8-31
11	陕西省人民政府关于鼓励社会力量兴办教育促进民办教育健康发展的实施意见	2018-01-14	无	2022-9-1

续表

序号	政策名称	出台时间	有无配套	过渡期至
12	河南省人民政府关于鼓励社会力量兴办教育促进民办教育健康发展的实施意见	2018-02-02	无	2022年底
13	海南省人民政府关于鼓励社会力量兴办教育促进民办教育健康发展的实施意见	2018-02-09	无	2022-8-31
14	江苏省人民政府关于鼓励社会力量兴办教育促进民办教育健康发展的实施意见	2018-02-22	有	2020-12-31
15	青海省人民政府关于鼓励社会力量兴办教育促进民办教育健康发展的实施意见	2018-02-27	无	无
16	广东省人民政府关于鼓励社会力量兴办教育促进民办教育健康发展的实施意见	2018-04-24	无	无
17	山东省人民政府关于鼓励社会力量兴办教育促进民办教育健康发展的实施意见	2018-05-30	有	2022-9-1
18	宁夏回族自治区人民政府关于鼓励社会力量兴办教育促进民办教育健康发展的实施意见	2018-05-21	无	2022年底
19	重庆市人民政府关于鼓励社会力量兴办教育促进民办教育健康发展的实施意见	2018-06-01	无	2022-9-1
20	江西省人民政府关于鼓励社会力量兴办教育促进民办教育健康发展的实施意见	2018-06-29	无	2022-9-30
21	广西壮族自治区人民政府关于鼓励社会力量兴办教育促进民办教育健康发展的实施意见	2018-07-02	无	2022-12-31
22	山西省人民政府办公厅关于支持和规范社会力量兴办教育促进民办教育健康有序发展的若干意见	2018-07-11	无	5年之内
23	贵州省人民政府关于支持和规范社会力量兴办教育促进民办教育健康发展的实施意见	2018-07-16	无	无
24	西藏自治区人民政府关于促进民办教育健康发展的实施意见	2018-08-13	无	2020-9-1
25	中共吉林省委 吉林省人民政府关于鼓励社会力量兴办教育促进民办教育健康发展的实施意见	2018-08-17	无	2022-9-1
26	四川省人民政府关于鼓励社会力量兴办教育促进民办教育健康发展的实施意见	2018-09-17	有	2022-9-1
27	北京市人民政府关于鼓励社会力量兴办教育促进民办教育健康发展的实施意见	2018-11-23	无	无
28	湖南省人民政府关于鼓励社会力量兴办教育促进民办教育健康发展的实施意见	2019-01-22	无	2022-8-31

续表

序号	政策名称	出台时间	有无配套	过渡期至
29	黑龙江省人民政府关于鼓励社会力量兴办教育促进民办教育健康发展实施意见等3个文件的通知	2019-02-26	有	2022-9-1
30	福建省人民政府关于民办教育分类管理改革的通知	2019-06-21	无	2022-12-31

说明：*这里注明的"无"是指文件未同时下发配套文件；后面的"无"是文件指未设置过渡期。有的地方在后续配套文件中明确了过渡期，这里未统计。

二 地方新政制定的特点

研究分析各省市区贯彻落实《民办教育促进法》新政制定工作，具有如下特点（这里仅就主体文件的内容分析，有的省市后续配套文件未包括）。

（一）文件层次较高

本次贯彻落实《民办教育促进法》地方新政，除了山西省以省政府办公厅名义发文外，其余均为省政府直接发文，而吉林省以中共吉林省委和吉林省人民政府联合发文的形式，更是独一无二，体现了各地党委政府的重视。在发文的题目上，各地大多是"关于鼓励社会力量兴办教育进一步促进民办教育健康发展的实施意见"。但是也有例外，如甘肃省是以"关于进一步促进民办教育健康发展的实施意见"的题目发文，上海市和西藏自治区是以"关于促进民办教育健康发展的实施意见"发文，重庆市以"关于进一步促进民办教育健康发展的实施意见"发文，山西省以"关于支持和规范社会力量兴办教育促进民办教育健康有序发展的若干意见"发文，而福建省则是以"关于民办教育分类管理改革的通知"发文。从这些文件的题目中，我们也可以看出地方政府在制定地方新政的努力和个性特点。

（二）出台时间不一

根据国家教育督导的要求，各地应该在国务院《若干意见30条》下发的一年之内出台地方落实文件，2017年初，教育部曾经发文，希望加快文件速度，保证法律实施的制度配套（教发厅〔2017〕1号），但由于各方面准备不足，思想认识也不够统一，加上民办学校分类管理改革的复杂性，各地实际出台时间差异很大。2017年9月30日，辽宁率先公布实施意见；2017年10月，安徽公布实施意见；2017年11月，甘肃公布实施意见；2017年12月，天津、云南、湖北、上海、浙江、河北等省市公布实施细则；2018年1月，内蒙古、陕西公布实施意见；2018年2月，河南、海南、江苏、青海公布实施意见；2018年4月，广东公布实施意见；2018年5月，山东公布实施意见；2018年6月，宁夏、江西、重庆公布实施意见；2018年7月，贵州、广西公布实施意见；2018年8月，吉林公布实施意见；2018年9月，四川公布实施意见；2018年11月北京公布实施意见；2019年1月和2月，湖南省和黑龙江省分别公布实施意见；2019年6月福建省公布实施意见。至此，除新疆外，全国30个省市区均已出台地方新政。

（三）过渡时间各异

民办教育分类管理，意味着民办教育发展政策的重构，因此，在实施新法的进程中，要有一个过渡期来安排制度的衔接，保证现有民办学校的平稳过渡。为此，绝大部分省市都安排了文件实施的过渡期。其中湖北规定原则上2020年9月1日前完成分类登记。云南规定2021年11月7日前全部实现分类登记。上海规定，在2021年12月31日前，主要进行高等学历教育的学校要完成登记工作，其他学校要提前一年即2020年12月31日前完成相关登记工作。海南规定2022年8月31日完成分类登记。湖南省规定2022年8月31日前完成分类登记工作。河北、陕西、山东、重庆、江西、吉林、四川规定2022年9月1日前完成分类登记。浙江、广西、河南、宁夏规定，在2022年底前完成各类民办高校的分类登记工作，其他学段则由各个市县根据实际情况具体制定工作进度。安徽规定民办高校须在2022年底前完成分类登记，其他学段由各市、省直管县决定。内蒙古规定，最晚2023年8月31日前完成分类登记，过渡期内没有做出选择的，默认为非营利性学校。江苏原则上要求2020年12月31日前完成分类登记，最晚不迟于2022年底。但是从已经公布的文本来看，还有辽宁、甘肃、天津、青海、广东、贵州等地没有明确过渡期，是否在另外文件中规定尚不明确。

（四）稳定现存民校

实施新法的关键是如何安排好现存民办学校。对此各地文件都做出了相关规定。如上海提出现有民办学校未及选择直接终止的也可获得补偿或奖励。安徽、湖北、内蒙古、陕西、河南、江苏、重庆明确出台政策，提出在返还举办者核定的出资额之后，在剩余资产中拿出一部分给举办者。重庆补偿额最高不超过 2017 年 8 月 31 日前举办者的累计投入；浙江、天津提出包括剩余资产在内的社会公共资产由所在地民办教育公益基金会托管等方式进行管理。辽宁、甘肃、安徽、云南、内蒙古、河北、河南、海南、青海、山东未明确具体补偿和奖励办法。

如何保护各方权益就是一个很重要的课题。辽宁、云南、青海、宁夏、浙江等地政策中，充分考虑历史和现实因素，强调要充分考虑保障民办学校受教育者、教职工和举办者的合法权益，确保民办学校分类管理改革平稳有序推进。广东提出按"一校一策"原则制定过渡工作方案，平稳有序推进分类管理。浙江提出法律实施前各地政府给予民办学校的协议和承诺继续有效。

（五）内容相对全面

从文件内容构成上看，各地新政基本涵盖了国家新政的主要内容，体现在：一是如何加强民办学校党的建设；二是涵盖财政扶持、准入领域、师资建设、融资以及土地优惠税费等在内的扶持举措；三是涵盖规范治理结构、加强学校资产和财务监管、收费以及其他规范办学等在内的治理举措；四是对分类管理改革过渡期设置、举办者补偿和奖励及推动平稳过渡的举措等。另据王慧英、黄元维的研究，25 个省市区的文件都涵盖了党的领导、分类管理制度、差异化扶持、政府管理和权益保障 5 个一级指标，说明文本的内容涵盖基本一致。当然，各地新政虽然内容较为完整，一些举措实现了创新和突破，但部分省份文件质量不高，文件过于简洁，内容多半缺失，成为"国家版本"的复制品。

三 地方新政的内容分析[①]

研究中我们运用数据分析软件，对 30 个省市区的"贯彻落实《民办

[①] 部分内容见潘琦《民办教育地方新政：突破、困局与走向》，《浙江树人大学学报》2019 年第 3 期。

教育促进法》新法地方新政"文本进行了研究。为便于分析,将相关数据绘制图表如下:

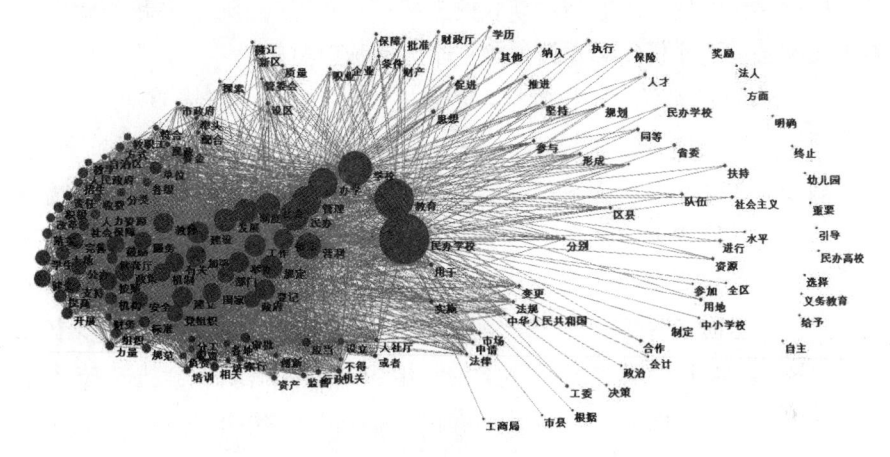

图 8-1 30 个地方新政高频词

说明:这是每个地区前 50 个高频词(圆点越大,出现的频次越高)的图谱,共现次数是≥10 次,也就是两个词同时出现在两个地区中达到 10 次,才会有连线。

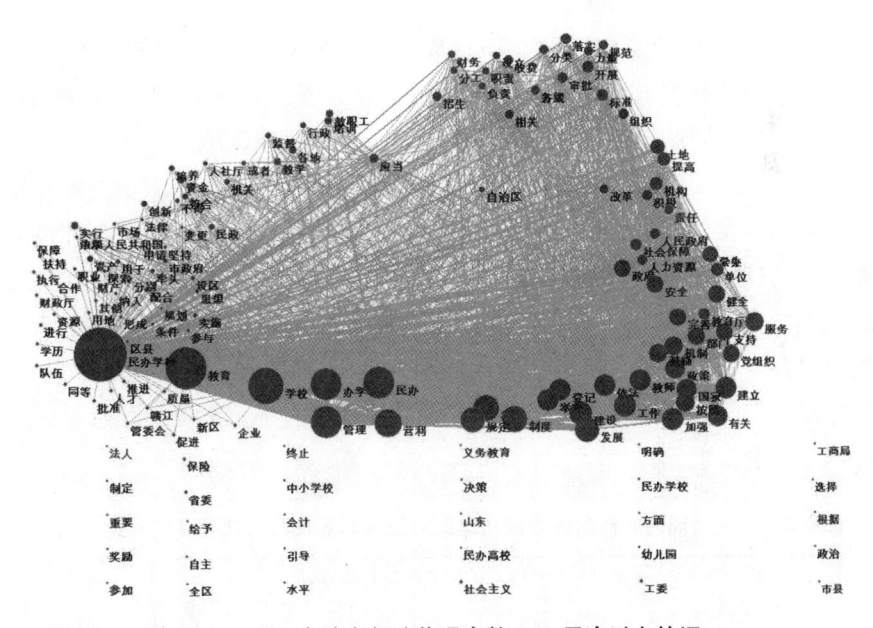

图 8-2 30 个地方新政共现次数≥20 目次以上的词

观察两个图表,结合各地文本和研究中的调研情况,可以看出各地新政的主要内容:

（一）民办学校党建工作制度框架得到明确

民办学校党建是国家新法新政的最新精神和重点领域，各地新政主要从人员配备、工作机制和建设保障三个方面加以突破。

1. 多渠道选派民办学校党组织负责人

向民办高校选派党委书记是加强党对民办高校领导的重要举措。民办本科高校抓住党委书记选派的重要契机，积极探索建立既能体现党委政治核心地位、又能发挥民办高校办学优势的领导管理体制，形成在党的领导下推动学校健康发展的有效机制。目前全国已有福建、河北、江西、湖北、陕西、上海、辽宁、广东、河南、云南、湖南、宁夏等20多个省（自治区、直辖市）建立了民办学校党组织书记派遣制度，挑选德才兼备、熟悉教育工作的党员干部到民办本科高校担任党组织负责人，兼任政府派驻学校的督导专员。

陕西省自2015年起在省属高校在职领导干部（一般为副职校领导，离退休尚有5年以上时间）中择优选派民办本科高校委派党委书记（督导专员）人选。新文件继续这一好做法，规定选派到民办本科高校任职的党委书记（督导专员）的在职领导干部，按现职正校（院）级对待，到高职院校的党委书记在原单位享受副厅级待遇；不转工资和行政关系，在原单位享受同职级待遇，不在任职的民办高校领取薪酬。

云南等8个省份明确了民办学校党组织负责人的产生办法，主要有教育行政部门及公办学校选派和民办学校内部产生两种渠道，其中吉林将选派民办高校党委书记、督导专员作为培养锻炼、考察选拔干部的重要途径，选派人选明确为公办高校50岁以下优秀正处级干部；上海制定《上海市民办高校党组织领导干部选拔任用暂行办法》，进一步推动了民办高校党建工作的制度建设；辽宁对民办高校专职团委书记配备及其待遇标准提出了明确要求。

表8-2　全国部分省市向民办高校选派党委书记兼任政府督导专员一览

省市	选派民办高校党委书记兼任政府督导专员	年份
江西	一次性集中向10所民办院校派遣党组织书记	2006
北京	市教育两委向民办高校选派了15名督导专员兼党建工作联络员	2008
天津	向天津天狮学院等选派天津商业大学原党委书记张志刚同志作为学院党委书记和市政府督导专员	2008

续表

省市	选派民办高校党委书记兼任政府督导专员	年份
辽宁	向每所民办高校选派一名党组织负责人兼任政府督导专员	2008
福建	先后选派23名干部到民办高校挂职，做学校的专职党组织负责人	2007
陕西	委任延安大学等5所公办高校各一位在职领导干部分别到西安培华学西安翻译学院、西安欧亚学院等学校担任党委书记	2016
山东	选派曲阜师范大学等5名省属公办高校的原党委书记、副书记，任齐鲁工学院、青岛工学院等5所民办高校任党委书记	2017
山西	省委组织部协调省直有关部门和部分省管高校从在职正处级以上党员干部中，为全省7所民办高校统一选派了党委书记	2017
黑龙江	黑龙江向17所民办高校派驻党委书记	2018
广东	广东省教育厅向首批16名民办高校督导专员颁发了聘书	2011

资料来源：根据网络收集整理。

2. 明确民办学校党组织运行机制

一是上海等省市明确党组织的职能，规定"涉及民办学校发展规划、重要改革、人事安排等重大事项，党组织要参与讨论研究，董（理）事会在做出决定前，要征得党组织同意；涉及党的建设、思想政治工作和德育工作的事项，要由党组织研究决定"，其中广东、青海等省份提出探索建立健全党组织与学校董（理）事会、监事会日常沟通协商制度和完善党政领导班子联席会议制度的要求。吉林省出台《民办高校党委书记（督导专员）考核办法（试行）》，规范民办高校党建工作年度考核制，规定每年第四季度统一组织民办高校党委书记述职评议考核。实行民办高校党建工作联系点制度，压紧压实主体责任，省委教育工委领导班子成员、相关部（处）负责人分别包干民办高校，定期调查研究、指导督促工作。二是江西等省明确党组织工作经费，规定上级党组织可全额返还民办学校的党费，海南、黑龙江等省份规定民办学校要在年度预算中列支党组织工作经费，江西指出地方政府可以给予民办学校党组织经费一定财政支持。在调研中发现，吉林省将全省民办高校基层党组织工作经费纳入省级财政预算，按每校每名党员每年200元标准列支。同时，还为基层党组织书记和党务工作者发放工作补贴，分别按每人每月200元、100元标准列支。吉林省委教育工委为每所民办高校党务干部培训补贴5万元专项经费，同时为每个党支部划拨2000元活动经费。上述举措虽然经费数额不大，但产生政策导向力量很大。

3. 完善党建工作保障机制

一是将党建纳入民办学校年检内容。安徽等 8 个省份还将党建纳入民办学校设立、评估考核、督导、管理监督、表彰奖励等环节，青海、湖南两省明确规定党组织建设有关内容要列入学校章程。二是制订党建专门支持计划。如上海提出制订实施民办高校党建和思想政治工作创新专项计划，吉林提出开展公办与民办高校结对共建活动，云南探索党建工作指导员等制度。

（二）民办教育扶持举措更加丰富、系统

实施分类管理，体现政府导向，各地力图建立完善的民办教育扶持体系，突破核心体现在财政扶持、鼓励社会力量进入教育领域、师资建设和土地税费优惠政策上。

1. 不断丰富财政扶持方式

公共财政扶持民办高等教育是深化教育体制改革的要求。《教育法》明确规定："企业事业组织、社会团体及其他社会组织和个人依法举办的学校及其他教育机构，办学经费由举办者负责筹措，各级人民政府可以给予适当支持。"然而，由于多种原因，长期以来，政府支持民办高校发展的长效机制并没有建立，更谈不上巩固。在本次民办教育政策制定中，各地完善了对民办高校的财政支持政策，加大了对民办高校的财政支持力度，并通过多种手段对民办高校予以资助，具体包括设立民办高等教育发展专项资金、完善补贴制度、建立民办高等教育发展基金、完善政府购买服务等多种方式（见表 8-3）。

表 8-3　　　　　　　　民办教育财政支持方式汇总

支持方式	地区	数量
设立民办教育发展专项资金	辽宁、甘肃、云南、天津、湖北、上海、浙江、河北、内蒙古、江苏、宁夏、江西、贵州、四川、黑龙江	15
设立民办教育发展基金	辽宁、安徽、甘肃、云南、上海、河北、内蒙古、陕西、海南、青海、宁夏、山东、重庆、江西、广西、山西、贵州、吉林、四川、黑龙江	20
纳入财政预算	辽宁、甘肃、云南、天津、上海、浙江、河北、内蒙古、陕西、河南、海南、江苏、青海、广东、宁夏、江西、广西、山西、贵州、四川、北京、湖南、黑龙江	23
政府补贴	辽宁、安徽、甘肃、云南、天津、湖北、上海、浙江、河北、内蒙古、江苏	11

续表

支持方式	地区	数量
购买教育服务	辽宁、安徽、上海、天津、浙江、河北、甘肃、云南、内蒙古、湖北、陕西、河南、海南、江苏、广东、青海、宁夏、重庆、江西、广西、山西、贵州、吉林、四川、北京、湖南、黑龙江	27

部分省市针对非营利性民办高校和营利性民办高校制定了差别化的财政支持政策，对二者进行区别对待。多省份规定，财政资金重点用于支持非营利性民办高校的发展。例如，辽宁省规定，财政扶持民办教育发展的资金重点用于支持非营利性高水平民办学校重点项目建设。江苏省规定，安排专项资金用于支持非营利性民办高校的发展。湖北省规定。通过政府购买服务等方式向民办学校购买普惠性教育服务时，同等条件下应优先选择非营利性民办学校。此外，个别省份规定了对营利性民办高校的财政支持方式，其中，辽宁省、河北省规定政府可通过购买服务方式对营利性民办高校给予支持。上海和贵州提出健全以招收进城务工人员随迁子女为主的民办小学办学成本政府补贴制度，海南对民办学校基本建设和设备购置贷款给予一定比例的贴息，山西对非营利性民办中等职业学校在实施学校基础能力建设、实习实训基地建设时与公办学校同等对待。陕西将民办高校专项基金从每年3亿元增加到4亿元。

2. 鼓励社会力量出资兴办教育

一是明确财政扶持政策，浙江等6个省份提出对非营利性民办学校的捐赠给予财政资金配套，明确了各级各类民办学校的补助标准。河南还对民间资金一次性投资规模较大的学校给予一定的资金奖励和人才支持，海南还对社会力量承担基本建设任务并引进优质高等教育资源的，给予一定比例贷款贴息和租金补贴，湖北、重庆等也提出贴息贷款政策。二是上海等8个省份通过探索建立教育发展投资公司或组建教育融资担保公司等方式，搭建教育投资运作平台，为民办学校提供贷款担保等服务，并探索以无形资产、商标权以及非教育设施抵质押贷款和营利性民办学校发行专项债券的办法。三是广东等6个省份通过支持"公办民营""混合所有""股份制""股权激励"等办学体制改革拓宽办学领域，其中重庆还尝试引入公益信托机制，引导教育基金会举办非营利性民办学校。四是江西等省份还提出社会力量参与的重点引入领域，如普惠性学前教育、职业教育、老年教育、社区教育等。

3. 推动民办学校高水平师资建设

一是所有省份确保民办学校教师和公办学校教师享有同等待遇，体现在工龄计算、职称评定、人事管理、培训、招聘、人才政策和退休后待遇等方面，辽宁等 6 个省份还对民办学校给教师购买年金或商业保险给予直接或间接的财政补贴。二是大部分省份都支持在编在岗公办学校教师流动到民办学校进行支教，并明确流动机制和办法，如浙江规定民办学校公办学校编制的教师最多不能超过 20%，公办教师累计任职、任教时间不超过 6 年，安徽、甘肃等省规定支教教师的公办教师身份、档案关系和社会保险等均保持不变，工龄、教龄连续计算。三是提高教师待遇，湖北等 6 个省份引导民办学校建立教师收入动态增长机制，上海、重庆等省市还探索教师从教奖励制度，广东还探索从教津贴制度，黑龙江探索民办学校教职工最低工资标准制度，湖北、广西提出探索服务师生的公募性质民办教育福利基金和困难教师救助机制，江西、广西还对党务、思想政治课教师及辅导员的收入提出了要求。

4. 明确部分税费优惠等政策

在各省市区按照《若干意见 30 条》要求制定的配套政策中，对民办学校的税收优惠项目进行了细化。各地在税收政策中优惠最多的项目是土地使用税、房产税、捐赠税，以及用水、用电、用气税费等，个别地区对不动产登记与过户、学费和住宿费、技术转让与技术咨询、教育服务等给予税收优惠（见表 8-4）。例如，辽宁、江苏规定，"举办者或出资者将所拥有的土地以原值过户到学校名下时，只收取工本费和登记费"。安徽规定，"出资人以不动产用于办学，原有不动产过户到民办学校名下且不属于买卖或交换行为的，免除办理过户手续中的行政事业性收费"。这些规定能够有效减少民办高校不动产过户中的阻力。天津市规定，"对符合税收政策规定条件的民办幼儿园提供的保育教育服务和从事学历教育的民办学校提供的教育服务免征增值税"（具体见表 8-4）。

表 8-4　　　　　　　　各地税收优惠政策情况汇总

优惠项目	地区	数量
土地使用税、房产税	辽宁、上海、浙江、安徽、河北、湖北、甘肃、内蒙古、江苏、天津、云南、西藏	12

续表

优惠项目	地区	数量
增值税	辽宁、上海、浙江、安徽、河北、湖北、甘肃、内蒙古、江苏、天津、云南	11
企业所得税	辽宁、安徽、甘肃、上海、天津、河北、西藏	7
捐赠支出税	辽宁、上海、天津、河北	4
用水、用电、用气税费	辽宁、安徽、甘肃、河北、上海、湖北、内蒙古、天津、云南、西藏	10
不动产登记与过户	辽宁、安徽、上海、云南、江苏、湖南	6
教育服务	河北、天津、江苏	3
技术转让、技术咨询	辽宁	1
学费和住宿费	江苏	1

大部分省份都规定涉及土地等法人财产权原值过户到民办学校时产生的契税、个人所得税等进行相应减免。重庆、江西等省还允许土地用途转变产生的补交款可以采取分期付款的方式；黑龙江明确提出土地出让金按时价定价。河北指出民办培训机构可以选择使用简易计税方法征收。辽宁规定，"民办学校提供技术开发、技术转让和与之相关的技术咨询、技术服务，符合相关规定的，免征增值税"。安徽规定，在办学中出资人用不动产办学，且原有的不动产在过户到民办学校名下时不属于买卖或交换行为的，免除办理过户手续过程中产生的行政事业性收费。甘肃规定，对于惠普性的民办幼儿园，其奖补资金从省学前教育的专项资金中支出；对于支持和捐助民办教育发展且具有一定影响力的组织和个人，给予一定的物质奖励或荣誉。天津针对符合规定的民办学校提供一定的政策扶持，对从事学历教育的民办学校提供教育服务免增值税。湖北采取措施为民办学校师生提供救助性福利保障，主要通过鼓励县级以上政府设立公募性质的民办教育福利基金会这一形式来提供救助性福利。浙江规定，省政府适当补助为教师缴纳事业单位社会保险的民办学校。陕西设立民办高等教育发展专项资金，每年拨款四亿元，支持和促进非营利性民办高校内涵式发展。

河南规定，市县政府专门安排资金支持民办教育发展。海南规定，登记为营利性民办学校的，无须补缴分类登记前减免的税收及规划建设相关费用。科研项目获得的财政拨款符合不征税收入条件的，不收企业所得税。江苏规定，非营利性民办学校根据税法相关规定获得免税资格后，对于民办学校所得的符合条件的收入免除其企业所得税。用于教学的土地、房屋免除契税等。重庆、四川、陕西、江西等省市提出满足条件的营利性民办学校可享受符合西部大开发或高新技术企业税收优惠政策。

5. 创新土地优惠政策

土地优惠是政府鼓励民办教育发展的重要的举措之一。2016年修订的《民办教育促进法》规定："新建、扩建非营利性民办学校，人民政府应当按照与公办学校同等的原则，以划拨等方式给予用地优惠。新建、扩建营利性民办学校，人民政府应当按照国家规定供给土地。"《若干意见30条》及各地配套政策中均明确未来非营利性民办学校按划拨方式供应土地，即不需要使用者出钱购买土地使用权，而是经国家批准无偿、无年限限制地使用国有土地。在国家层面文件精神带动下，多个省份细化了民办高校的土地使用管理办法，并对营利性民办高校和非营利性民办高校采取差别化政策，规定非营利性民办学校与公办学校享受同等土地优惠政策。山东、广东等省明确将民办教育用地纳入统筹规划，湖北支持长期租赁、先租后让、租让结合的土地供应方式，海南规定国际及国家的教育类非营利性组织在海南设立分支机构时享受非营利性民办学校同等用地政策。上海市等10个省市规定，民办学校建设用地按照科教用地管理。江苏省、浙江省和安徽省3个省份将民办高校用地纳入统一的土地使用规划。除江苏省之外的其余10个省份对申请改变土地用途做了规定，具体可以分为两类。上海等省市规定："土地使用权人申请改变全部或者部分土地用途的，政府应当将申请改变用途土地收回，按时价定价，重新依法供应。"这意味着民办学校改变土地用途以后，土地存在被收回的风险。湖北省规定："原来以划拨方式供地需要变更出让方式的，要对土地价值进行评估，补缴土地出让价款。"这一办法要求民办学校只需补交差价即可。此外，湖北省对社会力量利用闲置土地和房产办学做了规定。

此外，辽宁省、云南省规定，"校舍及附属性设施建设在报建立项、规费减免、水电气供给、环境保护等方面享受公办学校同等政策"。对于营利性民办学校的用地，9个省份做了相同的规定："营利性民办学校按照国家相应的政策供给土地，只有一个意向用地者的，可按照协议方式供地。"江苏省和湖北省规定，对营利性民办高校通过有偿使用方式供给土地。

表 8-5 民办教育土地优惠政策汇总

优惠项目	地区	数量
按照科教用地管理	辽宁、安徽、甘肃、云南、天津、湖北、上海、浙江、河北、内蒙古、吉林	11
纳入政府土地使用规划	辽宁、安徽、浙江、河北、江苏、山西、吉林	7
鼓励存量土地挖潜（盘活存量）	江苏、山西、吉林	3
划拨供应土地（非营）	辽宁、安徽、甘肃、上海、天津、浙江	6
改变土地用途	辽宁、安徽、甘肃、云南、天津、湖北、上海、浙江、河北、内蒙古	10
闲置土地、房产利用	湖北、吉林	2
新建扩建基础设施	内蒙古	1

6. 落实民办学校收费自主权

云南和内蒙古明确民办学校实施自主定价，湖北明确民办学校实行市场调节价，其他省份部分实行市场调节价或自主定价。辽宁规定，对于非营利性民办学校，中小学的收费由政府定价，其他类型的学校可自主定价。

安徽放开营利性民办学校收费和非营利性民办学校非学历教育收费，在试点基础上有序放开非营利性民办学校学历教育收费。民办义务教育阶段学校同等享受义务教育生均公用经费基准定额补助政策，民办学校在获取生均公用经费补助后，要等额减免在校学生学费。

天津选择部分非营利性学历教育民办学校进行市场化改革试点。"对已经具备充分竞争，且符合《中华人民共和国民办教育促进法实施条例》规定的民办非营利教育收费实行市场调节价。随着民办教育的发展和市场竞争条件的成熟，逐步扩大实行市场调节价管理的范围，直至收费标准完全由市场形成。"

浙江的分类定价机制更加开放。对于非营利性民办幼儿园的收费，幼儿园可根据市场情况自主确定；非营利性民办高校的学费和住宿费，根据市场进行调节。

江苏规定，营利性民办学校和除了幼儿园外的非营利性民办学校的收费均由各民办学校自主确定；对于非营利性民办学校的学历教育，则在试点的基础上有序放开部分学段。

青海规定，非营利性民办学校先实行政府定价（含政府指导价），条件成熟后再逐步过渡到实行市场调节价。营利性民办学校的收费则由学校自主确定，但要报价格主管部门备案。

其他省份收费方面的条款同《若干意见30条》。

7. 明确民办学校退出机制

退出机制是关系到民办高校全体师生员工利益的重大事项，退出时的剩余财产处置办法对社会力量举办民办高校的积极性有着重要影响。《若干意见30条》规定营利性民办高校和非营利性民办高校分别按不同办法进行剩余财产处置，并提到对非营利性民办高校出资者的补偿和奖励问题。

非营利性民办高校终止时，各地对其出资者的补偿和奖励办法的规定详尽程度不一。上海、江苏、浙江、安徽、甘肃、河北、辽宁、内蒙古自治区、云南、天津统一规定，新《民促法》公布前成立的民办高校，选择登记为非营利性民办高校后，退出时财产依法清偿后有剩余的，对其出资者予以补偿或者奖励，其余财产继续用于其他非营利性学校办学。江苏、浙江、安徽、云南和天津等在此基础上规定了民办高校退出时对出资者进行补偿的具体措施，指出根据出资者的申请，综合考虑出资、取得合理回报的情况及办学收益等因素，确定对出资者的补偿和奖励。湖北规定，2016年11月7日前设立的非营利性民办学校终止办学时，学校举办者在2017年9月1日前的出资可以归结为补偿或奖励的范围，在学校清偿后如有剩余资产，可以按照不高于经确认的出资额返还。还有剩余的，可以根据具体情况给予举办者学校净资产（扣除国有资产、捐赠、土地房产增值部分）的15%的奖励。

江苏还规定了补偿数额的具体计算方法，规定补偿数额为出资额及其增值，"增值按照清算当年中国人民银行5年期存款基准利率计算"。此外，江苏和湖北规定了对民办高校出资者的具体奖励办法。可见，在对出资者的补偿和奖励方面，大部分省份未做详细规定，只有个别省份在《若干意见30条》的基础上进行了细化。

各省地营利性民办高校退出时的剩余财产处置办法基本一致，普遍规定，营利性民办高校清偿后的剩余财产依照《公司法》和学校章程中的有关规定处理。例如，上海规定，营利性民办学校终止时，财务清算后有剩余的，应当按照《公司法》和学校章程的规定进行处理。甘肃省规定了营利性民办高校退出时剩余资产的具体分配办法，规定在剩余资产分配方面可按股东出资比例或持有股份的比例进行分配。

另外，安徽、湖北、上海、陕西四省明确了产权流转。安徽提出民办学校要实现连锁、联盟和集团化发展，可以通过采用兼并、收购和联合办学等方式。建立民办学校产权流转制度，规范举办者股权转让行为。产权流转要纳入所在地政府产权交易平台，规范操作。

8. 出台专项资金政策

据统计，目前全国有14个省市区落实了民办教育专项资金扶持政策。有的政策早先就有。在这次地方新政制定过程中，又继续坚持。其中，北京、重庆、江苏、福建、广东、云南、陕西等地明确设立"民办高等教育发展专项资金"，专门用于支持当地民办高校的发展。河南、湖南、贵州、上海、内蒙古等地区设立"民办教育发展专项资金"，用于支持当地民办教育发展。在经费支持上，陕西自2012年起每年由省财政列支3个亿用于全日制非营利性民办普通本科高等学校和高等职业学校。江苏、福建、云南、陕西、北京、重庆等地出台了民办高等教育发展专项资金管理暂行办法或实施办法。

江苏省2015年起每年设立民办高等教育发展专项资金2000万元，明确提出，用于支持非营利性民办高校的改革发展奖励及补助，奖励规范办学的民办高校。对办学条件较好，产权明晰，办学行为规范，办学声誉较好，坚持非营利性办学的民办高校给予奖励；支持民办高校改善办学条件、提升办学质量；建设民办高校公共服务平台。2017年江苏省政府办公厅下发《关于进一步激发社会领域投资活力的实施意见》，吸引更多社会资金进入相关产业领域。

福建省出台《福建省民办高等教育发展专项资金管理暂行办法》，支持民办高校整合重组。对通过整合重组，壮大办学实力，提升办学质量和水平的民办高校，予以奖励，用于整合重组后的学校内涵建设。支持民办高校购买紧缺人才培养服务。对民办高校举办的优质紧缺专业，安排一定生均培养费用的补助。

重庆市2016年起每年安排高等教育专项扶持资金5000万元，对各级各类学校按照每年生均500—2000元不等标准提供公用经费补助。对全市达标（含达标）以上全日制民办本科学校，按本科学生人数平均每人每年由市级财政补助2000元。重庆市财政扶持资金支持范围为重庆市实施全日制高等学历教育的民办普通本科高等学校（含独立学院）和民办高等职业院校，财政扶持资金由生均补助经费和以绩效为导向的发展专项资金两个部分组成。生均补助经费安排用于对民办高校日常运行开支进行补助；发展专项资金安排用于支持民办高校内涵建设，主要包括教育教学质量提升和改革，实习实训设施设备和科研活动开展，图书设备购置和教育信息化建设，师资队伍建设和高水平团队建设等。财政扶持资金坚持向办学中明确不取得合理回报的民办高校倾斜。

内蒙古自治区对民办高校生的均定额补助。对具有高等学历颁发资格的学校，办学水平和教育质量达到国家评估合格标准，完成当年度自治区下达学校招生计划的60%以上，学历教育在校生规模达到同级同类学校平均规模以上，年内无重大责任事故或未发生造成恶劣社会影响的违规办学行为，同时达到上述要求的，依据高等教育在校生人数，按照自治区直属高校财政生均拨款定额的10%给予经费补助。补助经费主要用于学校的学科建设和改善办学条件。

吉林省委、省政府每年专项安排6000万元财政资金用于支持民办高校的发展。

广东省自2005年每年拨款3000万元设立省级民办教育发展专项资金，用于资助和奖励民办教育，2017年提升到6600万元，其中用于民办高等职业院校奖补项目资金2100万元。同时，还设立了"创新强校工程"，民办高校同样可以获得财政支持。

陕西省财政从2012年起每年设立3亿元民办高等教育发展专项资金，重点用于民办高等教育公共服务和信息平台建设、师资队伍建设等方面。2018年起，省财政每年拨款4亿元列入预算用于民办高校的发展，响应陕西省建设一流大学、一流学科、一流学院、一流专业的"四个一流"政策号召，着力提高陕西省民办高等教育水平，打造一流民办高校。

2013年，安徽省委、省政府在《关于大力发展民营经济的意见》文件中明确规定其他民营经济组织（包括民办学校）与民营经济享受同等的八项优惠政策，包括税费减免、持续扩大有效信贷、拓宽融资渠道等政策，加大对安徽省民办教育扶持力度。

2016年山东省财政厅和省教育厅先后推出"山东省民办本科高等教育特色名校建设工程"和"山东省民办本科高校优势特色专业支持计划"，安排4000万元继续支持民办本科高校优势特色专业建设。同时，安排5400万元对办学成效显著、为社会培养高素质人才数量较多的民办院校给予奖励。

湖南省 2015—2018 年每年对优质民办教育资源建设的学校进行奖励，湖南科技大学潇湘学院、湖南师范大学树达学院、长沙医学院、湖南信息学院、长沙理工大学城南学院、湖南交通工程学院等多所学校受益。

福州市 2017 年民办高校发展专项资金 3000 万元，重点扶持非营利性高水平民办高校建设，共惠及福州外语（课程）外贸学院等 27 所民办高校，包括 8 所本科院校和 19 所专科院校。

上海市教委于 2009 年起探索实施民办学校教职工年金制度，鼓励民办学校参照企业年金制度为专职教师缴纳年金。从 2012 年起，上海市教委每年投入约 2000 万元财政专项资金，用于对民办高校青年教师和管理干部的集中培训，支持民办高校青年教师开展海外研修、产学研实践。针对民办高校教师待遇低的情况，2012 年就拟制定进一步提高民办高校专职教职工收入的指导性意见，将专职教职工收入与学校学费收入、办学结余挂钩，设定比例要求，并将这一比例作为核定学校政府扶持专项资金的重要依据之一。

上海市设立促进民办教育发展专项资金，专设民办高校内涵发展类专项资金，主要用于支持民办高校教育教学条件改善、学科专业建设和师资队伍建设等。其中对入选"上海高校青年教师培养资助计划"的教师，重点推荐人选资助标准为自然科学不超过 5 万元/人，人文社会科学不超过 4.5 万元/人；一般推荐人选资助标准为自然科学不超过 4 万元/人，人文社会科学不超过 3.5 万元/人。入选"上海高校中青年教师国外访学进修计划"的教师，高级研究学者资助标准为不超过 15 万元/人，访问学者资助标准为不超过 10 万元/人，核心课程进修资助标准为不超过 5 万元/人。入选"上海高校青年骨干教师国内访问学者计划"的教师，在上海高校访学的资助标准为不超过 4.5 万元/人，在其他省市高校访学的资助标准为不超过 5 万元/人。入选"上海高校教师产学研践习计划"的教师，资助标准为不超过 5 万元/人。

部分省市出台了对民办高等教育发展专项资金的管理办法，例如：陕西省 2012 年制定《陕西省民办高等教育发展专项资金管理暂行办法》，在专项资金的分配上采用因素分配法计算各民办高校的综合得分确定各民办高校应该获得的专项资金数额。浙江省 2013 年发布《支持市县民办教育发展专项资金管理办法》，对民办义务教育阶段省财政按上年市、县

(市）级民办学校举办者投入数的15%和上年市、县（市）财政对其他民办学校补助数的15%安排的预算资金以及中央财政未指定具体用途或项目的各类民办教育奖励性补助构成，在分配方式上同样采用因素分配法来确定奖补额。上海市出台了《上海市促进民办教育发展专项资金管理办法》《关于加强民办高等学校学费及政府扶持资金账户的通知》《关于做好上海市民办高等教育政府扶持资金申请工作的通知》等文件，建立了公共财政投入资金专户管理制度、财务监管平台和学费收入信息系统，便于掌握和监管专项资金的使用情况。表8-6是各省民办教育发展专项资金的有关统计。

表8-6　　　　　　　　部分省市民办教育发展专项资金

省市	年份	名称	范围	金额
吉林	2017	民办高校发展扶持资金	支持国家非营利性民办高校办学模式改革试点项目	每年6000万元
江苏	2015	民办高等教育发展专项资金		每年2000万元
福建	2015	民办高等教育发展专项资金	高等学历教育的全日制非营利性民办普通本科高等学校、高等职业学校，不包括独立学院和民办非学历高等教育机构	每年3000万元
山东	2014	专项财政经费		2014年：2000万元；2014—2015年：7800万元；2016年：9400万元
河南	2016	民办教育发展奖补专项		2016年：5000万元；2018年：8000万元
广东	2005	省民办教育发展专项资金	实施高等教育学历教育的民办学校	2005年起3000万元；2017年起提升到6600万元
云南	2015	民办高等教育发展专项资金	独立学院在内的所有云南民办普通本专科高等院校	每年8000万元
陕西	2012	民办高等教育专项资金	全日制非营利性民办普通本科高等学校、高等职业学校	2012年起每年3个亿，2018年起每年4个亿
重庆	2016	民办高校财政扶持专项资金		每年5000万元

9. 其他政策①

江西积极支持符合条件的民办高校举办研究生教育，申报授权单位和授权点。海南省提出高校招生计划向办学条件好、管理规范的民办高校适当倾斜，核减办学条件不足、管理不够规范的民办高校招生计划，形成招生计划激励学校发展的机制。重庆市提出年度新增招生计划向高质量有特色非营利性民办高校倾斜。支持独立学院转设为独立设置的民办本科学校，支持符合条件的民办高职院校升格为本科学校，支持有条件的民办本科学校申办硕士专业学位研究生教育。

辽宁规定，民办学校要依法保障教职工带薪休假的权利。

安徽明确民办学校党组织隶属关系、党组织活动经费和党务干部工作条件及待遇，思政工作四支队伍、四大阵地等。

云南推动辅导员职业化专业化，打通其职业发展和专业晋升通道。

湖北健全教师工资增长机制；鼓励各地建立公办、民办教师统一管理平台，统一管理教师人事档案。

浙江加强公办学校在编教师到民办中小学校任职任教管理。

河北规定，公办学校教师和民办学校教师一体规划、一体培养、一体建设。

陕西鼓励民办学校设立学校发展基金会。

河南明确教育项目和资金的评审评估评价要有一定比例的民办教育专家参加，用人单位招聘时，对民办学校学生与公办学校学生要一视同仁，支持民办本科院校申报硕士和博士学位授予单位。

海南规定，除国控专业，民办学校可自主设置、调整学科专业，民办高职可自主确定招生专业和范围。禁止有偿委托代理招生。

江苏规定，要从学校的管理层中挑选民办中小学、幼儿园的党组织负责人，符合条件的董事长、理事长、校长等管理者在经过上级党组织同意后也可以担任党组织负责人；要求民办高校配备专职学生辅导员和专职心理健康教育教师；设立民办高等教育发展专项资金，根据民办高校的办学绩效，对民办高校给予一定的综合奖补；条件成熟的民办本科高校可举办研究生教育；支持民办高校、中等职业学校根据规定引进优质国外教育课

---

① 王道勋：《地方政府落实新修〈民办教育促进法〉实施意见综述》，《黄河科技学院学报》2019年第1期。

程资源，开展中外合作办学项目。

青海出台的文件信息量最大，处处结合当地实际，坚持以"四个转变"推动"四个扎扎实实"重大要求落地生根，有不少创新性提法。(1) 明确了党员人数不足 3 名的民办学校和暂不具备建立党组织条件的民办学校加强党建工作的可操作性方法。(2) 充分考虑全面二孩政策、人口流动、城镇化等因素，预留教育公共服务用地。(3) 鼓励教职工缴纳个人储蓄型养老保险。(4) 明确要求学校财务人员不得为董事会、举办者的亲属或特定关系人，明确了"亲属回避制度"的关键管理岗位包括学校监事会、财务部门。(5) 针对本地特点，严格办理报名登记手续和学业水平考试学籍，特别是高考移民和无本校学籍的学生；学校获得的资金捐赠特别是境外资金要报相关部门备案；支持民办学校在学科专业设置、课程建设、人才培养等方面，与世界同类高水平学校加强交流与合作。(6) 明确评奖评优中实行安全稳定一票否决制。(7) 明确非营利性民办学校教师的培训费用由各级财政和学校分担。(8) 公布了民办教育工作联席会议成员详细名单。

贵州在民办学校退休制度上进行了探索，实行民办学校与公办学校同等的退休制度。经教育行政主管部门审查批准，举办学历教育（含幼儿园）的民办学校教师，符合下列条件的，退休后享受当地同类公办学校教师退休待遇，基本养老金与同类公办学校退休教师工资的差额部分由同级财政补助，同级教育行政主管部门发放；(1) 任教的民办学校须经教育行政部门批准，具有《民办学校办学许可证》；(2) 民办学校自行招聘报教育行政部门审查同意备案，并建立了人事档案，逐年考核合格；(3) 在该县（市、区）内的民办学校任教连续达到 20 年，累计达到 25 年及以上；(4) 按规定按时足额缴纳社会保险费；(5) 未违反国家法律法规和政策并达到法定退休年龄、符合退休条件。

（三）现存学校过渡办法初步形成

民办学校分类管理改革影响最大的就是 18 万所现存的民办学校，各地初步在过渡期设置、补偿奖励办法和转设举措等方面进行制度设计。

1. 设置现存学校过渡期

各省在设置现存学校过渡期时通常有三种做法，一是像辽宁、广东等省份未明确具体的过渡时期，或后续配套政策仍未出台。二是明确了过渡期和分学段实施办法，大部分省份设置了五年过渡期，湖北、江苏、西藏等省区设置了三年过渡期，而上海、四川、北京等省市根据不同学段学校设置不同的过渡期限，并要求民办学校在限定时间内做出学校办学属性的书面选择。三是下放非高等教育学段过渡期的设置权限，如安徽、河南、贵州等省都规定民办高校之外学段的民办学校由各省、市直管县决定。

2. 对补偿奖励进行制度安排

一是明确进入补偿或奖励范围资产的时间，上海等7个省市规定2017年9月1日前的出资可纳入出资确认范围；青海则将出资时间限定在2016年11月7日之前；也有小部分省份未明确出资限定时间；浙江还指出应继续依法执行民办学校与当地政府的约定，体现了契约精神；北京专门明确了2017年9月1日以后出资者的投入和新增办学积累不再作为补偿或奖励的参考依据，值得关注。二是明确补偿计算办法，湖北、陕西、江西等省份补偿上限为经确认的出资额；江苏、上海规定上限为出资额及其增值，其中江苏的增值按清算当年5年期存款基准利率计算，上海增值按照一定期限内贷款基准利率和定期存款基准利率的平均值计算，北京补偿上限为剩余资产的30%。三是部分省份明确奖励在剩余资产的最高比例，其中湖北为15%，江苏为20%，北京为30%；上海的奖励比例基于民办学校收费水平进行系数计算，并与民办学校规范办学程度挂钩，如年检不合格的学校举办者无法得到奖励；重庆实行"一地（校）一策"，不限制奖励比例；浙江、黑龙江等省份由地方政府出台办法。其他省份则尚未明确比例或后续政策未出台，其中江苏允许一次结算与分期奖励的方式，还规定可以从民办教育专项资金给予出资者一定奖励。

3. 出台推动平稳过渡的举措

一是明确转设特殊情况，湖北等8个省都规定转设举办营利性学校时，含义务教育阶段一贯制的学校应进行法人拆分，其中四川和宁夏提出办学条件应优先保障义务教育阶段办学需求，云南等省规定转设后1个办学周期内不得变更登记，河北等省份规定选择为非营利性民办学校的，不得再转为营利性民办学校，江苏规定新建配套幼儿园不得设立为营利性幼儿园。二是明确转设程序，如安徽、内蒙古、重庆等省市区规范学校产权（股权）流转，要纳入所在地政府产权交易平台，重庆、四川等省市规定了现有民办学校选择为非营利性民办学校和营利性学校的清算程序。三是个别省份提出了转设涉及税费缴纳的优惠政策，海南和贵州等省市规定分类登记之前依法依规减免的税收不再补缴，减免的增值税、企业所得税依据税收法律法规执行。此外，海南还规定减免的规划建设相关费用不再补缴，以划拨方式取得的用地，按照补办手续时该宗地经确认的市场评估价格40%补缴土地使用权出让金，土地出让价款可按有关规定在规定期限内按合同约定分期缴纳，用地大、补缴出让金确有困难的，市县政府要充分考虑历史因素，按照"一校一策"的原则，采取长期租赁、先租后让、租让结合等灵活的方式办理用地手续，确保平稳过渡。

（四）地方民办教育现代治理体系基本构建

根据新法新政要求，各地将民办学校治理体系的建构重点落脚在民办学校内部治理结构完善、加强财产财务制度建设和规范民办学校办学方面。

1. 引导民办学校科学构建内部治理结构

一是进一步完善治理结构，除了按照法定要求建立健全监事机构外，上海还提出探索职业校长制和公开选聘机制，并规定一个自然人不得兼任同一个学校的董（理）事和监事；青海规定有较多公共财政资金、资产投入的民办学校，董（理）事会应有审批机关委派的董事参与；黑龙江还对营利性学校股东会等学校治理架构进行详细规定。二是明确关键管理岗位实行亲属回避的范围，如青海限定在监事会和财务岗位；重庆限定在校长、财务、人事、基建和采购岗位；吉林则限定在人事、财务和资产部门。

黑龙江率先明确了对营利性民办学校的治理问题，规定营利性民办学校权力归股东，在众多省级政府中是第一个吃螃蟹的。文件规定"营利性民办学校决策机构、行政机构、校长应当依据国家有关法律法规和学校章程设立和行使职权"。具体表述：（1）营利性民办学校股东会是学校的权力机构，由全体举办者组成，行使修改学校章程，选举或者更换非由职工代表担任的董事、监事，决定有关董事、监事的报酬事项。（2）举办者单独举办营利性民办学校，不设股东会。举办者做出相关决定时，应当采用书面形式，并由举办者签名后置备于学校。（3）营利性民办学校董事会行使召集学校股东会会议，制定学校发展规划和筹集办学经费，决定学校内部管理机构的设置以及学校章程规定的其他职权。董事会决议的表决，实行一人一票。（4）学校董事会由举办者或者其代表、校长、党组织负责人、教职工代表等共同组成。其中1/3以上的董事应当具有5年以上的教育教学经验。学校董事长、董事名单报审批机关备案。

2. 建立健全财产财务管理制度

一是各省均要求民办学校将法人财产过户到学校名下，安徽、青海等省份提出了学校财产的评估要求，四川、浙江等省份设立了法人财产过户时间表，其中浙江还规定资产未过户到学校名下前，举办者对学校债务依法承担相应法律责任。二是加强财产财务监管，重庆通过审批、公示、信息披露及账户余额制度等方式严格规范民办学校的资产重组和关联交易行为；辽宁、云南等省份要求经第三方审计的财务年度报告要向社会公布或行政部门备案；上海建设完善的民办学校财务监管平台，并建成民办学校财务评估体系。三是加强民办学校财务风险管控，如浙江要求民办学校合理控制学校负债规模，借款只能用于学校本身的建设和发展，对外投资要报相关部门备案，且不得从事股票、期货等高风险项目投资；北京探索建立营利性民办学校风险保证金制度；四川提出民办学校在接受境外或带有境外背景的资金支持时，须经相关主管部门审批。

3. 多维政策规范民办学校办学

一是实施办学负面清单制度，如辽宁、云南规定实施义务教育的公办学校不得转为民办学校；江西规定公办学校参与举办民办学校须按照权限审批，不得影响公办学校正常教育教学活动；青海规定民办学校不得为高考移民、无本校学籍的学生办理报名登记手续和高中学业水平考试学籍；浙江规定超过相关规定配备公办学校在编教师的民办中小学校，必须承担相应区域的公共服务责任，其招生参照公办中小学校实施管理，更不得跨区域招生；甘肃、重庆、广东等省规定民办学校使用的教材，尤其是使用境外教材应当按规定进行审核。二是完善信息公开制度，如浙江专门出台了《民办学校信息公开和信用管理办法》，明确了公开信息的范围，包含了党建、举办信息、登记信息、内部治理信息、招生信息、收费信息、教师和其他人员数量及结构情况、办学条件和年度财务状况、接受和使用捐赠的信息以及自然灾害、安全事故、公共卫生事件等突发事件的应急处理预案、处置情况，涉及学校的重大事件的调查和处理情况；上海、黑龙江等省市还规定要公开年度检查、接受扶持奖励和受到处罚等内容；江苏、北京等省市规定社会组织或者个人可以书面形式向营利性学校申请获取其他信息。三是引入第三方评估加强办学信用与质量防控，如湖北、吉林等省份都建立民办学校第三方质量认证和评估制度,其中湖北、黑龙江等省份将定期对民办学校开展办学质量和信用等级评估,且评估结果向社会公布;上海、黑龙江等省市还提出将进一步在民办学校管理中使用第三方评估结果。四是探索办学风险防控制度,如广东探索民办学校联合保险制度;山东探索民办学校、受教育者(监护人)、保险公司共同参与的风险防范机制;贵州探索独立学院母体的安全稳定工作领导责任;四川规定民办学校要设置风险处置专项资金。

(五)扶持学校发展举措开始落实

1. 激发改革活力

陕西、吉林两省积极推进民办高校收费、专业设置、职称评聘等改革,支持民办高校创新管理体制,充分释放自我发展的活力。其中吉林省自 2016 年秋季学期起,取消民办高校新增专业、全日制学术型研究生、学分学费等收费标准的备案审批,各高校依据相关收费政策文件收费,并给民办高校学费使用的高度自主权。目前两省已经初步形成学校依法办学、政府依法监管、社会依法监督的良性互动机制。

2. 实施助优计划

为推动民办高校高质量发展和品牌建设,陕西实施了优质民办学校发展支持计划,如重点支持西京学院成为以工科为主的多学科综合性一流民办高校,西京学院筹备升格大学已列入陕西省的"十三五"规划。吉林省委、省政府将"吉林外国语大学"列为 10 所省重点大学之一,成为全国第一所经国家批准的民办大学,大力支持该校"建成国内领先的民办大学"。继 2018 年通过计划单列申报硕士点获得成功,又将该校列为 2017—2020 年期间博士授权单位立项建设高校,成为全国第一所具有硕士培养资格和博士点建设立项的民办高校。

3. 建设一流学科专业

2016 年陕西省委、省政府印发相关文件,将民办高校纳入省内高校"四个一流"建设计划,提出到 2020 年,要建成 3 所、培育 3 所国内一流民办高校。其中西安翻译学院、西京学院、西安外事学院列为省重点建设高校,西安欧亚学院、西安培华学院、西安医学高等专科学校列为省重点培育高校;同时全省民办高校有 5 个专业入选建设项目,48 个专业入选培育项目。2017 年,吉林省确定 8 所高校为 2017—2020 年间博士学位授权单位立项建设高校，其中 1 所为民办高校（吉林华桥外国语学院），16 所高校为 2017—2020 年间硕士学位授权单位立项建设高校，其中民办高校 9 所。目前吉林省民办高校中，有特色高水平学科 4 个，特色高水平专业 A 类 16 个、B 类 7 个。

四　地方新政的问题挑战

（一）新政文件系统性较差，执行力较弱

1. 各地政府高度重视，但系统性弱

从发文主体来看，与上一次的地方新政不同，本次文件制定各地大多由省一级政府发布实施意见，可以说各级政府都很重视。由于《民办教育促进法》新法所包含的信息量很大，需要全面系统的文件配套。但是迄今为止只有上海、浙江、江苏、重庆、北京、黑龙江等少数省市出台了较为系统的地方新政，除了省一级的"30 条"和《民办学校分类登记许可管理办法》外，上海还出台了《民办培训机构设置标准》、《非营利性民办培训机构管理办法》和《营利性民办培训机构管理办法》3 个配套文件；浙江出台了《公共财政扶持民办教育发展实施办法》、《民办学校财务管理办法》、《民办学校信息公开和信用管理办法》、《民办学校教师队伍建设实施办法》、《落实民办学校办学自主权实施办法》和《民办学校财务清算办法》6 个配套文件（简称"1+7"文件）；江苏出台了《营利性民办学校监督管理实施细则》和《关于推进民办教育收费改革的指导意见》2 个配套文件；重庆出台了《非营利性民办学校监督管理实施细则》，北京出台了《营利性民办学校监督管理办法》。这些配套文件对构建地方民办学校分类改革制度体系具有重要推动作用，值得关注和借鉴，但是限于《民办教育促进法实施条例》（修订案）尚未颁布，有些措施还在观望等待，绝大多数省市区的文件过于简洁，不够系统，将影响后续实施。

2. 过渡期设置带来改革变数，预期不确定

全国人大授权各省市制定现存学校过渡安排，是希望各地因地制宜，更好地推动民办学校分类管理改革。但从实际情况看，各地的政策差异也

对改革带来一定的冲击。如在现存学校过渡期设置上，大部分省份设定为5年，有的地方规定是3年，有的地方则不设过渡期。比较而言，过渡期设置过短，或要求举办者1年以内提交营非选择的书面材料，会导致许多民办学校在准备不充分、条件不成熟的情况下仓促进行营非选择，尤其是在《民办教育促进法实施条例》修订未完成和独立学院转设新政尚未出台的情况下，举办者会难以选择，同时增加改革的风险；而没有一项改革是无期限开展的，对那些没有明确过渡时间的省份，会造成现有民办学校安于现状、没有改革的积极性，而且根据新发布《中共中央国务院关于学前教育深化改革规范发展的若干意见》所提出的必须在"2019年6月底前引导学校限期归口完成营非登记"等要求，部分省份须对现有政策规定做出调整。

3. 转营税费补缴问题政策不明了，有待再明确

新法新政规定，分类管理改革后原以行政划拨方式所取得的用地，如选择营利性，就需由划拨改为出让，出让金必须由原土地使用者予以补缴。除海南等个别省份外，大部分省份选择"转营"时所产生的巨额土地税费缺乏明确说法，如是否需要补缴土地出让金，按何种标准缴纳土地出让金等问题都不明确。粗略计算，以一所经历五年办学时间、拥有100亩土地校园的学校为例，在向营利性学校转设，按设立时出让与划拨土地差价算，需要补交200万左右的出让费；如按照转设发生时的差价计算，要补交8000万左右的出让费，以此类推，对于土地面积更大的民办高校而言，所需补交的土地出让费多达2亿—4亿元。可见，土地补交税费是现有民办学校转设营利性学校支出的最大成本，而且我国民办高校大多是靠学费滚动发展起来的，举办者不具有雄厚的办学资金，这就导致现有民办学校将很难转设为营利性学校。

4. 补偿奖励条款达不到举办者预期，问题难破解

缺乏退出机制是当前各地新政普遍的问题，其中补偿奖励条款是退出机制的核心要素。当前各地补偿奖励条款要么没有操作性，要么力度达不到举办者预期。除上海等个别地方提出具体计算方法或公式以外，多数省份对补偿和奖励数额的计算方法语焉不详，直接影响分类选择的推进。从已经出台补偿和奖励办法的地方来看，大部分省份的补奖力度偏低，普遍不符合举办者的预期，体现在：一是原始投资确权过程中无法体现"历史贡献"和举办者"投资办学"的初衷，除江苏外，大部分省份以民办

学校设立时的出资额及进行法定程序确认的追加投资额为准；二是奖励比例过低，一些省份设置了 15%—30% 的最高奖励比例，其算法和依据不足；三是个别省份采取"转设过程奖励"的办法，而不是新法修订的"退出奖励"，将新法生效以后出资者的投入和新增办学积累不再作为补偿或奖励的参考依据，无疑不利于撬动现有学校举办者继续办学的积极性。

（二）营利性民校转设难，制度待设计

随着新法新政的实施，国家对非营利性民办学校的各项扶持和优惠政策将更加明确和具体，特别是对获得国家免税资格认定的非营利性民办学校，其与公办学校具有同等法律地位的规定将会成为现实。因此，过渡期间，举办者的目光将更加关注营利性民办学校发展环境，如果环境好，则可能会吸引更多举办者选择营利性办学。

1. 转设期的相关制度缺失

新法新政及地方配套对存量民办学校转设期间的制度安排基本未作规定。修订后的《民办教育促进法》只规定，民办学校依法享有法人财产权；《若干意见 30 条》则从保障方面作进一步规定，"举办者应依法履行出资义务，将出资用于办学的土地、校舍和其他资产足额过户到学校名下"。地方配套则是更多地重复这一规定，当然，也有一些省市规定了新的内容。如四川省配套制度规定，现有民办学校尚未办理资产过户手续的，应在本意见正式实施 1 年内完成过户。有的省市规定给予民办学校资产过户一定的优惠，如安徽省配套制度规定，出资人以不动产用于办学，原有不动产过户到民办学校名下且不属于买卖或交换行为的，免除办理过户手续中的行政事业性收费。江苏省配套制度规定，举办者或出资者将所拥有的土地以原值过户到学校名下时，只收取工本费和登记费。重庆市配套制度规定，举办者将土地、房屋、设备过户到非营利性民办学校名下，依法免征土地增值税、增值税、契税和相关资产过户费。至于更具体方面的制度，则未有规定。

2. 转设后的优惠支持措施模糊

（1）用地方面

新法规定，新建、扩建营利性民办学校，人民政府应当按照国家规定供给土地。《若干意见 30 条》规定，民办学校建设用地按科教用地管理。

营利性民办学校按国家相应的政策供给土地。《民办教育促进法实施条例》（送审稿）对营利性民办学校用地未作进一步规定。多数省市地方配套转述了新政规定，也有一些省市在新政基础上，给予营利性民办学校更多的用地优惠。如有的省市规定："各地要将民办学校新增建设用地统一纳入土地利用总体规划和年度新增用地规划，鼓励优先盘活现有建设用地，根据民办学校营利属性按规定供给土地。对现有民办学校登记为营利性的，应将其名下的划拨用地转为有偿使用，在不改变土地用途情况下，可按协议方式供地。"

（2）税收减免

新法规定，民办学校享受国家规定的税收优惠政策。《若干意见30条》规定，对企业办的各类学校、幼儿园自用的房产、土地，免征房产税、城镇土地使用税。《民办教育促进法实施条例》（送审稿）规定，营利性民办学校适用国家鼓励发展的相关产业政策，享受相应的税收优惠，具体办法由国务院财政部门、税务主管部门会同国务院有关行政部门制定。

由于我国实行税收法定原则，地方政府税收方面的自主权不多，因此，多数省市配套制度对营利性民办学校享有的税收优惠，基本沿用新法新政的规定，但也有一些省市作了进一步规定（见表8-7）。

表8-7　　　　相关省市规定营利性民办学校享有的税收优惠待遇

相关省市	税收优惠内容
浙江省	对营利性民办学校增值税等按规定给予相应的税收优惠
四川省	营利性民办学校符合西部大开发所得税优惠条件的，减按15%的税率征收企业所得税
陕西省	对营利性民办学校，各地、各部门要参照高新技术企业的优惠政策，根据经济社会发展需要和公共服务需求，通过政府购买服务等多种方式给予支持
重庆市	在提供学历教育服务的营利性民办学校和营利性民办幼儿园依法收取的学费、保育费、住宿费等收入，以及学校自办食堂取得的伙食费收入依法免征增值税；对提供学历教育服务的营利性民办学校和营利性民办幼儿园经批准征用的耕地依法免征耕地占用税；对营利性民办幼儿园和提供学历教育服务的民办学校的土地、房产用于教育教学的，依法免征城镇土地使用税和房产税；对符合西部大开发政策规定的营利性民办学校，可减按15%税率缴纳企业所得税

（3）其他优惠

除了教育用地和税收外，新法新政还规定了营利性民办学校享有的其他一些优惠，主要包括政府购买教育服务、学生助学贷款、用水、用电等。新法新政及《民办教育促进法实施条例》（送审稿）在这方面都有相应的规定（见表8-8）。由于新法新政对这方面内容规定的较详细，地方创新的空间不多，因此，地方配套基本沿用国家规定。此外，对营利性民办学校教师的身份，无论是新法新政还是地方配套，都未予以明确。

表8-8　新法新政及《实施条例》（送审稿）规定的营利性民办学校享有的其他优惠

《民办教育促进法》（修订）	县级以上各级人民政府可以采取购买服务、助学贷款、资助奖助学金和出租、转让闲置的国有资产等措施对民办学校予以扶持
《若干意见30条》	民办学校学生与公办学校学生按规定同等享受助学贷款、奖助学金等国家资助政策。各级人民政府应建立健全民办学校助学贷款业务扶持制度，提高民办学校家庭经济困难学生获得资助的比例
《实施条例》（送审稿）	各级人民政府应当保障民办学校的受教育者在升学、就业、社会优待、参加先进评选，以及获得助学贷款、奖助学金等国家资助政策等方面，享有与同级同类公办学校的受教育者同等的权利。 地方人民政府出租、转让闲置的国有资产应当优先扶持非营利性民办学校

3. 营利性民校转设困难多

目前多数地方新政对现有学校如何过渡，尤其是如何向营利性学校转设缺少具体的程序性规定，如涉及财务清算范围、组织方式、缴纳税费种类和标准、剩余资产补偿奖励等都不够明确和细化，这也导致实质性转设成功的学校不多，更多学校处于观望状态。而且除了个别省份外，大部分省份对营利性民办学校的扶持政策采取原则性表述或模糊处理，尤其是对举办者普遍关心的营利性学校营业税（增值税）、所得税优惠问题采取了回避态度，再加上正面宣传不到位，甚至引发部分举办者的"政策性恐慌"，并纷纷采取"轻资产化"、构架灰色关联交易乃至抽逃办学资金等各种规避措施，这对学校的稳定运行和健康发展造成了不同程度的冲击。

(1) 对转设中的一些关键内容未规定

存量民办学校转设，除了涉及资产过户外，还有许多其他方面内容，如举办者与民办学校之间的债务，特别是以举办者或其所办企业担保向银行的贷款，转设后如果民办学校一段时期内无偿还能力，该怎么处理？营利性民办学校该补交的土地增值部分差额，是一次性缴付，还是可以分期支付？对这些重大问题，地方配套都缺乏具体的针对性规定，这必然会给举办者选择和转设带来困难和障碍。

(2) 地方政府未能大胆行使国家赋权

我国虽然实行税收法定原则，但地方还是有一定的减征和免征权力，在制定地方配套时，多数地方政府部门未能有效地行使这一权力，因此，一定程度上抑制了营利性民办学校的发展空间，也造成新法新政规定的营利性民办学校享有的税收优惠权利得不到落实。

(3) 国家相关职能部门之间协调不够，导致对一些问题的规定让地方执行和落实有难度

典型的如《实施条例》（送审稿）规定的营利性民办学校税收上的优惠内容，应该说，赋予"营利性民办学校适用国家鼓励发展的相关产业政策，享受相应的税收优惠"，这是国家向地方政府赋权的一个积极政策信号，然而，后面"具体办法由国务院财政部门、税务主管部门会同国务院有关行政部门制定"规定，却又让地方政府难落实。

(三) 非营利性民校监管有待明确和加强

1. 新法新政的相关规定不配套

新法对非营利性民办学校财务未作特别规定，《实施条例》（送审稿）规定的内容有个三方面。一是收费管理。"非营利性民办学校收取费用、开展活动的资金往来，应当使用在主管部门备案的账户。"二是关联交易。"民办学校与利益关联方发生交易的，应当建立利益关联方交易的信息披露制度。董事会或者其他形式决策机构审议与利益关联方交易事项时，与该交易有利益关系的决策机构成员应当回避表决。"三是信息公开制度。"教育行政部门及有关部门应当制定实施学前教育、学历教育民办学校的信息公示清单，监督民办学校定期向社会公开办学条件、教育质量等有关信息。"此外，为了严格地规制民办学校的关联交易行为，《实施条例》（送审稿）对集团化办学作了禁止性规定，即"实施集团化办学的，不得通过兼并收购、加盟连锁、协议控制等方式控制非营利性民办学校"。

中共中央和国务院颁发的《关于学前教育深化改革规范发展的若干意见》则对营利性幼儿园上市相关情况作了特别规定，即"社会资本不得通过兼并收购、受托经营、加盟连锁、利用可变利益实体、协议控制等方式控制国有资产或集体资产举办的幼儿园、非营利性幼儿园。参与并购、加盟、连锁经营的营利性幼儿园，应将与相关利益企业签订的协议报

县级以上教育部门备案并向社会公布。民办幼儿园一律不准单独或作为一部分资产打包上市。上市公司不得通过股票市场融资营利性幼儿园，不得通过发行股份或支付现金等方式购买营利性幼儿园"。

2. 地方配套规定的相关内容不全面

多数省市采取直接沿用国家规定的做法，浙江省是少数出台了专门的民办学校财务管理办法的省市，为了防患民办学校财务运行风险，提出了三项防控措施，一是规定举办者以货币资金出资的，要把货币资金转入到民办学校开设的银行账户上。二是规定举办者以实物、土地使用权、知识产权以及其他财产出资的，必须在民办学校法人登记成立后1年内办理过户手续，将资产过户到学校名下。三是规定要完善内部监督制约机制，合理设置会计及相关工作岗位，明确职责权限，形成相互牵制机制。上海规定，应当健全完善民办学校财务监管平台，建立民办学校财务评估体系，建立民办学校信息强制公开制度和违规失信惩戒机制，将违规办学的学校及其举办者和负责人纳入"黑名单"，规范学校办学行为。安徽等省则对民办学校的产权流转作了规定，"除捐资举办的民办学校外，其他民办学校存续期间，出资或投资者对所有者权益（股权）可以增设、释股、转让、继承、赠予"。四川省规定了风险处置专项资金制度，"民办学校要设置风险处置专项资金会计科目，并将资金纳入年度预算"。浙江、上海、四川等省市的规定，非常有利于防患民办学校变相关联交易行为，规范民办学校财务运行秩序。

3. 已有政策条款操作性弱

一些举措存在合法性问题。新政及后续政策加大了民办学校关联交易的规制力度，这有利于防范一些举办者借非营利之名行营利之实，从而保障新法的有效落实。然而，推出的措施本身是否合法值得商榷。如对"兼并收购、加盟连锁、协议控制等方式"的限制性规定，应该说，这三种经营方式确实容易导致不合法关联交易的现象，但这三种方式本身却又是合法的，从完善关联交易相关制度角度上看，防控的应该是教育集团通过这三种方式谋取不合法收益的行为，而不是限制这三种经营方式。《关于学前教育深化改革规范发展的若干意见》在此基础还增加了"受托经营、利用可变利益实体"两种方式，同时还进一步规定，民办幼儿园一律不准单独或作为一部分资产打包上市，上市公司甚至不得通过支付现金等方式购买营利性幼儿园。这种方式带有较明显的行政强制干预色彩，适用的手段本身其合法性也有可商榷的地方。应该说，解决制度性漏洞的最好办法，还是制度的完善。

地方配套的相关规定欠缺系统性和可操作性。本来新法新政中关于非营利性民办学校财务管理就是需要地方细化、落实的，个别省市如上海、浙江等地的一些经验也非常值得借鉴。然而，现在多数省市反而采取沿用国家规定的做法，地方政府的不作为难以起到为新法新政落实奠基铺路的作用，更别提对民办学校关联交易的防控。这样，只能等到出了问题，临时制定措施，结果又回到了过去那种"一放就乱、一管就死"的老路。

五 地方新政的创新建议

贯彻落实《民办教育促进法》新法地方新政的修订，既是《民办教育促进法》的细化，也是对其中一些制度的进一步完善和落实，这是国家保障新法落实的重要环节。为此，各省级地方政府应当充分运用国家赋予地方政府政策创新的空间，立足当地、着眼未来、避免空谈，站在国家深化改革这一战略高度，修改完善业已颁发的配套制度，积极稳妥推进分类管理制度实施，保障地方配套与国家新法新政的高度衔接，进而切实保证新法新政的落实落地。

（一）认真学习消化吸收《民办教育促进法》新法精神

1. 以学习贯彻《民办教育促进法》新法为准绳

贯彻落实《民办教育促进法》新法和中央层面陆续颁布一系列的配套文件，必须以《民办教育促进法》新法为准绳。2017年开始，国家层面配合法律和文件的实施，先后下发了《国务院办公厅关于规范校外培训机构发展的意见》、《中共中央国务院关于学前教育深化改革规范发展的若干意见》、《国务院办公厅关于开展城镇小区配套幼儿园治理工作的通知》和《国家职业教育改革方案》等文件，对民办培训机构治理、普惠性幼儿园发展及企业参与举办职业教育等作了新的规范和方向指导。尤其是《中华人民共和国民办教育促进法实施条例》即将完成修订工作，从其（修订草案）（送审稿）看，将在外资进入、集团化办学、培训机构分类、课程管理以及关联交易等方面提出新的要求。各省在进一步完善地方政策时，首先就要针对这些新要求、新精神，继续创新落实办法。

2. 理性认识省域民办教育的历史贡献与地位作用

从历史轨迹来看，地方民办教育功不可没。作为省域教育事业的重要组成部分，民办教育的发展对地方教育事业的发展做出了重要的历史贡献。作为重要的补充性资源，在相当长的时间里，地方各级各类民办教育所提供的教育资源，满足了受教育者对紧缺教育资源的需要，为促进教育公平做出了重要的贡献。地方民办教育改革的探索与创新，为国家民办教育顶层制度的设计积累了丰富的经验。同时，民办教育的创新发展为地方经济社会发展培养了大量的人才，为推动区域创新体系建设做出了贡献。因此，民办教育的历史贡献与价值不能被忽视，应得到充分的重视。从未来发展来看，民办教育的重要地位不可替代。党的十九大报告指出，我国社会的基本矛盾已经转化为人民日益增长的美好生活需要和不平衡、不充分发展之间的矛盾。在教育领域的表现即是：人民群众日益增长的对优质教育多元化的需求与教育发展不平衡不充分之间的矛盾。作为地方教育事业的重要组成部分，民办教育已经成为满足人们多元教育需求的重要选择性资源，且不可替代。《国家教育事业发展"十三五"规划》明确提出："鼓励社会力量进入教育领域。拓展社会力量参与教育发展的渠道和范围。支持培育教育新业态，扩大教育需求与消费。"民办教育将有更多的机会参与非基本公共服务和非公共服务的供给，拥有更广阔的发展空间。但是也要实事求是地看到，地方政府权力有限，有些政策的制定和解释权在国家层面，比如土地政策、税收政策，地方政府不能越级处理，自行其是，还需要国家有关部门的政策作依据和支撑。

3. 加强国家层面必要的统筹与指导

目前，民办教育新法新政的顶层设计已基本完成，关键在于落实。对于地方政府贯彻落实民办教育新法新政，国家有关部门既要考虑各地经济社会发展水平和对民办教育发展需求差异，给予地方充分的政策创新空间，更要正视各地政策创新能力和治理水平的差距，加强对各地的指导和统筹：一是要在国家层面，对民办学校的基本权利制定刚性规定，确定底线要求，从而确保不同区域间民办学校基本权利的实现；二是要在深入调研的基础上，对力度较大且符合新法精神的地方政策创新进行认真总结和积极推广，对违背新法精神的地方政策及时纠正。

4. 提升省级政府落实民办教育新政的政策创新能力

从已经出台的地方民办教育新政文本来看，上海、广东、浙江等经济发达省市的政策创新力度确实比较大；而一些近年来经济发展缓慢甚至下滑、经济总体指标相对落后的省份，其政策创新力度则比较小。这反映出经济发展水平和财政能力对地方制度能力建设影响较大。但经济并不发达的云南、陕西等省民办教育政策创新的力度也比较大，这又说明，地方政策创新的差距并不仅仅源于经济水平的差距，也反映出一些地方政府治理创新动力不足、勇气不够和治理能力、技术与经验的不足。

区域民办教育政策创新是一项非常复杂的系统工程，涉及领域十分广泛，需要政府提升教育统筹能力，充分调动并协调各相关部门，积极鼓励多方面参与；需要政府与社会合作，吸收多领域专业人才充分介入。在政策制定的过程中，应当充分发挥行业组织和专业人士的作用；进行深入的调研，有足够的耐心切实、广泛地听取民办学校各类人群和有关方面的意见。

民办学校分类管理改革的最终目的是吸引更多社会力量进入教育领域，办好人民满意的教育。对此，我们在大力倡导捐资办学和非营利性办学的同时，还需要在法理和政策层面平等对待营利性学校，着重解决现存学校"转营"中所遇到的瓶颈问题。一是充分发挥和运用《关于实施进一步支持和服务民营经济发展若干措施的通知》（税总发〔2018〕174号）等政策，在广泛征求意见和充分讨论的基础上，通过"负面清单"等方式，让举办者明了选择营利性学校的政策预期。二是由中央层面明确营利性民办学校税收优惠政策，建议比照《国务院办公厅关于促进社会办医加快发展若干措施的通知》（国办发〔2015〕45号）的相关规定，参考营利性医疗、养老机构和高新企业，予以相应税费减免优惠和政策扶持。三是降低转营成本，建议以学校设立时土地差价为基础计算基准进行土地出让金补交，或借鉴海南等省的做法，减免相关税费和出让金，从保障学校平稳过渡的角度，还应允许缓交或分期缴纳相关税费。四是进一步理清政策，扫除政策障碍，开展营利性民办学校在国内证券市场上市的试点。多种途径探索营利性民办学校的发展路径。

（二）妥善安排存量民办学校过渡转设期各项制度

1. 合理确定存量民办学校转设过渡期限

综合分析当前教育发展现状和趋势，今后民办学校大规模急风暴雨式的发展环境已经不再存在，贯彻落实《民办教育促进法》新法，实施分类管理，最重要最迫切最主要的是处理好存量民办学校的"入轨"问题。各级人民政府应当根据新法新政及有关规范性文件的规定，坚持实事求是的原则，从当地民办教育实际出发，根据举办者所选择的办学类型，尽快出台新政配套政策，明确存量民办学校分类转设的相应过渡期。基于区域比较，过渡期一般以5年为宜，可采用为不同时间段设立的民办学校设置不同过渡期的做法，精准施策。结合各地已经出台的实施意见及配套文件，从有利于平稳推进分类管理角度考量，应当在《实施条例》修订案正式颁布后，给予举办者一年的学校属性选择期，给予民办学校3年的分类登记完成期，在学校属性确定后，过渡期最长不应超过5年。

2. 细化学校终止时剩余资产的补奖办法

各地在研究制定学校终止时剩余财产的具体奖补办法时，应当本着解放思想、鼓励发展的精神，在确保国有资产不流失的前提下，充分考虑举办者的办学投入、资金成本及历史贡献，给予举办者恰当的补偿和奖励，以激励其继续办学和追加投入。根据《民办教育促进法》新法的精神，补偿的额度应当以举办者2016年11月7日前实际出资额度为基础，减除办学期间已获取的合理回报、民办学校所做的社会贡献，结合当地同级同类公办学校生均培养经费，确定奖励的基准数，根据一事一议、一校一策的原则实施补偿和奖励。

各地要进一步明确清产核资的具体路径和程序，进一步明确补偿和奖励的原则、具体数额、计算方法、具体程序，以文件细则、补充细则或文件附件的形式加快出台相关文件，在补偿和奖励的比例上"宜高不宜低"，充分保护现存学校举办者的办学积极性和维护基本办学稳定，防控因分类管理改革引起的办学波动。另外，对于民办学校的设置和转设流程，应该尽快规范和理顺，在行政审批改革"最多跑一次"背景下，各地应该设计和简化转设程序，参照设置和转制企业的操作办法，明确转设过程涉及的登记部门、所需材料和具体程序，教育与人保、工商、民政等部门应进行有效沟通，及时研究解决民办学校设置和转设过程中的问题，保证民办学校平稳转设和发展。

3. 妥善处置民办学校转设中各种债务关系

对于举办者与民办学校之间形成的债务，如以举办者或其所办公司企业名义为学校社会或银行的借贷，甚至举办者终止办学时应得的补偿资金，允许民办学校参照企业转制方式，折算学校对举办者的债务。在不影响学校正常办学前提下，定期从学校的结余中按双方约定偿还债务，分期偿还。

4. 减免民办学校转设所涉及的相关规费

民办学校分类转设中，凡是不增加民办学校和举办者个人收入的交易性费用，各级人民政府均应最大程度上予以减免。对于选择营利性办学且又符合相关规定的担保物或担保人的举办者，可以允许其分期缴纳清产核资后应补交的相关税费和因土地评估增值所形成的差价，举办者办理担保手续后，依法修改学校章程，并凭银行出具的担保证明和分期付款证明，由教育部门核发新的办学许可证后，到工商部门办理法人登记、继续办学。

（三）营造营利性民办学校发展的良好环境

1. 完备且可操作的配套政策是地方落实新法新政的关键

当前的地方实施意见，一些地区的政策留白太多，这就导致新政的系统不完整，难以有效运行。浙江出台了最为完备的"1+7"文件，但是还有一些细节问题有待完善；上海仅在培训机构的管理方面，就出台了"一标准两办法"。落实民办教育分类管理新政的诸多具体问题，需要靠一系列配套政策来回应和解决。一是明确非营利和营利性两类民办学校的差别化扶持与鼓励措施。在制度层面，对于营利性和非营利性民办学校要一视同仁，都应有鼓励措施。就目前情况看，相关法律规定及政策文本，对于非营利民办学校政策问题作了较为清晰的规定，有利于促进其发展，而对于营利性民办学校的鼓励措施则需要进一步明确和具体化。二是处理好学校自主办学与规范管理的关系。在充分保障学校依法自主办学的前提下，相关政府部门要切实加强民办学校办学活动的有效监管，完善民办教育质量评估督导制度，建立健全民办学校危机预警及干预机制，很大程度规避并管控好可能出现的各类办学风险。三是处理好现有学校的选择及过渡问题。在民办学校法人类型选择上，应充分尊重举办者意愿，并尽可能简化相应的转设程序，最大程度降低制度性交易成本；处理好现有学校产权界定及补偿奖励问题，在研究制定现有民办学校终止清算剩余财产的补偿奖励办法时，应紧密结合现阶段具体国情，综合考虑初始出资、资产增值及行业属性等多种因素，做出既有利于稳定又有利于发展的规定，以保护和调动举办者的办学积极性；现有学校选择为营利性学校的，在对民办学校清产确权、重新登记的过程中,要充分尊重学校的社会贡献与办学实际;对于现有学校的分类登记,应遵循分类过渡、分步推进的原则,根据学校性质的不同,分类别设立过渡期限。

2. 完善营利性民办学校扶持制度

切实执行新法新政规定的营利性学校用地政策,保障营利性民办学校享有政府出租、转让闲置的国有资产等扶持待遇。保障营利性民办学校学生享有与公办学校学生、非营利性民办学校学生同等的助学贷款权和奖助学金权。政府制定购买服务制度时,应对营利性民办学校与非营利性民办学校同等对待,同时制定向营利性民办学校购买就读学位、课程教材、科研成果、职业培训、政策咨询等教育服务的具体政策措施。

3. 分类落实民办学校税收优惠政策

地方政府应充分行使国家赋权,给予营利性民办学校充足国家鼓励发展的相关产业政策,享受相应的税收优惠。对于选择营利性办学的民办学校转设中所涉及的省级政府有权调整的契税、房产税以及城镇土地使用税等税种,应当在规定的税率范围内予以减免。对企业办的各类营利性学校和幼儿园自用的房产、土地,免征房产税、城镇土地使用税。对从事学历教育的营利性民办学校,对经有关部门审核批准收取的学费、住宿费等,予以免征增值税。对从事学历教育的营利性民办学校提供的教育服务免征增值税。

4. 赋予营利性民办学校教师同等待遇

人的身份应当与所从事的工作的性质相联系,新法规定营利性民办学校也是社会主义公益事业,也要坚守教育的公益属性。民办学校从教人员所从事的是教育事业。为此,地方完善配套制度时,应明确营利性民办学校从教人员具有与公办学校、非营利性民办学校教师同等的身份,解除教师的后顾之忧,稳定营利性民办学校教师队伍,保障营利性民办学校的办学质量。

(四) 完善非营利性民办学校财务监管制度

1. 建立独立完整的民办学校产权制度

各地应结合当前推进《民办教育促进法》新法规定的分类管理制度和《实施条例》修订的这一契机,大胆地推出创造性配套措施,积极稳妥地解决长期困扰民办学校发展的产权制度问题,规定存量民办学校在转设中完成资产过户手续，对于一些因特别原因一时难以完成的，按规定延长时间不得超过 3 年，切实保障民办学校拥有完整的对学校资产的占有、使用、处分和收益的权能。

2. 建立并完善民办学校财务运行的风险预警及干预机制

建立由多元主体参与的非营利性民办学校财务监督体制。首先在董事会下设立各独立委员会如预算管理委员会、审计委员会等，发挥这些专职委员会对非营利性民办学校财务活动的监督作用。其次，发挥监事会和教职工代表大会的财务监督作用，对于教职工代表大会提交的财务监管报告，学校决策机构必须给予书面答复，不予采纳的，应当说明具体理由。最后，完善学校财产清查制度，定期或不定期进行清产核资，确保学校资产安全完整。建立非营利性民办学校对外投资责任追究制度。由于决策或执行方面的原因，导致学校投资重大失误，并造成学校重大财产损失的，实行决策机构负责人、专门管理机构负责人和直接责任人员的事后责任追究制度。因决策和执行造成风险投资重大损失的负责人员，三年内，不得进入学校决策机构或担任学校财务管理部门负责人。借鉴我国台湾地区的"公益监察人"制度，建立非营利性民办学校重大财务风险的强制干预制度。年度财务审计中发现存在重大财务状况安全隐患、因重大风险投资失误或其他原因导致学校资金状况严重恶化的，教育主管部门可以对非营利性民办学校的财务管理进行强制干预。或要求非营利性民办学校进行整改，或直接派财务管理工作组进驻学校，接手学校财务管理。整改期满，学校财务状况没有明显好转，或财务管理工作组接管后仍然无效果的，可以强制非营利性民办学校终止办学。

3. 建立并完善非营利性民办学校关联交易制度

细化《实施条例》（送审稿）有关民办学校关联交易相关规定，明确民办学校不合法关联交易的具体类型。加强对涉及民办学校重大资产交易或重要权益变更合同的管理。建立公正、透明的民办学校重大资产交易的程序。凡属于民办学校重大资产买卖的行为，必须通过法律规定的公开招投标方式进行。对于与非营利性民办学校举办者有利益关系的参与竞标方，严格审查其竞标资格和严格监控应竞标过程。

4. 建立完善非营利性民办学校信息公开及失信惩戒制度

建立非营利性民办学校办学信息的强制公开、披露制度。教育行政部门应当依据相关法律法规及行政规章的规定，以法定方式向社会公布非营利性民办学校办学财务运行基本信息（包括收费、招生以及财务状况等）、年度检查情况以及其财务管理违规违纪行为查处情况等信息，强化非营利性民办学校信息公开的主体责任，保障信息的真实性。建立守信激励和失信惩戒机制。加快建立非营利性民办学校守信"名单"和失信"黑白名单"及管理制度，实施守信联合激励和失信联合惩戒措施。如对规范办学、社会声誉好、财务运行规范的"白名单"非营利性民办学校，可给予连续两年免检、提高支持力度等方面的激励。将严重违反财务管理制度的非营利性民办学校及其主要责任人纳入"黑名单"，并同步归集至政府信息公开网站和信用网站，进行公示并联合惩戒。

（五）加快健全民办学校现代治理体系

从长治久安、进一步促进民办教育健康可持续发展角度，各地应在地方新政中进一步加强民办学校现代治理体系的建设。一是各地应进一步完善民办教育联席会议制度，促进部门协同，并设立专门行政管理机构，配备专职人员，适时建立专门的教育执法机构及执法队伍，构建完整的政府领导、审批、监督体系。二是完善营利性学校监管制度，在保证营利性民办学校办学自主权的基础上，紧抓质量保障和规范办学主线，完善财务监管、教育督导、年报制度、质量监控等制度，加强信息强制公开，从根源上解决 VIE 架构、"变相营利"和各种关联交易问题，可以探索营利性民办学校保证金制度。三是加强民办学校举办者变更的管理，进一步细化举办者变更的程序，强化新举办者资格核查、财务清算及变更收益监管等环节，杜绝各种不规范的变更及交易行为。四是提升"自治"和"共治"水平，引导民办学校开展现代学校制度建设，在党建、独立董事设置、亲属回避、办学风险自控等方面开展制度创新，并进一步加强对协会、专业服务机构、第三方评估机构等行业、专业组织的扶持力度，加速共治格局的形成。

后 记

根据金秋萍董事长的提议,我们组织编写了《中国民办高等教育发展研究报告》。本书由徐绪卿提出整体框架,集体讨论,金秋萍最后审定。本书各报告的撰稿者为(各报告排名不分先后):宋斌、阙明坤:《民办院校党建与思政工作研究报告》;陈洁:《民办高校人才培养研究报告》;宋斌、邱昆树:《民办本科高校学科专业和科研工作研究报告》;王帅红:《民办高校教师队伍建设研究报告》;金秋萍、阙明坤:《独立学院发展研究报告》;王一涛:《民办高校创办者群体特征研究报告》;徐绪卿:《民办高校上市问题研究报告》《贯彻落实〈民办教育促进法〉地方新政研究报告》。全书初稿完成以后,全体人员又进行了整体研究分析,提出修改意见,并由徐绪卿、宋斌、阙明坤分别负责相关报告的修改。全书最后由徐绪卿负责统稿。为体现各研究报告的风格,各报告的体例也未要求完全一致。

中国民办高等教育的发展崛起,是 21 世纪世界高等教育发展一道亮丽的风景。当下中国民办高等教育发展正处于关键时期,开展民办高等教育发展研究,是当下民办高等教育发展的必需。编撰《中国民办高等教育发展研究报告》,是民办高等教育研究的一个尝试。通过本书出版,我们希望能为民办高等教育的发展研究提供一个基础的理论研究资料和成果,同时也能为民办高校的可持续发展提供有益的实践依据和指导。本书由于编写时间较短,内容较多,文稿中一些观点还欠斟酌,错处在所难免,敬请读者提出宝贵的意见,以便后续研究工作中能得到有效修正。

感谢中国社会科学出版社任明主任及团队为本书出版提供的帮助和辛勤付出。感谢无锡太湖学院为本书的编撰和出版提供的支持。

徐绪卿

2019 年 8 月 28 日